D1353483

"TERRES D'AVENTURE"
série dirigée par Marc de Gouvenain

TERRES D'AVENTURE – ACTES SUD
Série éditée avec la collaboration
d'Hervé Derain et Daniel Popp
Conception : Marc de Gouvenain et Bertrand Py
Maquette : Christine Le Bœuf
Illustration de couverture : Miles Hyman
Cartographie : Christine Le Bœuf

Les manuscrits sont à adresser à Actes Sud,
Le Méjan, 13200 Arles.
Informations presse : tél. 1. 43 54 70 61.
Informations libraires : tél. 90 49 86 91.

Informations voyages : Agence Terres d'aventure,
16, rue Saint-Victor, 75005 Paris, tél. 1. 43 29 94 50.

FLÂNERIES OTTOMANES

Titre original :
Journey to Kars
© Philip Glazebrook, 1984
Viking

© ACTES SUD, 1990
pour la traduction française
ISBN 2-86869-621-X

Philip Glazebrook

FLÂNERIES OTTOMANES

récit traduit de l'anglais
par Jean-Yves le Disez

ACTES
HUBERT
NYSSEN
EDITEUR SUD

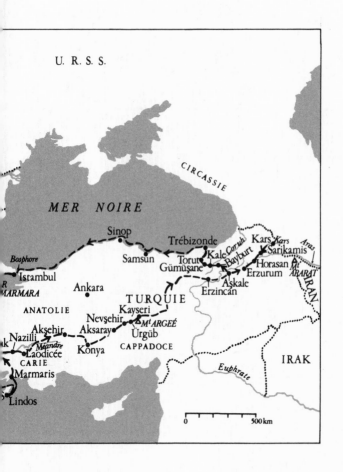

I

1

Je m'étais arrêté à Belgrade dans le seul but de contempler un panorama précis, rien de plus ; aussi, de bonne heure, sous une volée de cloches et un ciel moite, j'escaladai les rues menant à la vieille forteresse austère qui, je le savais, surplombe le paysage que je voulais voir.

C'était un matin de septembre chaud et nuageux qui menaçait de tourner à la pluie. J'atteignis bientôt un parc, des allées de gravier, des promeneurs à foison, un gazon agréable malgré son aspect miteux, fort bien pourvu en bustes de patriotes et de philosophes. Çà et là, de vieux messieurs assis en groupes semblaient se raconter leurs souvenirs de guerre, peut-être contaminés par les relents militaires émanant des quantités de canons – souvenir non point d'une mais de deux guerres – emplissant la douve qui cerne la forteresse dont je m'approchais. D'une cabane portant l'inscription MUSÉE FORESTIER parvenait le trille enregistré de quelque rossignol, si poétique parmi tous ces canons rouillés que je ne pus m'empêcher de songer à l'un de ces poèmes allégoriques de la Grande Guerre dont la compréhension exige le recours à un dictionnaire mythologique. Je n'avais pas oublié que c'est à cet endroit précis, sur cette forteresse serbe de Belgrade, qu'ont explosé les premiers obus de la Première Guerre mondiale.

Pourtant, c'est pour ce que la ville avait pu représenter soixante et quelques années avant 1914 que j'étais descendu du train de Paris la veille au soir et que j'escaladais à présent cette forteresse. Et voilà qu'après avoir emprunté la passerelle qui enjambait un fossé envahi par les herbes, puis un dédale de tunnels percés dans autant d'épaisses murailles pour ressortir, sous la voûte immense du ciel, sur le plus haut rempart, je buvais à longs traits le spectacle que j'étais venu goûter. Le Danube ! Le Danube à l'endroit où il rencontre la Save s'étendait en contrebas. Muraille et colline se dérobaient à toute allure sous mes pieds comme happées par l'immense vortex où les deux fleuves mêlaient leurs courants dans une étreinte de laquelle le Danube allait se dégager pour reprendre sa route vers le sud, rouler généreusement à travers bois et forêts et couler, nonchalant, sous un ciel bas et moite, laissant à ses eaux larges et impassibles le soin de faire la démonstration, à la faveur de tel tourbillon ou à la rencontre de telle barque luttant contre le courant, de toute sa force de succion et de tournoiement. C'est ici, entre Semlin sur la rive autrichienne de la Save et cette forteresse d'une Belgrade sous suzeraineté turque qu'on a situé, pendant la majeure partie du XIXᵉ siècle, la frontière entre la chrétienté et l'Islam. Pour quiconque embarquait à Semlin, armé de ses bagages, de ses domestiques, de ses selles anglaises et de ses fusils anglais, pour aborder aux rutilantes mosquées couronnées de croissants, le voyage en Orient commençait ici. "Le rituel du départ n'était pas sans une certaine solennité, écrit James Fraser à propos de la traversée qu'il entreprit en 1836, car une fois parti, il était impossible de revenir sur ses pas ; on avait l'impression de quitter le séjour des vivants pour celui des morts et, comme je prenais congé de mes deux derniers amis et montais à bord de la frêle embarcation, espèce de bateau à fond plat, je ne pus m'empêcher de songer à Charon traversant le Styx."

C'est cela que j'étais venu voir et ce sont ces voyageurs que j'avais espéré entrevoir au moment où ils se lançaient dans leurs aventures. Mon intention était de les croiser et de les recroiser d'ici à la frontière russe de la Turquie, à l'extrémité orientale du pays où j'entendais me rendre et si possible comprendre, en voyant quelques-unes des scènes qu'ils avaient eux-mêmes rencontrées sur leur chemin, un tant soit peu de ce qui les animait : les raisons qui les avaient poussés jusqu'ici, ce qu'ils attendaient de l'Orient, ce qu'ils croyaient être au juste, ces Anglais du milieu du XIXe siècle qui parcouraient en tous sens, infatigables, les terres où régnaient le sultan et le schah, dans un esprit hérité ou à tout le moins inspiré des chevaliers errants de Malory et de Tennyson.

La menace de la peste, qui contraignait quiconque revenait de l'Empire ottoman à la quarantaine au lazaret, est ce qui vaut à Fraser de parler de retour "impossible" une fois embarqué à Semlin, mais la peste, et avec elle les geôles lugubres et humides de Belgrade, est, dans cet extrait comme dans l'esprit du voyageur, emblématique de la peur des dangers et des menaces en tout genre que recelait l'Orient vers lequel on se dirigeait. D'où tenaient-ils le goût de tels dangers ? Le fourbe pacha et le chef des voleurs égalaient-ils les sorciers et les noirs chevaliers des romans gothiques ? Il m'était arrivé à mes moments perdus, en lisant tel de leurs voyages dans le confort de ma bibliothèque ou en travaillant au jardin ou dans les bois alentour, de songer à ces drôles de personnages et aux mobiles qui les avaient poussés à voyager en Orient ; à présent, j'entendais soumettre les idées et les théories que j'avais élaborées à l'épreuve de mon expérience des contrées qu'ils avaient traversées et ainsi vérifier leur validité loin de ce cadre bucolique. Je formulai la question suivante :

Quelle force poussait donc ces bourgeois de l'ère victorienne à quitter le pays qu'ils aimaient de la manière la plus chauvine et la compagnie de la race qu'ils considéraient comme le dernier mot du Créateur en matière de savoir-vivre pour voyager, dans l'inconfort, le danger, la maladie, la crasse et la détresse, parmi des Orientaux pour les mœurs desquels ils n'éprouvaient que mépris et dans des contrées qui, au mieux, leur rappelaient l'Ecosse ?

C'est pour répondre à cette question que j'avais pris le train à la gare Victoria de Londres la veille et ce livre est le compte rendu de mon voyage. Je n'ai pas visité d'endroits hors du commun. Je n'ai rien entrepris qui puisse passer pour téméraire. Je n'ai pas fait la moindre découverte. Mais si mon voyage a un sens, c'est que, non content de pousser jusqu'à la vallée d'Arménie que l'Araxe emprunte pour se jeter à l'assaut de la Perse, non content de remplir mes propres yeux de la vision fugitive des neiges du mont Ararat, j'ai traversé Konya et Trébizonde et mainte autre cité hantée, en compagnie de fantômes, ombres d'authentiques voyageurs, m'efforçant de surprendre leurs conversations et de percer le sens de leurs pensées. J'ai entendu citer Sénèque pour lui faire dire, en substance, que celui qui veut écrire un bon livre de voyages se doit d'abord d'être lui-même de bonne compagnie. Je n'ai aucune chance de ce côté-là. Tous ceux qui m'ont accompagné entre deux stations de métro me recommandent de voyager seul. Si je parvenais néanmoins à communiquer au lecteur ne serait-ce qu'une part infinitésimale de la curiosité et de la joie qui m'ont habité d'un bout à l'autre des quelque treize mille kilomètres que j'ai couverts en autocar, en bateau et en train, tout au long de ces mois passés loin de chez moi, ce livre vaudrait la peine d'être lu.

2

Un soir ou deux avant de quitter le Dorset, je fis part à un voisin (qui lui-même a fait le tour du monde) de mon intention de voyager jusqu'en Turquie orientale en bateau, en train et en autocar, sans plan de voyage aucun et avec pour tout viatique l'aller simple pour Athènes déjà dans ma poche. Il réfléchit un instant et secoua la tête à l'instar de l'aînée des huîtres d'*Alice au pays des merveilles* qui prit le parti de ne pas abandonner le banc : non, non, je n'aurais que trop le souci du gîte du lendemain. Ce sont là propos de réaliste. Les objections soulevées par d'autres – il y avait eu, pour s'en tenir à cet exemple, trente meurtres par jour en Turquie cette année-là – trahissent leur manque de sens pratique en tant que voyageurs. L'essentiel, en réalité, pour la tranquillité de l'esprit, est de ne pas fléchir dans l'attitude que l'on adopte concernant le gîte du lendemain. De deux choses l'une : ou bien vous retenez à l'avance quitte à ne pas partir s'il le faut, ou bien vous ne retenez rien du tout et vogue la galère. Le hic, en ce qui me concerne, c'est que je suis un adepte de la réservation qui se fait violence pour appartenir à la deuxième espèce de voyageurs parce qu'il l'admire davantage. Belgrade, ma première étape, mit en lumière cette faiblesse.

Bien pire que ce moment où un avion dans lequel je me trouve commence à piquer vers une ville scintillant de tous ses feux mais dans laquelle aucun lit ne m'attend fut celui où je m'aperçus, à travers la vitre sombre et ruisselante de pluie, que notre long train couleur kaki entrait à grand bruit dans les faubourgs de Belgrade. En dépit de tous ses défauts, il avait fini par me servir de home tout au long des trente-six heures qui nous séparaient de Paris. Plus d'une fois par le passé, j'avais remarqué ces wagons de l'Europe de l'Est accrochés en queue des trains français avec, peintes au pochoir sur des écriteaux, leurs destinations au-delà du rideau de fer – BEOGRAD, PRAHA, BUCARESTI – et ce je ne sais quoi de lugubre, voire de menaçant, qui les caractérise, mais jamais je ne m'étais aventuré dans cette partie du train. Depuis mon départ de la gare de Lyon, c'était chose faite. Et c'est là, dans des couloirs où se pressait une foule qu'on eût dite de réfugiés s'agrippant à leurs paquets ou sanglotant aux fenêtres, et non pas à la gare Victoria à neuf heures trente le matin du même jour, ni même à la vue du château de Douvres s'éloignant du pont du bateau qui me transportait de l'autre côté de la Manche, que je sus que le voyage avait commencé. L'appréhension que j'éprouvais à l'idée de tout ce voyage se cristallisa tout à coup, renforçant d'autant mon entrain et mon allégresse.

Pourquoi je redoutais la Turquie, je ne saurais le dire, mais le fait est que je la redoutais. Ce 23 septembre marquait l'anniversaire de mon premier jour en pensionnat trente-trois ans plus tôt et ce qui m'attendait me semblait marqué de la même hostilité : séparation de la famille et de l'environnement familier, ignorance de la langue et des usages de ceux dont je vais devoir partager l'existence, sentiment de gêne, manque d'assurance, absence de confort. Pourtant, à mesure que le train prenait de la vitesse dans le couchant qui embrasait le sud de Paris, je ressentais aussi l'ivresse du bateau que la marée met à flot et l'appel du vent qui gonfle sa voile.

Vois le port : la nef gonfle sa voile ;
Et vois, tapis dans les ténèbres, les vastes océans.

Avant de quitter l'Ouest, notre train subit une métamorphose. La nuit précédente, j'étais resté à la fenêtre pour regarder les montagnes suisses défiler contre le ciel ; le matin, à Mestre, au milieu des vastes et douces perspectives que révèle en Italie la première lumière du matin, on décrocha les wagons de l'Ouest et ceux à destination de Venise. Lentement, le train, ou ce qu'il en restait, s'ébranla et, la mort dans l'âme, mit le cap sur Belgrade. Vide, il paraissait quelque peu désuet mais bientôt, alors que nous approchions de la frontière, la voie se mit à serpenter dans un paysage de rêve, une côte faite de falaises plongeant dans une mer d'un bleu vert, de cyprès et de châteaux forts, un de ces paysages que l'exilé qui depuis longtemps a quitté son pays natal et qui s'en souvient mal lui attribue à tort. Train désert et paysage composaient comme un vide entre deux réalités.

A Trieste, le plus grand désordre vint emplir ce vide. Une foule d'êtres robustes au teint bistré encombrés d'un millier de sacs et de paquets s'engouffra dans le train, se jeta sur les banquettes, casa tant bien que mal ses bagages dans les filets, prit le train d'assaut et l'investit comme des étourneaux les branches d'un arbre, piteuse colonie criarde qui dans un frou-frou d'ailes se jette sur toute une rame de wagons pour en faire son perchoir. Commença alors l'attente qui va de pair avec la foule. Des uniformes arpentaient les couloirs ; sur les quais, dans les baraquements, d'autres uniformes passaient et repassaient. Les visages des fonctionnaires, sous leur casquette à visière, étaient aussi distincts de ceux de la foule dépenaillée et basanée qui occupait le train que peuvent l'être le geôlier du prisonnier ou l'armée de la foule sur laquelle elle tire. Entre train et baraquement, contre une barrière dans un coin de campagne fait de poussière et de mauvaises herbes, se tenait une famille de gitans avec toute sa marmaille, ses valises en carton et ses marmites. Là, une fille d'une quinzaine d'années, un enfant pendu à son sein, allait et venait tranquillement sur les rails. Aux fenêtres du train, tout en déballant leurs casse-croûte sur le mouchoir posé sur leurs genoux, les passagers prisonniers la regardaient de haut. Ils n'enviaient pas son sort, insensibles qu'ils étaient à la touche de gaieté que donnaient à la scène sa tenue chamarrée et ses mèches de couleur. Les fonctionnaires faisaient semblant de l'ignorer, les passagers observaient ses allées et venues pleins de pitié et de satisfaction. Des heures passèrent. Des fonctionnaires venaient vers nous, aboyaient un bon coup et s'en retournaient comme ils étaient venus. J'en profitai pour lire l'un de ces Petits Classiques du Monde Entier que j'achète chaque fois qu'il m'arrive d'en voir et que je mets de côté pour les voyages.

Tous les occupants de mon compartiment sans exception passaient des blue-jeans en contrebande en Yougoslavie. Dès l'instant où le train se remit en marche, ce qu'enfin il fit, le jacassement d'étourneaux reprit de plus belle et tous de plonger la main derrière sièges et rideaux et d'exhiber leurs trophées. On palpa les étoffes, on les compara, on s'extasia sur les marques (Cowpunch, Regal). J'avais laissé une femme accrocher son manteau de fausse fourrure derrière ma tête afin qu'on le prît pour le mien, ce qui me valait à présent force remerciements (l'un des hommes parlait l'italien), sans compter l'offrande d'une bouteille de bière et le droit de piocher dans les cacahuètes.

Pendant ce temps, derrière la vitre, pinèdes escarpées et vallées encaissées se succédaient cahin-caha. Frappé de je ne sais quelle morosité, quelle lenteur, le voyage tout à coup sembla s'étirer à l'infini. Le train avait retrouvé sa vraie

nature, celle-là même que promettaient les inscriptions au pochoir – BEOGRAD – des écriteaux
apposés sur les wagons si lugubres de la gare de
Lyon. On se mettait à l'aise, on se déboutonnait,
on se déchaussait aussi et des orteils bistrés firent
leur apparition sur le siège d'à côté. Dans la vitre,
au milieu du plat et bas pays qui avait pris la
place des montagnes, on voyait de-ci de-là un
ancêtre à houppelande qui gardait son unique
vache et attendait, appuyé sur son bâton, qu'elle
eût fini de brouter une bande d'herbe parmi le
maïs. Avec la nuit vint la bruine. La lenteur de
limace, le fait de voir sa condition changer du
tout au tout, l'anticipation – et aussi l'appréhension – de la fin du voyage qui lentement approche,
telles étaient les raisons qui m'avaient fait choisir
le train.

A Zagreb, tout le monde ou presque descendit.
Je me retrouvai seul dans le wagon avec la propriétaire du manteau que j'avais contribué à passer en contrebande. Vautrée sur la banquette d'en
face, enfoncée jusqu'aux yeux dans son trophée,
elle toussait et ronflait tour à tour sous l'éclairage
vacillant. La pluie griffait la vitre. Je m'efforçais de
tempérer l'agitation qui me gagnait à l'idée d'entrer dans Belgrade quand, enfin, après une journée entière à se traîner à travers toutes ces pinèdes
et ces vallées tortueuses, à se traîner à travers
toutes ces plaines, le train se hissa laborieuse-
ment jusqu'aux abords délabrés d'une espèce de
gare et s'immobilisa de cette manière définitive
propre aux terminus.

Au-dehors, c'était de vastes espaces désolés
et détrempés et des camions qui fendaient à toute
allure des flots de néon répandus dans des fon-
drières. Je posai mon sac dans un taxi qui attendait au bord du trottoir et demandai au chauffeur
de me conduire au Palace Hotel que je savais
situé dans la vieille ville sur les hauteurs non loin
de la forteresse. Il fila par les rues escarpées et
bientôt nous atteignîmes des avenues plus

verdoyantes, plus tranquilles. Je donnai de la bride à mes espérances et je dois dire que, vu de l'entrée, le Palace semblait tout à fait convenable. Ils n'avaient plus de chambres. Le réceptionniste, visiblement ravi, crut bon d'ajouter que je n'en trouverais pas une seule dans tout Belgrade, à cause d'un congrès de l'Unesco qui avait amené en ville quelque chose comme deux mille délégués.

Je revis mon voisin du Dorset secouant la tête comme l'aînée des huîtres : il m'aurait été si facile de réserver ou, ayant appris que tous les hôtels affichaient complet, de rester chez moi. Trois autres hôtels s'avérèrent aussi complets et aussi peu obligeants. Il était onze heures, il pleuvait et le zèle du chauffeur commençait à fléchir. Lorsque vous tombez, aux Indes, dans l'un de ces trous qui ont l'art de surgir dans le bel ordonnancement des plans de voyage, vous pouvez toujours retourner à la gare et dormir sur une table dans la salle d'attente. Mais ce qui vaut à Mysore ne vaut pas à Belgrade et nous touchons ici au cœur de ce qui fait la difficulté du voyage, à savoir que d'avoir résolu un problème dans un pays donné dans des circonstances données ne vous est d'aucun secours lorsque le même problème se présente ailleurs : c'est que chaque problème est unique. Comme je l'ai dit, je suis un adepte de la réservation qui fait semblant d'appartenir à la deuxième espèce de voyageurs. Je me voyais chercher une chambre d'hôtel chaque soir ou presque, des mois durant, dans une ville étrangère. Je ne me sentais pas à la hauteur de l'épreuve, j'étais recalé. A quoi bon m'armer contre la peur que j'avais de la Turquie si, à Belgrade déjà, je me laissais démoraliser par le manque de chambres d'hôtel ? Avant de partir, vous craignez l'éboulis en travers de la route mais ce qui vous empêchera de marcher, ce sera le caillou dans votre chaussure.

Finalement, pourtant, l'hôtel Moscva, îlot de splendeur entre des boulevards rugissants, disposait d'un duplex. Un escalier montait en spirale d'un frêle salon jusqu'à une chambre ché-tive ; la circulation menaçait à tout instant de ren-verser les meubles : c'était être bien mal parti que d'avoir à payer cher un "luxe" dont je n'avais cure au tout début d'un voyage long et certaine-ment éprouvant ! D'emblée, j'avais pensé me mettre à la bonne hauteur, celle de la couchette de seconde classe du train français de la veille, puis me contenter du confort de lits un peu trop durs et de chère un peu trop maigre. Kars était loin. "Contentez-vous de peu, recommandait David Urquhart aux candidats au voyage en Orient, supportez ce qui vous déplaît sans gémir, goûtez ce qui vous plaît comme un enrichisse-ment, réjouissez-vous de tout." Et voilà qu'à une nuit de chez moi, je me retrouvais dans un hôtel ringard ! Enfin, le soulagement est une sorte d'ersatz de plaisir, et soulagé je l'étais d'avoir au moins un lit dans Belgrade où monter dormir cette nuit-là.

3

Je marchai sur les remparts de Belgrade assez longtemps pour que se matérialise plus d'une scène dans le tourbillon que formaient la Save et le Danube. J'imaginai d'immenses chalands comme autant d'arches de Noé transportant des troupeaux de porcs de Valachie jusqu'aux tables allemandes, halés à grand-peine par quarante chevaux, les premiers bateaux à aubes descendant le fleuve de Vienne à la mer Noire, fumants et clapotants et aussi les barques des pachas caressées par la soie de Circassiennes voilées, leurs rames tirées par des esclaves étincelant dans la lumière noyée d'eau. Une anecdote, les débuts d'un Français en Orient, me revint à l'esprit. La scène eut lieu ici même, au palais du pacha. Elle illustre le génie dont savent faire preuve les Anglais pour se moquer des Français sous le prétexte d'une prétendue amitié. Nous sommes en 1850, l'Anglais Edmund Spencer s'apprête à se retirer, avec son compagnon de voyage français, de la salle d'audience du pacha où de tous côtés reposent les flacons des narguilés des dignitaires turcs :

En voyageur aguerri et fort de mon expérience passée, j'avais réussi à me retirer sans dommage, mais mon ami, qui faisait là ses débuts dans la société orientale, par trop désireux de faire montre de la politesse qui vaut à son pays l'admiration qu'on sait, crut bon en se levant pour prendre congé de faire une révérence au pacha et à ses hôtes, révérence qu'il fit avec beaucoup de grâce et d'élégance, tout en marchant à reculons. Patatras ! L'un des flacons vola en éclats. Etouffant un juron, il se tourne alors vers le propriétaire du flacon. Las ! un autre juron fait écho à un autre flacon qui se brise. Il reprend sa marche à reculons et l'hécatombe continue. Mortifié et confus au-delà de toute expression devant une telle maladresse, notre ami, égaré, perd toute contenance et, sans même réfléchir aux conséquences, bat en retraite vers la sortie et casse tous les flacons sur son passage.

Et l'auteur de conclure : "L'extraordinaire tempête de rires qui secoua les murs devant les efforts déployés en pure perte par mon ami pour éblouir le grave Osmanli avec un échantillon des belles manières parisiennes sembla ne pas vouloir finir." On n'est pas autrement surpris d'apprendre qu'au bout d'une semaine (au cours de laquelle Spencer insinue que "mon ami français" est incapable de monter à cheval, dépourvu de tout sens moral et d'une race que les Serbes considèrent comme non chrétienne eu égard à la révolution de 1789) le Parisien se trouve "dans l'impossibilité, pour cause d'épuisement, de continuer plus avant". Bien qu'exacerbée du fait que l'un était français et l'autre anglais, leur relation, mélange de rivalité, de mépris et d'énervement, me semble typique des tensions qui existent entre tous les compagnons de route. Le caractère du narrateur d'un livre de voyages apparaît bien mieux dans le conflit avec un compagnon que dans la solitude. Le Danube à mes pieds, je m'attardai sur ces murailles battues par les vents et songeai au voyageur qu'il me faudrait inventer et au compagnon que je devrais lui donner si je voulais un jour écrire un récit de ses aventures qui fasse la part belle à la fascination que le genre exerce depuis longtemps sur moi. Puis je fus rappelé aux incertitudes de mon propre voyage.

L'hôtel Moscva dispose d'une agence de voyages dont l'appareillage sophistiqué et les hôtesses charmantes et proprettes avaient réussi à me convaincre de faire appel à leurs services pour réserver une couchette dans le train d'Athènes. Sans avoir obtenu de couchette – tout ce qu'elles savaient faire, c'était réserver des places d'avion – je me rendis à la gare d'où l'on m'envoya dans une agence en ville, tout cela pour m'entendre dire qu'on ne pouvait pas réserver de couchette, qu'il fallait se présenter à la gare suffisamment à l'avance. Mieux vaut renoncer tout à fait à organiser l'étape suivante que de se donner du mal pour rien. Si vous voyez des panneaux du genre : EXCURSIONS ! INFORMATION ! ACCUEIL DES TOURISTES !, ne tombez pas dedans. Ne comptez que sur vous-même. Je me rendis à la gare en avance et attendis parmi la foule accroupie entre les bagages qui jonchaient les quais délabrés. Le poste de police étant le seul bâtiment auquel personne n'était adossé, je m'y adossai. Un policier en sortit et me chassa. Je mangeai un quignon de pain fourré d'une pâte quelconque et couvert de poussière et attendis encore, assis désormais à même le quai comme tout le monde. J'étais parti de Londres avec un seul sac mais je n'avais pas dépassé Douvres qu'une poignée se mit à donner des signes de fatigue, si bien que je dus en acheter un autre, plus petit, à Belgrade, histoire de délester le premier d'une partie de son poids, et c'est ainsi que je me retrouvais à présent en train de transférer mes possessions de l'un à l'autre comme une poule avec sa couvée.

L'Acropole Express finit par pénétrer bruyamment sous la voûte encrassée. Je sautai aussitôt dedans. Il me suffit de graisser la patte du contrôleur pour obtenir la promesse d'une couchette, preuve que l'attente, préliminaire obligé à tout dans les pays où les fonctionnaires peuvent faire des gens ce qu'ils veulent, avait été parfaitement inutile. Une prochaine fois je m'offrirais un déjeuner convenable dans les beaux quartiers avant de prendre le train à l'heure dite, à ceci près qu'il n'y a jamais de "prochaine fois", il y a une autre fois, dans un autre lieu avec d'autres règles du jeu.

Le train n'avait rien de celui de la veille. Il était bondé, mais pas de la même manière. Par curiosité, je le parcourus sur toute sa longueur aussitôt après avoir pris possession de ma place et de mon filet. Les wagons se succédaient, pleins de paysans grecs entassés sur plusieurs couches dans la pénombre des couchettes ou accroupis par terre au-dessus de leur repas et de réchauds, des étoffes en loques servant d'écran pour les petits, et tout ça caquetait en grec jusque dans les couloirs. Entrevoir leurs compartiments c'était comme si, passant par là à cheval, vous aviez entrevu la tente de leurs ancêtres ramenant leurs troupeaux des pâturages d'été. D'ailleurs, je crois bien que ces familles démunies rentraient chez elles après un travail saisonnier en Allemagne.

Dans d'autres compartiments l'Allemagne exportait ses jeunes par dizaines. En jeans et en chaussures de tennis, endormis la bouche ouverte ou vautrés d'un air hébété, la bouteille de bière à la main, aussi dociles et aussi duveteux que de jeunes lapins, c'est par centaines que ces grands et blonds Saxons des deux sexes s'étalaient d'un bout à l'autre du train. On ne peut pas vraiment appeler "étudiants" ces gens dont le regard dépourvu de toute curiosité se perd dans le vide. Un étudiant est un individu, disons, plus actif, plus concentré que ne l'était en apparence aucun de ces gaillards. Pas un seul ne lisait ni n'avait un livre à la main et je ne vis pas non plus d'yeux avides, ou simplement curieux, se lever pour contempler un paysage que la plupart devaient découvrir pour la première fois dans toute son étrangeté. Ce sont plus des pèlerins que des étudiants. Ils ont cette même expression à la fois douce et nonchalante – ce que peut donner l'effort ultime d'un petit-maître qui voudrait peindre la Vertu – et, sur le dos, ces mêmes énormes fardeaux que la petite bande de pèlerins du *Pays Lointain* d'Enid Blyton telle qu'elle est représentée dans l'édition de l'œuvre que j'ai dû lire aux alentours de 1946. Désormais, chaque fois que j'allais les croiser, ils me feraient penser à des pèlerins traversant les pages d'un livre d'enfants.

A l'arrière du train, je débouchai sur un café sur roulettes qui bringuebalait à travers les Balkans en s'accrochant au dernier wagon. J'y mangeai tout ce qui était proposé, à savoir du pain et du fromage, et bus une bière. Ensuite je dénichai un compartiment vide tout l'après-midi et lus Tolstoï, sur des sièges aussi glissants que luisants, d'où je pouvais aussi voir la Serbie. C'est un paysage des plus évocateurs. A l'époque de son histoire qui m'intéresse le plus, la totalité de la Yougoslavie et de la Bulgarie (sans oublier l'Albanie et une bonne partie de la Roumanie) était une province de la Turquie européenne. La répression et le massacre succédaient à de fréquentes rébellions. A Niš, les Turcs érigèrent une tour de crânes humains pour terroriser les rayas, autrement dit les chrétiens assujettis. Non loin de là, sur le fort d'un chef monténégrin perché sur un piton rocheux, Edward Mitford dénombra "une panoplie macabre de quarante-cinq têtes turques au bout de lances qui se calcinaient au soleil… ce qui jeta un certain froid sur les plus zélés d'entre nous." Témoins de ces spectacles, ils croyaient chevaucher à travers l'Europe médiévale : Layard avait allégrement quitté son emploi chez un notaire de Londres, Mitford se rendait à Ceylan pour y servir dans l'administration. Comment réagissaient-ils à ces scènes de barbarie ? La litote et une certaine idéalisation dans la construction de leur propre personnage atténuent la réaction à chaud du narrateur ; une page plus loin, Mitford fulmine contre la barbarie anglaise :

Traversant les rues de Londres à une heure matinale, j'ai éprouvé honte et indignation à la

vue de maintes jeunes filles anglaises, souvent
délicates et fort bien élevées, frotter des pas de
porte à genoux dans le froid et les intempéries.
Misérable spectacle car on ne peut pas dire qu'elles
ne souffrent pas quand on sait que cette corvée a
engendré une nouvelle maladie, l'hydarthrose du
genou, qu'on appelle ici "le genou de servante".

Un paysage qui défile derrière la fenêtre d'un train invite l'imagination à donner libre cours à sa fantaisie : un peu comme quand on vous fait la lecture à haute voix ou quand vous écoutez de la musique près d'un feu de cheminée, ce que les sens perçoivent nourrit l'œil intérieur, celui de la contemplation. Parcourant l'Amérique en train, je m'aperçus que chaque parcelle du pays vu de la fenêtre du train donnait un peu plus corps au personnage du livre que j'avais alors en tête. Cette fois aussi, j'espère que des personnages qui n'existent pour l'instant que sur le papier et de manière abstraite trouveront la nourriture qui les mettra d'aplomb et en pleine possession de leur rôle. Je le répète, les voyageurs qui m'intéressent étaient attentifs aux incidents et aux personnes qu'ils rencontraient, empruntant aux uns et aux autres pour se fabriquer ce personnage qu'est le Héros d'un livre de voyages. Il y entrait une bonne dose d'artifice. Austen Henry Layard, par exemple, qui se rendra par la suite célèbre grâce à sa découverte de Ninive, fait le récit de la visite qu'Edward Mitford et lui rendirent au chef monténégrin dont le fort était décoré de têtes turques. Sous sa plume vigoureuse, les personnages prennent vie. Le chef, ou vladika, dit-il,

qui avait fait venir une table de billard de Trieste,
était très friand de ce jeu. Nous y jouâmes plu-
sieurs fois ensemble. Lors de l'une de ces parties,
nous entendîmes des cris et des coups de fusil au-
dehors. Ceux-ci provenaient d'une bande de guer-
riers monténégrins de retour d'un raid fructueux
en territoire turc, qui faisaient, accompagnés

d'une foule d'oisifs, une entrée triomphale dans le village. Dans une toile qu'ils portaient à bout de bras, se trouvaient plusieurs têtes, celles de leurs victimes, parmi lesquelles, semble-t-il, des enfants. Couvertes de sang, elles offraient un spectacle hideux des plus macabres. On vint les déposer comme il se doit aux pieds du prince.

La seule présence de la table de billard, dont Mitford ne parle jamais, fait qu'on garde la scène à l'esprit et qu'on place le récit du talentueux Layard au-dessus de celui de son compagnon.

Pendant ce temps le train poursuivait sa lente descente vers le sud à travers le décor de la Morava. Un cycliste solitaire, une charrette tirée par un cheval allaient par de longues routes tranquilles au milieu des champs de maïs ; les formes douces des collines succédaient à celles des plaines. Seule, de temps à autre, une rivière boueuse et bouillonnante passait à toute allure tel un messager de tempêtes et de montagnes inconnues dans cette paisible campagne. On voyait peu de gens. Là-bas, accoudée à une barrière blanche près d'un massif de tournesols, une fillette tenait son grand-père par la main et regardait passer le train : combien d'après-midi balkaniques les avaient vus à cette barrière à cette même heure ? Il me suffit de voir la main d'un enfant dans celle d'un adulte pour regretter de ne pouvoir sentir la chaleur de la main de mes propres enfants dans la mienne et je ne doute pas que chaque fois que je verrai cela je continuerai à me sentir seul, même lorsqu'ils seront devenus adultes et qu'ils auront passé depuis longtemps l'âge de me donner la main.

Le train était trop long pour le quai des petites gares de campagne ; qu'importe, peu de gens montaient ou descendaient. Le train s'arrêtait, attendait un peu, puis repartait. Entre chien et loup, je descendis me dérouiller les jambes sur le quai pour me changer du couloir, pris le train en marche et m'installai un moment dans un compartiment aux banquettes de bois pour voir tomber le soir. A sept heures je me dis qu'il était peut-être temps de regagner ma couchette (que j'avais délaissée parce qu'à Belgrade on m'avait mis avec un sympathique jeune couple d'Allemands qui, naturellement, ne se réjouit guère de cette intrusion) et de manger quelques sardines et quelques fruits secs. Je remontai le train, laissant derrière moi les quartiers grecs, puis les pèlerins d'Enid Blyton, pour me rapprocher – c'est du moins ce que je croyais – des wagons-lits. Je m'étonnais de trouver la distance si grande. J'ouvris une porte coulissante de plus… et me trouvai nez à nez avec un hublot qui donnait sur la voie qui s'éloignait à toute vitesse. J'étais arrivé dans le dernier wagon.

Dans le dernier wagon certes, mais pas jusqu'à ma couchette. Ni jusqu'à mes bagages. Le train avait dû se diviser à Niš. La moitié restante, celle où je me trouvais, devait se diriger vers Sofia, tandis que mes possessions s'enfonçaient à jamais dans les ténèbres de la Macédoine. Il me restait mon passeport, une quinzaine de livres en plusieurs devises et un exemplaire de *Résurrection*. Une sensation des plus désagréables me saisit aux tripes.

Je me mis à courir dans l'autre sens et à chercher des yeux, dans le train qui paraissait aller deux fois plus vite maintenant qu'il allait dans la mauvaise direction, un képi qui pourrait me comprendre. Pas un ne me comprit. Je n'avais pas la moindre impression de vivre quelque chose de fort, une aventure, seulement la triste certitude des heures et des heures d'explications et d'ennuis qui m'attendaient. Malheureux comme les pierres, je finis par me rasseoir dans le train qui s'enfonçait dans la nuit. Puis il me vint une idée.

Pendant tout le temps que j'avais passé à songer à la description que fit Edmund Spencer de Nysse en 1850, au lieu de m'intéresser à Niš en 1980, le train était peut-être sorti de la gare en marche arrière comme cela leur arrive. Si tel était le cas mon wagon-lit se trouvait à l'autre extrémité. Sans perdre une seconde, je me jetai dans le couloir et me mis à cavaler vers la machine, d'un wagon à l'autre, de wagon de Grecs en wagon de pèlerins, repassant devant celui où j'avais passé l'après-midi, craignant le pire, espérant malgré tout. Ouf ! il était là ! Devant moi dans le couloir le jeune Allemand fumait sa pipe. J'aurais voulu l'embrasser comme un frère. J'aurais voulu embrasser sa petite amie comme un frère. Jamais wagon-lit n'a été plus douillet que cette cabine toute blanche avec ses trois couchettes, mes sacs sur celle du dessus, traversant la nuit des Balkans dans un bruit d'enfer. Le train ralentit son allure, me sembla bientôt confortable. Les Allemands, que ma jovialité stupéfiait, m'offrirent de partager leur pain. Je leur offris de partager mes sardines. Nous bûmes de la bière achetée plus tôt sur le quai où je m'étais dégourdi les jambes – une vraie petite fête improvisée s'ensuivit qui nous vit tous les trois assis en rang d'oignons sur la couchette du dessous tandis que je perdais mon sang à la suite de mon combat avec la boîte de sardines.

Plus tard, avant de m'endormir, je dus me rendre à l'évidence : la peur panique que j'avais eue révélait que je n'avais pas la trempe d'un voyageur. Il faut être capable d'essuyer les revers, les contrariétés, les accidents. Quand les choses tournent court, c'est l'occasion ou jamais de montrer qu'on se suffit à soi-même. Or n'est-ce pas là le but ultime du voyage en solitaire ? Si j'avais été vraiment séparé de mes possessions, il aurait certes fallu quelques jours d'ingéniosité tenace pour nous réunir, mais la chose était possible et si j'y étais parvenu quelle n'aurait pas été ma fierté ! A moins que ce qui procure la plus grande satisfaction ne soit de faire preuve d'aptitudes que l'on n'a pas reçues à la naissance mais que l'on admire suffisamment pour vouloir les imiter. En se fourvoyant dans des situations qui mettent à rude épreuve les aptitudes que l'on admire et non celles qu'on possède. Le lion n'a que faire du courage. Je me dis que je tenais peut-être là une indication sur le besoin qu'éprouve le voyageur de construire son propre personnage tel qu'il se rêve – en héros de livre d'aventures – à partir des incidents dont il est le témoin. Les vertus que les hommes de l'ère victorienne disaient admirer le plus, vertus dont l'éducation classique leur rebattait les oreilles, la résolution, l'indépendance, la constance en toutes circonstances, l'endurance dans l'épreuve, l'érudition, pouvaient toutes être mises en scène dans les récits de voyages dans ces terres antiques peuplées de tribus sauvages. Le voyageur y disposait d'une palette avec laquelle il pouvait se peindre sous des traits bien plus héroïques que le même homme doué des mêmes aptitudes qui serait resté chez lui.

4

La première chose que je vis le matin dans ma fenêtre fut le sud de Salonique après une nuit que les Macédoniens qui me réveillèrent d'un coup dans les côtes contribuèrent plus à améliorer qu'à gâcher. J'avais trouvé drôles un moment ces intervalles de veille – vêtements qui se balancent sur des patères dans la lueur des torches, bruit du train sur les rails, questions, yeux comme des olives sous leur képi où se lit tout le mépris des porteurs d'uniforme pour les porteurs de pyjama – entre des périodes de sommeil paisible. Maintenant je regardais au-dehors. Les collines osseuses de la Grèce encerclaient le train ! Nous traversions d'étroites vallées brûlées par le soleil. Pins et chênes nains mouchetaient les versants. La Grèce n'a pas la douceur de l'Italie, l'affection renâcle devant son austérité. Lorsque j'étais enfant, le grec me semblait un mystère insondable, un mystère altier et froid annonciateur de châtiments, et aujourd'hui encore, le mot "grec" me donne des frissons. Le train s'engouffra dans des gorges calcinées. Un ciel brumeux, sans lumière, retenait prisonnière la chaleur des collines. Peu à peu, au fil des heures, le train descendait vers les paliers aimés des peintres classiques, ces plaines que des bouquets de cyprès bien espacés sur fond de hautes cimes chenues élèvent à la dignité de l'art. Les plus grandes mains ont modelé ce paysage. J'essayais de lire l'heure à l'horloge des gares que nous traversions, ne sachant pas quelle heure il était en Grèce ni quelle distance nous séparait encore d'Athènes. La chaleur monta sans que la moindre lumière – où était donc la clarté hellénique ? – perce le ciel embrumé. Je n'avais pas envie d'arriver où que ce soit et encore moins à Athènes ; ma place était dans le train et je voulais y rester.

D'Athènes je me rappelais cette façon qu'elle a de couvrir sa plaine de constructions minables. Après l'ordre si noble de Rome, où je vivais la dernière fois que je vins ici il y a de cela vingt ans, Athènes me fit l'effet d'une ville sans distinction, d'un fouillis informe. Même s'ils soutenaient les Grecs dans la guerre d'indépendance qui les opposait aux Turcs, les voyageurs anglais étaient presque tous ligués contre eux dans l'impatience qu'ils montraient devant cette race vile et dégénérée qui avait hérité une terre, mais à peu près rien d'autre, de ses prestigieux ancêtres. "Que reste-t-il au poète ici ?" se demande Byron, avant de répondre : "Pour les Turcs le rouge au front, pour les Grecs une larme." Il est regrettable que les hellénistes de l'Europe du Nord aient encouragé le roi Othon à installer sa capitale et son palais germaniques sur le site de l'Athènes de Périclès. "On ne fait pas un pas, écrit Warburton en 1844, sans avoir l'impression désagréable voire douloureuse d'une mésalliance entre passé et présent." A mon corps défendant je rassemblai mes affaires et descendis en gare d'Athènes.

Je trouvai mes Allemands impatients de s'enfoncer en taxi dans la ville poussiéreuse. Comme il n'y avait pas d'autre taxi, je sautai d'autorité dans le leur et ordonnai au chauffeur de nous conduire à la Plaka. Leur moral était au plus bas, leur mine déconfite devant l'extrême laideur de ce qu'ils voyaient (et aussi à l'idée que je nourrissais le dessein de passer le restant de mes jours dans leur chambre à coucher). Le taxi fit crisser ses pneus le long des rues bruyantes et blanches de poussière avant de s'arrêter sur la place

Adrianou d'où, traînant tant bien que mal nos bagages derrière nous, nous nous frayâmes un chemin dans la foule de jeunes touristes étrangers en jeans et en chaussures de tennis jusqu'à l'hôtel Adrian. Sympathiques haussements d'épaules de la direction : pas de chambres. Même corvée jusqu'à l'hôtel Plaka : pas de chambres. Nous y laissâmes nos bagages et nous mîmes en quête d'un hôtel dans ce dédale confus d'allées et de ruelles. Pas de chambres, pas de chambres, pas de chambres. Il faisait atrocement chaud ; le soleil brillait maintenant de tout son éclat au-dessus des rues poudreuses, nos montres disaient trois heures, le thermomètre quelque chose comme trente degrés. Nos yeux devenaient exercés dans l'art de repérer les enseignes d'hôtels dans la lumière aveuglante qui écrasait les rues et les foules. Les quelques entrées fraîches et sombres que nous pûmes sonder et qui nous semblèrent les portes mêmes du paradis, nous en fûmes aussitôt refoulés et de là renvoyés à notre corvée et à la canicule. Enfin, à l'extrême limite de la Plaka, quelqu'un finit par avouer qu'il disposait d'une chambre. Les Allemands la prirent. A leur grand soulagement, je continuai seul.

Maintenant que j'étais seul, tous ceux que je voyais me semblaient bénis des dieux du seul fait qu'ils possédaient une chambre quelque part derrière la façade hostile de la ville. Pour eux la vie continuait, pas pour moi. On aurait dit un jeu où il fallait faire un six pour avoir le droit de jouer. Quand, dans une simple pension entièrement située à l'étage, j'offris de prendre une chambre double en payant le tarif complet pour deux personnes, les veines du grassouillet patron se mirent à saillir et sa voix entama un crescendo qui culmina dans une volée d'insultes. Je le priai gentiment d'arrêter de crier, ce qui produisit l'effet fort gratifiant de lui couper le sifflet. C'était à se demander s'il n'avait pas été en son jeune temps un chien de cirque, aujourd'hui en liberté, à qui l'on avait inculqué de réagir précisément aux mots que j'avais prononcés tout à fait par hasard. Il téléphona à plusieurs pensions, y compris en lointaine banlieue, mais aucune n'avait le moindre lit. Il fit tout son possible pour me venir en aide. Cela n'avait servi à rien, mais il avait essayé. Je pris congé de lui et me remis à parcourir les rues.

Ses efforts avaient été vains pour la bonne et simple raison que le tourisme de masse a balayé les anciennes infrastructures dont étaient dotés tous les endroits célèbres de la planète où le voyageur d'autrefois, célibataire et bourgeois, était susceptible de s'arrêter. Aujourd'hui les réservations de groupes remplissent les hôtels. Le chapardage et le resquillage des vacanciers en voyage organisé et des "étudiants" ont remplacé les libéralités des vrais voyageurs et changé la courtoisie des serveurs et des commerçants en franche hostilité. Ici, dans les rues de la Plaka, sur toute la largeur des rues qui s'écaillaient, on voyait la grande marée du tourisme de masse monter et descendre et s'engouffrer dans les cafés et dans des hôtels tout neufs dont l'unique souci était de leur donner un lit. Deux fois, depuis que j'avais pris l'habitude de mettre le nez hors de l'Angleterre, je m'y étais arrêté tout excité à l'idée qu'en fouillant un peu je finirais par trouver les vieilles infrastructures intactes ; deux fois je m'y étais cassé les dents. A Belgrade c'était l'Unesco, à Athènes les pèlerins d'Enid Blyton. Pendant le voyage, sans qu'ils aient le moins du monde empiété sur l'espace dont on a besoin autour de soi pour voyager confortablement en solitaire, j'avais quand même été gêné par le seul poids de leur nombre, comme on peut être gêné dans une pièce vide parce qu'il y a trop de monde dans la pièce voisine. Façon de voir d'un enfant gâté, me direz-vous. Eh bien, à présent que la menace qui pesait sur moi, et dont j'avais eu le pressentiment dans le train, s'était matérialisée dans la foule sans nombre qui remplissait la ville, les hôtels, les rues, tout, la foule qui va hagarde en traînant les pieds, je ne jouais ni les difficiles ni les enfants gâtés en cherchant un endroit pour dormir. Sans cesse je me disais : Allez, j'en essaie encore un et après je déclare forfait et je monte au Grande-Bretagne. C'eût été "déclarer forfait" en effet, surtout après mon duplex de pacotille à Belgrade. Il était vital pour mon amour-propre que je déniche une chambre quelconque dans le quartier et que je ne cède pas à la facilité d'un "luxe" dont je n'avais ni envie ni besoin à ce stade préliminaire de ma petite virée.

J'aurais pris n'importe quoi. Je vis une pancarte qui tournait le dos à la rue : LA MAISON D'ARGENT, CHAMBRES D'ÉTUDIANTS, PROPRETÉ ASSURÉE. Je filai jusqu'au bout de l'allée et débouchai sur une cour. Tout en haut d'un escalier délabré, le responsable, un jeune homme de vingt ans mal rasé comme seuls les Méridionaux peuvent l'être, me considéra d'un air méprisant, enfila ses chaussures de tennis, longea en traînant ses savates un couloir sombre qui fleurait bon les égouts, au bout duquel se trouvait une porte qu'il ouvrit et poussa d'un coup de pied. Deux lits en fer, du carton à la place des vitres, un sol carrelé infect. Le directeur mordillait une allumette, appuyé au chambranle de la porte. Je le payai d'avance et sortis chercher mes bagages, heureux. Allais-je retrouver l'hôtel où je les avais laissés ? Pas du tout. C'est entendu, je suis de ceux qui perdent facilement leurs clés de voiture – sans parler de celles qui ouvrent les Grandes Portes de la vie – mais il est rare que je me perde. Ce n'est pas tout. Une fois l'hôtel et mes deux fardeaux retrouvés, c'est la Maison d'Argent que je ne retrouvais plus. Il faut connaître la Plaka et se rappeler que j'avais dix fois croisé dans tous les sens ce maquis de ruelles tortueuses – et dans quelles conditions –, pour comprendre que j'aie pu en arriver là. Me frayer un chemin dans la foule, ployer sous le poids de mes bagages et de la chaleur, avec rien dans l'estomac depuis les sardines de la veille : c'en était trop, je me sentais trop vieux et trop las pour continuer. Et j'aurais tout laissé tomber si la chose avait été possible. C'est lorsque, par pure incompétence, je me fourvoie dans des impasses pareilles que je me jette dans le compartiment de première classe, le meilleur hôtel, le taxi qui passe. Aucune échappatoire ne se présentait. J'étais comme prisonnier d'une vis sans fin.

Telle fut mon arrivée à Athènes. Je ne trouvai rien à redire à ma chambre, une fois que je l'eus enfin retrouvée. Les murs étaient sales mais pas parce qu'on y avait écrasé des insectes ; les draps étaient gris et usés jusqu'à la corde mais sans taches suspectes ; quant aux toilettes au fond du couloir, il suffisait de penser à ce que peut être la plomberie un peu plus à l'est pour les trouver convenables. De la fenêtre aux vitres cassées j'avais vue, par-delà les angles des toits rouges surmontés de faîtières, sur une petite cour intérieure. Dans un coin de la cour se trouvait une baignoire à pieds en émail et dans la baignoire, la vidant de ses feuilles mortes avec un balai de bruyère, une très vieille femme qui portait le deuil. Je repris courage et décidai de rester, plutôt que de me mettre en quête d'un autre hôtel, aussi longtemps que les insectes me laisseraient tranquille. Je n'avais pas "supporté ce qui me déplaisait sans gémir", loin de là, mais j'étais résolu à me réjouir de ce que la Maison d'Argent pouvait avoir de positif.

Les dégâts infligés à une ville par son exploitation à des fins touristiques se faisaient sentir dans ma chambre comme partout à Athènes. Le quartier, qui est tout ce qu'il reste de la vieille ville (laquelle ne date que des années 1820, époque où les bâtisseurs de la capitale du roi Othon y vivaient), résonne toute la nuit de musique rock, rendue assourdissante grâce à l'électronique, qui vous tombe dessus comme une pluie d'acier de discothèques installées sur les versants de l'Acropole. Sachant que le tout est de ne pas s'énerver en pareil cas, je m'endormis avec le sourire tandis que *Never on Sundays* me crevait les tympans pour la énième fois de la journée, comme elle le fait chaque jour que vous passez dans la Grèce touristique. Cette Grèce-là est désolante. Je mangeai un soir dans une rue pavée, assez jolie au demeurant, où la plupart des tables étaient prises par des "étudiants" allemands tandis que deux "étudiants" américains assis dans le caniveau leur jouaient de la guitare avant de passer parmi les tables et de faire l'aumône, menaces à l'appui. Les enfants des deux pays les plus riches du monde ! Dans la lueur des lampadaires, un yo-yo qu'elle n'arrivait pas à faire marcher à la main, une fillette de huit ou neuf ans en robe à volants, la fille du restaurateur, les observait avec curiosité. Je la vis essayer encore et encore de faire rebondir son yo-yo jusqu'à sa petite menotte. Puis on vit arriver à l'autre bout de la rue un colporteur sous une nuée de ballons. C'est lui qui lui avait vendu le yo-yo. Elle courut à sa rencontre et lui tendit son jouet cassé. Des yo-yo, il en avait, des tout brillants comme des étincelles qu'il faisait danser dans sa main pour les convives, mais il se fichait de son yo-yo à elle. Son père, s'essuyant les mains dans un torchon blanc, apparut à la porte du restaurant : sous son regard réprobateur, le colporteur s'occupa immédiatement du yo-yo de la fillette. Impossible d'en tirer la moindre étincelle de vie. Quand un jeune Allemand fit claquer ses doigts, le père était déjà retourné à ses casseroles. Le colporteur partit sur les chapeaux de roues, accompagné des froufroutements et des grincements des baudruches, tout ça pour faire danser un yo-yo le plus humblement du monde devant une tablée de gringalets en blue-jeans. Il arrive qu'on assiste à une scène qui exprime toute la magie d'un lieu et ce pourquoi on l'aime ; celle que je viens de décrire, banale en elle-même, exprimait, à la manière d'une fable, tout ce que je détestais à Athènes.

Des choses à détester, il y en avait à revendre, mais je n'allais pas laisser l'exaspération l'emporter sur ce que les foules n'arrivent jamais vraiment à vous gâcher, à condition de les chasser résolument de votre tête pour ne laisser passer que le rayonnement de l'Athènes antique qui réchauffera votre âme mieux que le soleil lui-même. Un matin de très bonne heure je partis escalader l'Acropole, passant, comme toujours lorsque je rentrais à la Maison d'Argent ou en sortais, devant la vieille dame qui s'escrimait à vider les feuilles de la baignoire où elle semblait passer le plus clair de son temps. Sur le sentier pentu qui serpentait, d'abord entre les maisons puis, passé leurs lignes de faîte, parmi la végétation aride et la rocaille, seules quelques personnes marchaient sans se presser. Mais sur les marches devant les Propylées plusieurs centaines de touristes, déversés là par les bus garés dans le parking tout proche, attendaient qu'on ouvre les grilles, serrés comme des sardines. Leur nombre me surprenait chaque fois. Un autre jour en allant visiter le Musée archéologique, je vis des marches douze bus arriver et régurgiter des troupes fraîches qui aussitôt donnèrent l'assaut aux foules qui assiégeaient déjà l'endroit.

Il est difficile de concilier ces foules avec l'expérience individuelle, secrète même, qui consiste à ouvrir les portes de son imagination aux objets les plus évocateurs jamais réalisés par la main ou l'esprit humains. Car l'art grec de l'époque glorieuse d'Athènes ne parlait pas des foules mais des individus. Je veux dire par là qu'il n'était pas démagogique comme l'avaient été les monuments égyptiens ou assyriens, lesquels dominaient les multitudes asiatiques comme une réprimande tombant du ciel ; l'art grec a l'air de vous dire à l'oreille, à condition que vous preniez le temps d'écouter, que l'homme pris individuellement et ce qu'il fait sont tout ce qui compte. Le sourire obsédant des *kouroi*, ce sourire ironique et intérieur que l'érosion n'arrive pas à effacer, est celui de l'individu qui ne compte que sur lui-même alors qu'il considère la foule. Voir le Zeus de bronze qui se trouve au Musée archéologique, son port, la merveilleuse harmonie de ses proportions, c'est avoir sous les yeux – et par conséquent comprendre – les quatre vertus de l'Antiquité, car telles qu'elles se tiennent devant vous, vous ne pouvez que comprendre le sens des mots "courage", "tempérance", "justice", "sagesse". Le problème est de trouver un endroit où l'on puisse rester assez longtemps pour recevoir le message, entendre le murmure, percevoir le sourire. La foule qui déferle devant vous a beau ne pas vouloir se laisser charmer par les statues, elle vient buter et s'écraser contre elles comme le courant contre les récifs et vous emporter vous aussi. Il se peut que l'art grec ait été conçu pour les citoyens d'une petite cité maritime, mais aujourd'hui ce sont des foules de dimension égyptienne ou assyrienne qui viennent le voir.

Que ce soit dans les musées ou dans les rues, je n'arrivais pas à comprendre pourquoi ces dizaines et ces dizaines de milliers de gens choisissent Athènes. Il y a peut-être un parallèle à faire avec la façon dont on s'est acharné jusqu'à récemment à inculquer aux élèves des *public schools* un vernis d'études "classiques". L'atmosphère qui règne dans un musée bondé n'est pas sans rappeler l'ennui qui planait sur ces classes où des garçons, qui n'avaient aucun goût pour les classiques et qui ne voyaient pas en quoi ils pourraient leur servir dans la vie, étaient contraints et forcés de passer plusieurs heures chaque jour à débiter des sornettes malgré eux sur la Grèce et l'Italie. Ils se trouvaient ainsi cloîtrés et contraints de composer des iambes par le désir de la bourgeoisie montante d'acheter pour ses enfants une forme d'éducation qui avait été la chasse gardée de l'aristocratie jusqu'à la révolution industrielle. Au XVIIIᵉ siècle, une poignée de nobles ouvrirent un étroit chemin jusqu'à Rome ; au XIXᵉ les voyageurs qui m'intéressent, bourgeois ceux-là, élargirent ce chemin pour en faire une voie d'accès à l'ensemble de l'Antiquité ; à présent les foules que le Nord déverse sur ces endroits sont telles qu'ils ne sont plus qu'une route sans paysage autour.

Les premiers à visiter la Grèce auraient trouvé que c'était vouloir mettre la charrue avant les bœufs jusqu'à l'absurde que d'entendre prononcer le nom de Léonidas pour la première fois aux Thermopyles, ou encore de contempler la baie de Salamine sans avoir une bonne partie d'Eschyle en tête. Ils visitaient la Grèce pour confirmer la topographie (si l'on veut) d'une philosophie et d'une histoire qui n'avaient pas de secret pour eux, un peu comme on s'intéresserait à l'édition illustrée d'un livre qu'on connaît presque par cœur. Lord Carlisle, qui séjourna à Athènes en 1850, écrit à propos de la baie d'Eleusis : "Je constatai avec plaisir que la description que j'en avais donnée dans le poème qui m'avait valu un prix à Oxford était d'une remarquable fidélité."

Mais quel peut être l'attrait d'Athènes pour quelqu'un qui ne sait pas grand-chose sur l'Antiquité et qui n'éprouve pas pour ces paysages cette affection qui, chez l'humaniste, confine à la nostalgie des paysages de son enfance ? J'ai pu constater, même chez les voyageurs du XIXᵉ siècle qui tous faisaient au moins profession de connaître les classiques, que plus ils étaient érudits, plus ils regardaient la Grèce avec tendresse. C. T. Newton, par exemple, qui fut conservateur des antiquités au British Museum décrit la première vision qu'il eut d'Athènes dans les années 1860 en ces termes : "Rien de ce que j'avais lu ou vu ne m'avait préparé à la beauté de ce site ; il est du

43

reste impossible, à moins d'avoir visité Athènes, de comprendre à quel point les anciens édifices sont faits pour épouser le site." Et voici ce qu'en dit Edmund Spencer, qui était plus voyageur qu'érudit :

Notre premier regard sur Athènes s'accompagna d'une certaine déception que même la vue de ses ruines classiques dans le lointain ne parvint pas à chasser tout à fait, et il faut bien avouer que, vus de loin, l'aride plaine de l'Attique, avec ses oliviers qui poussaient de travers et ses montagnes décharnées, le soleil de plomb et les nuages de poussière... Même l'Acropole tant célébrée perchée au sommet d'un piton rocheux tout décharné ne valait guère mieux, à cette distance, que n'importe quelle forteresse, avec son horrible tour construite dans le style grossier du Moyen Age.

Au sujet de la tour franque, Eliot Warburton est d'un avis différent ("vue d'assez loin, elle est du plus bel effet, et la déplacer serait créer un vide que rien ne pourrait combler") et son goût pour tout ce qui est saillant et pittoresque, qui place ses récits de voyages parmi les plus attachants qu'on ait jamais écrits, le conduit à faire ce commentaire aussi juste sur le fond aujourd'hui qu'hier :

Visible de l'Acropole sur le même plan que le temple de Thésée et aux côtés de ce solennel Jupiter olympien, se dresse un énorme cube blanc qui défigurerait même Trafalgar Square : le palais du roi Othon... Ce sont de tels objets qui attirent d'abord l'œil du visiteur. Ils sont caractéristiques de toute la Grèce moderne. Personne ne peut faire grief à ce peuple de vouloir devenir une nation, mais que dire de son ambition à devenir une Grèce antique sinon qu'elle cause la gêne et l'embarras ?

Assailli par un banc de touristes sur les marches de l'Acropole, je songeais aux observations de Warburton et regardais autour de moi : aussi loin que se porte le regard, la laideur de l'Athènes moderne s'étend tous azimuts. Il n'y avait pas le moindre recoin sur toute l'Acropole sans quelqu'un planté là, un appareil-photo à la main. Ce qu'il y a là-haut en revanche et qui aurait certainement ravi Newton sinon les autres, ce sont les sculptures, en provenance de la "couche perse", qui n'avaient pas encore été déterrées à l'époque. Que doit-on préférer : le cadre poétique, les merveilleuses ruines d'un village turc dans la vaste plaine de l'Attique ou les magnifiques objets exhumés depuis lors et exposés à des milliers de gens, qui poussent dans tous les sens au-dessus d'une ville hideuse ? Ce n'est qu'en levant les yeux vers l'éblouissant éclat de la lumière grecque que l'on voit, comme les voyageurs d'antan, la pierre se détacher contre le ciel. Warburton se plaignait de la Grèce moderne mais il pouvait s'en échapper : "Je fis quelques centaines de pas hors du tumulte de la ville et me retrouvai aussi seul qu'en plein désert. J'étais soulagé. Autour de cette ruine dans le plus complet isolement [Jupiter olympien] régnait le plus profond silence… le seul être vivant était un Turc dont l'accoutrement barbare était en harmonie, tout au moins à mes yeux, avec le cadre où je l'avais trouvé. Il était de la race cruelle qui avait dévasté Athènes…" Aujourd'hui il n'est même plus possible d'échapper à l'Athènes moderne.

C'est en tout cas ce que je me répétais en descendant de là-haut, en passant devant les Propylées et en marchant sur la route. Je vis l'entrée du théâtre de Dionysos et décidai d'y pénétrer. Il me semblait que j'étais tombé très précisément sur ce que je cherchais sans même le savoir – car c'est ainsi quand on voyage : on "cherche" quelque chose, mais quelque chose que l'on n'a jamais vu et qu'on serait bien en mal de définir avant de l'avoir trouvé. Il y avait là, dans une parfaite composition de l'art et de la nature, tout ce que mon imagination demandait. Il y avait le marbre écroulé, la terre poussiéreuse et la paix des ruines. Il y avait des promenades à faire à l'ombre des cyprès ou parmi les oliviers ou encore dans les clairières où des colonnes à moitié enfouies côtoyaient sous le soleil des treuils et des poulies oubliés là. Il y avait surtout, parmi tous ces vestiges évocateurs, assez d'espace et de silence pour s'y promener et y trouver sa nourriture comme les moutons se nourrissent des flancs de la montagne. L'endroit était complètement désert, mis à part un homme qui dessinait à l'ombre d'un immense chapeau sur une colonne effondrée. Il aurait très bien pu être le Turc de Warburton, à la façon dont il était en parfaite harmonie avec le cadre où je l'avais trouvé. Pour la première fois depuis que je l'avais vu descendre la Save de Semlin à Belgrade, j'avais sous les yeux – sous les yeux, pas seulement à l'esprit – le voyageur du XIXᵉ siècle que j'étais venu espionner. Il était là, avec trois ou quatre autres grands maigres vêtus de manteaux de lin et coiffés de fringants chapeaux, qui déambulaient en compagnie de M. Wyse, notre ministre à la cour du roi Othon, tandis que M. Pittakis, le conservateur des antiquités à Athènes, leur montrait les curiosités de l'endroit et qu'une conversation s'engageait sur les harangues lancées par Démosthène des rochers au-dessus de leurs têtes ou sur l'opportunité de démolir la tour franque ou encore sur les raisons pour lesquelles l'Ilissos n'y coulait plus comme il le faisait deux mille cinq cents ans plus tôt à une époque qui leur était à tous plus familière que n'importe quelle autre époque de l'histoire. En Grèce, ils se sentaient chez eux comme un Campbell, de quelque nationalité qu'il soit, est sûr de se sentir chez lui en Ecosse.

Ils songeaient aux fantômes qui, pour eux, habitaient ces ruines, ils en parlaient et moi je songeais à eux. Plus tard ce jour-là, sur l'Agora, je devais voir une scène qui correspondait exactement à ce que j'attendais d'Athènes. Quand vous tournez le dos au Portique reconstruit, vous voyez, dans cette perspective faite de brousse, de poussière et de marbre qui mène à la symétrie du temple de Thésée et à son délicieux abandon, cette composition de l'art et de la nature qui séduisait tant les imaginations nourries, durant les longs hivers anglais, de Gibbon et Pannini. On avait alors une vision romantique de l'Antiquité. Aujourd'hui l'archéologie, devenue science exacte, a débarrassé les statues des doigts et des nezs dont on les affublait pour faire plus pittoresque et l'on distingue désormais entre apprécier la pureté retrouvée de l'art classique et donner libre cours à son goût des temples en ruine dans la lumière du crépuscule. Aux uns le plaisir plutôt austère mais lucide et intellectuel de visiter les musées ; aux autres, ce mélange beaucoup plus trouble d'émotion et de mélancolie nordique agrémenté d'une vague perception de la grandeur et de la décadence des empires.

Ce dernier plaisir, qu'il est si difficile de retrouver à présent que tant de sites sont bondés en permanence et réduits à l'état de jardins publics, je le goûtai sur une Agora peu visitée par les jardiniers. Sur sa façade rocheuse, des perspectives dégagées montent jusqu'au Parthénon tandis que sur les versants en contrebas, parmi les palmiers et les cyprès, on devine l'ocre des villas où le voyageur passait de si agréables séjours chez des consuls ou d'autres résidents de la petite cité. Tout cela jusque tout là-haut baigne dans la lumière dorée du soir et derrière cette scène grandiose flotte le bleu vaporeux des montagnes. Voilà qui justifie amplement ma présence ici, plutôt que n'importe où au monde, me disais-je tout en marchant. Des tuyaux d'arrosage sifflaient et crachotaient, assombrissaient la poussière des sentiers, faisaient décamper les chats sur leur passage. Dans le jour faiblissant, j'entrai dans la petite église orthodoxe pour penser à mes enfants si loin dans "leur petit monde à eux". Une certaine solitude aiguise à merveille la perception de celui qui voyage. Seul, vous observez tout et vous observez aussi les effets que tout produit sur vous. Vous êtes à même de bien observer et de réfléchir en paix. La relation entre deux personnes les isole l'un et l'autre du reste du monde. Si réconfortante qu'elle puisse être parfois, une telle relation émousse l'objet même du voyage.

5

De tout Athènes, c'est l'Agora que j'ai préférée. J'allais m'y promener de temps à autre et j'en vins même à aimer le tintamarre du petit train qui en faisait le tour. Cela me reposait du déluge de klaxons du reste de la ville, des gaz d'échappement et de l'insondable laideur de la place de la Constitution. Pour un homme du Nord, le grand attrait du climat méridional est de pouvoir prendre le petit déjeuner dehors et plus d'une fois c'est par un petit déjeuner sous les arbres de la place Adrianou que je commençais la journée avant de traverser l'Agora et de me jeter dans la ville. C'est ce que je fis le dernier jour, avant d'aller reprendre mes sacs dans ma petite chambre sordide (à laquelle je m'étais malgré tout habitué) et de les trimbaler dans l'escalier déglingué de la Maison d'Argent puis devant la petite vieille à la baignoire dont les mains étaient aussi fanées que les feuilles qui tombaient maintenant plus vite qu'elle ne pouvait les ramasser. J'avais fini par m'attacher à ce petit coin. Tout le plaisir d'un grand hôtel est dans l'arrivée, mais il se détériore très vite et le départ, lorsqu'il vous faut payer la note, n'est que douleur et mortification. Le contraire est vrai des pensions bon marché. Vous commencez au plus bas, mais, l'habitude aidant, vous vous faites jour après jour aux inconvénients et vous repartez (après avoir payé chaque nuit d'avance) tout content d'avoir fait des économies.

Le bus du Pirée était plein à craquer, si bien que je dus faire tout le voyage debout. Sur les quais je me sentis perdre courage. Près du poste de douane, d'énormes panneaux indiquaient quelles îles étaient COMPLÈTES et lesquelles avaient encore des CHAMBRES A LOUER. Des îles complètes ! Après Belgrade et Athènes, il semblait que les taux de remplissage allaient cette fois franchir la limite du supportable. Des pèlerins croulant sous des sacs à dos déambulaient de cette façon bonasse et mollassonne qui est la leur devant la mer polluée, faisaient la queue devant les baraques ou se répandaient dans les cafés. Un nombre pareil vous réduit la visibilité mieux qu'une tempête de neige.

Il ne faut jamais demander à ceux qui vivent où que ce soit, comme je le fis à Rhodes à l'amie chez qui j'allais séjourner, de se prononcer sur l'endroit en question. Le seul fait d'être propriétaire leur donne des préjugés car leur préférence naturelle pour ce qu'ils ont choisi aboutit à une vision sélective des choses qui refuse de voir tout ce qui est indésirable. Mon amie m'avait dit qu'il y aurait peu de touristes à Athènes en cette fin de septembre, qu'il était inutile de réserver à l'avance et que les îles seraient pratiquement désertes. Qu'aurait-elle dit si je lui avais montré les panneaux annonçant des îles COMPLÈTES ? "Ça alors, c'est incroyable, voilà ce qu'elle aurait dit, c'est bien la première fois." Et ce serait aussi la dernière fois qu'elle verrait ça parce que son regard passerait outre la foule. Les gens du pays n'en voient, par-delà les touristes, que les traits permanents. Les touristes, eux, sont condamnés à ne voir que des touristes.

Mes bagages étaient lourds, le soleil assommant. A l'autre bout du port, je vis enfin la belle superstructure blanche de l'*Homerus* s'élever au-dessus de la pagaïe des quais. Je montai à bord. Le navire m'enchanta, tout comme la cabine de seconde classe que j'allais partager avec un petit

Autrichien nerveux que je trouvai en train de manger du raisin sur la couchette inférieure. Je déjeunai sur le quai, le bateau tout blanc sous les yeux comme la personnification même du Voyage, moteurs en marche, un panache de fumée s'élevant de sa cheminée, et les premiers passagers s'affairant tout autour. Aucun départ d'aucun avion ni même d'aucun train ne remplit la promesse du mot "départ" comme le fait celui du bateau qui lentement s'arrache du port et met le cap sur la pleine mer.

Si, en plus, cette mer est la mer Egée, et si le ciel sous lequel il vogue se charge d'orage sans que tombe la foudre, la plus petite sensation éprouvée par le passager accède à la dignité d'une Emotion. Impossible de ne pas songer aux naufrages de *L'Odyssée*. De toute façon, je ne peux pas m'empêcher de voir dans les gens sur le même bateau que moi des compagnons en puissance sur un éventuel radeau de la *Méduse* : je sens toujours rouler au-dessus de ma tête de noirs nuages de mauvais augure. Je vois avec effroi du pont la mer bouillonnante lécher les flancs du navire. Point n'est besoin de tempête pour que je sois mort de peur ; il suffit que la mer soit tapie au pied des rochers tel un reptile aux aguets : même par grand calme, le flux et le reflux, ce ricanement – ce rire amer –, sont amplement évocateurs de profondeurs, de ténèbres et de malfaisance. Que le bourreau fasse seulement craquer une allumette entre ses doigts et l'esprit de sa victime se videra de tout sauf de la peur. Aucune épitaphe ne m'émeut comme celle que *L'Anthologie grecque* attribue à Archias : "Sous les récifs battus par les embruns, devant le funeste océan, je vis une tombe aux mains d'étrangers et j'entends encore, plein de tristesse, gronder jusque chez les morts le tonnerre honni de la mer."

J'étais donc là, prisonnier de la plus ancienne et de la plus hantée des mers, par temps en voie de rapide détérioration, à regarder sur le pont les côtes grecques disparaître sous une écharpe de brume à la traîne des nuages d'orage. Je ne suis pas fébrile en bateau ; une espèce de fatalisme noir me cloue au contraire sur place, je regarde avec indifférence la mer ou la terre et laisse mes pensées voguer au gré des souvenirs. C'est un état d'esprit qui ne convient pas si mal au voyage. "Le lent bercement du dromadaire, écrit Charles Monk à propos de sa traversée du désert dans les années 1840, vous plonge dans cet état de rêverie où le souvenir retrouve des événements depuis longtemps écoulés et fait surgir dans l'imaginaire des visages et des objets jadis familiers qui s'offrent, dans ce silence et cette solitude, à une sereine et profonde méditation." Monk ne nous dit pas sur quoi portait cette méditation. Par convention, les voyageurs ne vous disaient rien de leur vie avant le départ et vous fermaient la porte au nez à leur retour au point que ceux qui manquent à la règle (ainsi le capitaine Abbott qui, dans son *Voyage de Hérat à Khiva*, parle avec amertume de ses ambitions déçues) vous font l'effet de malappris. Ce n'est pas parce que vous avez acheté un livre de voyages que vous avez acheté le droit d'accès aux confessions de son auteur. D'ailleurs, il ne vous montrera pas plus ses faiblesses qu'il ne les montre aux ennemis qu'il rencontre sur sa route. Ce qui ne veut pas dire qu'elles ne puissent pas être déduites : on finit par se faire une idée assez précise du caractère de l'auteur le plus avare de confidences car on a toujours son homme sous les yeux tandis qu'une succession d'incidents illumine les différentes facettes de sa personnalité. Il arrive même qu'il se trahisse sur la page de titre. C'est ainsi que M. Monk, qui ne daigne pas partager l'objet de sa "sereine et profonde méditation", croit bon de faire suivre son nom sur la page de titre de la mention : "Maître ès lettres, Trinity College, Cambridge."

Tout l'après-midi, l'*Homerus* creusa son sillon dans une mer d'huile, étincelant de blancheur dans la lumière blafarde qui perçait à travers les amoncellements de nuages. Lorsque le soir obscurcit la scène, nous croisâmes enfin au large de l'image lointaine et altière de Colonne qui se détachait contre le ciel tout au bout de son promontoire et nous mîmes le cap sur l'est à la nuit tombante après nous être engouffrés entre les pinces rocheuses des îles. Toujours assis, je continuai à regarder autour de moi. La seule physionomie de la mer Egée, qui n'est faite que d'îles et de récifs, suggère *L'Odyssée*. Il était impossible de naviguer dans l'archipel sans rencontrer un millier d'avaries. Il y a de cela vingt ans, j'eus l'occasion de croiser au large du cap de Colonne en rentrant d'une excursion plutôt mouvementée dans les parages. "Peu d'amitiés survivent à l'épreuve de l'eau, écrit quelque part Trelawny ; quand un yacht anglais à bord duquel se trouvent deux amis fait escale, disons à Malte ou à Gibraltar, soyez sûr qu'il en laissera un à terre." Je repensais aux péripéties de cette excursion et à ce qu'il était advenu des passagers. Certains, je le savais, n'étaient plus. L'un des plaisirs de la jeunesse est de pouvoir croire qu'une chose peut durer éternellement. Je croyais à l'époque que tous ces gens, ces distractions, ma vie à Rome, étaient la vie tracée devant moi. En réalité je n'avais fait que quelques ronds dans l'eau sur un petit bout de mer parsemé d'îles sans avoir encore choisi mon cap pour la grande aventure. La plupart des fanaux qui éclairent à présent ma route n'étaient pas encore allumés. Je méditais, sinon profondément (n'étant pour ma part que "licencié ès lettres, Trinity College, Cambridge"), du moins gravement sur ces choses et d'autres lorsque l'*Homerus* plongea dans les ténèbres de l'Orient. Je quittai enfin le pont et lus dans un coin en attendant l'heure de prendre une douche dans un cabinet de toilette rouillé qui se soulevait et grinçait au gré des mouvements du navire mais qui me sembla parfaitement sybaritique après celui dont était équipée ma chambre d'Athènes. Je ne connais rien de plus douillet qu'une cabine de bateau par mer calme. Tout en gardant présente à l'esprit la délicieuse sensation de vivre une aventure, vous avez tout le loisir de lire dans votre petit repaire, comme un roitelet qui de la chaleur de son nid voit tomber la neige.

A mon réveil le lendemain matin, l'Autrichien de la couchette du dessous s'était éclipsé en me laissant très gentiment une grappe de raisin sur mes vêtements. Je montai avec elle l'échelle des cabines et traversai ces coursives obscures et trépidantes du navire qui en sont comme le conduit intestinal et qui sentent si fort l'huile, pour la porter à la lumière et à l'air du large. Je sortis sur le pont et vis dans la lumière éclatante que le navire naviguait au plus près de la côte la plus sauvage qu'on puisse imaginer.

L'inquiétude que j'avais éprouvée chaque fois que j'avais pensé à la Turquie – autant dire tout l'été, que j'avais passé dans mon jardin à potasser des livres sur les villes turques – prit sur-le-champ la forme de cette côte inhospitalière que je voyais pour la toute première fois. Elle était là, à portée de la main, comme étaient là les contreforts de l'Asie s'abîmant dans une mer de saphir. Nous filions sur la mer limpide au large du promontoire de Cnide, où l'*Aphrodite* de Praxitèle attirait jadis tous les voyageurs, et je vis les vagues se jeter à l'assaut des rochers solitaires et se briser sur les rivages déserts. Je scrutais cette côte rocailleuse comme si je regardais le basilic droit dans les yeux. Qu'est-ce qui m'effrayait donc tant ? De sinistres falaises surgies de la mer formaient comme les ouvrages extérieurs d'une forteresse hostile dont je tremblais de devenir prisonnier. Je ne voulais pas descendre à terre, moi qui étais censé traverser le pays depuis cette côte égéenne jusqu'aux lointaines montagnes d'Arménie qui surplombent la Russie, l'Iran et l'Irak. Six semaines plus tôt, la Turquie avait connu un coup d'Etat militaire ; la presse très sévèrement censurée n'avait pas laissé filtrer grand-chose et il était difficile de savoir si la loi martiale et le couvre-feu avaient effectivement mis fin aux attentats qui avaient coûté la vie à des milliers de gens depuis le début de l'année ou si les massacres continuaient sans que les journaux en parlent. Depuis mon départ d'Angleterre, la guerre avait éclaté entre l'Iran et l'Irak, tous deux limitrophes de la Turquie, ce qui ne faisait qu'ajouter aux incertitudes, aux dangers même, qui m'attendaient derrière cette côte sauvage. Mais ce n'est pas ce genre de dangers, somme toute mesurables, qui brillait dans l'œil de pierre qui me renvoya mon regard, non, c'était quelque chose qui ressemblait plus à l'épouvante ou à la terreur qui s'empare de vous quand l'heure de l'épreuve arrive et que vous sentez que vous lâchent les aptitudes dont il faudrait précisément faire preuve.

Pour l'instant, cependant, j'étais hors de danger. L'*Homerus* tourna le dos à la côte sauvage de l'Asie. Les récifs, la mer en furie perdirent de leur prégnance ; la distance enveloppa bientôt d'un voile de beauté les montagnes ravinées de Carie qui plongeaient dans la mer derrière nous. Tout là-haut, dans ces montagnes de Cnide qu'il explorait au milieu du siècle dernier en qualité de consul de Rhodes chargé de "veiller aux intérêts du British Museum au Levant", Charles Newton fit la découverte d'un énorme lion de marbre. Haut de deux mètres, il en mesurait trois de long et pesait onze tonnes. Mais il ne parvint pas à faire voir à ses hommes de peine grecs ou turcs un lion là où de tout temps ils n'avaient vu qu'un gros rocher blanc perdu au milieu des autres rochers pourpres qui surplombaient la mer. Avec beaucoup de peine – et pas mal d'accidents – Newton mit le lion dans un caisson et le fit descendre au moyen d'un palan dans un bâtiment de guerre ancré au pied de la falaise, qui allait l'acheminer jusqu'en Angleterre avec l'autre trouvaille de Newton, le mausolée d'Halicarnasse. Sur le même promontoire, Newton découvrit en outre une créature bien plus rare qu'un lion hellénique : un authentique *squire* turc. Il éprouve beaucoup de plaisir à décrire par le menu la vie de cet Agha de Datscha, ses parties de pêche, ses chasses à la perdrix, les travaux de cordonnerie, d'armurerie et de tapisserie auxquels se livrent ses gens, le vif intérêt qu'il porte à l'histoire et aux pays étrangers, comme si l'existence, sur ce promontoire reculé, d'un *gentleman-farmer* en tout point conforme au *squire* Hastings prouvait que le monde entier, s'il ne tenait qu'à lui, tendrait vers le modèle anglais*. Pour voir un *squire* dans un bey turc, distinguer le modèle anglais sous l'habit étranger, il fallait avoir l'œil aussi exercé que pour voir un lion dans un gros rocher blanc. L'alliance de l'audace et de l'érudition, combinaison on ne peut plus anglaise que Newton possédait au plus haut degré, le portait à attacher de la valeur au plus petit signe de l'existence d'une telle alliance dans ce pays perdu. "Une tête bien faite et bien remplie, capable d'apprécier le passé aussi bien que le présent", ainsi le décrit lord Carlisle qui séjourna chez lui à Rhodes en 1853 lors de son voyage en Orient (en compagnie du "jeune M. Colnaghi, chargé de prendre des vues au Calotype").

L'île de Rhodes s'élevait lentement à tribord. Majestueusement, l'*Homerus*, dont les proportions faisaient paraître le port minuscule en comparaison, se mit à quai sous les sombres remparts du château qui, selon lord Carlisle, faisait penser à *"des bouts de Kenilworth** vus sous un ciel bleu et coiffés de quelques palmiers"*. Frappé de plein fouet par la petite vérole lors de son séjour chez

---

* Fraîchement débarqué à Calymnos du *Firebrand,* bâtiment de guerre de Sa Majesté, Newton écrit : "Je restai planté là comme un enfant abandonné sur une plage de sable, assis sur mon sac de couchage et rêvant de rentrer à la maison." *(N.d.A.)*
** Château du XIIe siècle au cœur de l'Angleterre, aujourd'hui en ruine, sujet du roman de Walter Scott du même nom. *(N.d.T.)*

Newton ici même, il raconte dans son journal, sur ce ton un tantinet patelin qui est le sien, comment on fit venir immédiatement à son chevet un certain docteur M'Craith en poste à Smyrne tandis que le "brave amiral" de la flotte dépêcha un docteur de son bateau amiral et que "ce cher docteur Sandwith" accourut en toute hâte sur un vapeur en provenance de Constantinople. Cette anecdote montre, comme du reste tous les récits que fait lord Carlisle de ses allées et venues d'une ambassade à l'autre à bord de cuirassés croisant dans ces eaux grecques ou turques, à quel point il pouvait être doux de se balader du côté du Levant, à condition toutefois d'être une huile et… de ne pas avoir la petite vérole.

6

Je passai quelques jours à Rhodes, hébergé par un ami habitant Lindos. Je reportais mon départ de jour en jour car la liaison par ferry entre l'île et la côte turque avait été interrompue pour cause de mauvaise volonté aggravée de part et d'autre, si bien qu'il fallait attendre d'avoir vent du départ d'un bateau privé pour Marmara. Dans un taudis derrière le port de Rhodes j'avais confié mon passeport à un vieux loup de mer à la bouche pleine d'or. Il l'avait pris et m'avait fermé la porte au nez en me disant d'appeler de temps en temps des fois qu'il y aurait un bateau. C'est ce que je fis, et, un beau soir, je reçus l'ordre de me trouver sur le quai le lendemain matin. Je pliai ma garde-robe, allégée au passage, dans mes deux sacs et partis à la première heure, par les rues blêmes et désertes, prendre le premier bus pour Rhodes. Mon petit déjeuner avalé, non loin du port, il me restait assez de temps pour jeter un coup d'œil à la ville et au château. L'appréhension avait cédé la place à la conscience enthousiaste que j'allais m'approcher des contreforts des montagnes turques qui m'avaient défié chaque fois qu'à toute heure de la journée et dans toutes sortes de lumières je les avais observés de Lindos. Sur l'Acropole un soir j'avais vu la nuit arriver de l'orient sur la mer parcourue d'ombres alors qu'un vol de martinets au-dessus de ma tête obliquait comme la matérialisation de mes propres pensées vers cette côte sauvage et tourmentée, et vers les ténèbres de l'Orient, avec la même réticence que je ressentais moi-même à mesure que je m'en approchais.

A cette heure matinale, la rue des Chevaliers, la ruelle pavée qui monte jusqu'aux grilles du château, paraissait quelque peu aseptisée. Les touristes ne sont pas indispensables, mais ce qui l'est pour donner à un endroit son cachet véritable, ce sont les tonnes d'ordures, la charogne en putréfaction, les chiens errants, de même que les palais de Venise ont besoin, pour faire tout leur effet, de la puanteur de ses canaux. Quand vous savez tout d'un lieu, l'atmosphère vous importe peu car vous cherchez le détail et non l'impression générale ; quand vous ne savez rien du tout, l'impression, bonne ou mauvaise, est toujours agréable, mais quand, comme moi, vous ne savez presque rien, ce rien, cette étincelle a besoin d'une atmosphère, tout comme la flamme a besoin d'oxygène, pour devenir la flamme à la lueur de laquelle vous pourrez voir les figures que vous voulez voir. A Rhodes, la période qui m'intéresse est hélas passablement éclipsée par le fascisme et le tourisme. En fait de figures, je ne vis dans le château que celle de Mussolini. La plupart des salles, meublées d'une table et d'une chaise tarabiscotée, semblaient être réservées à la signature de traités. On a peine à croire aujourd'hui qu'un personnage aussi burlesque ait pu s'imaginer régnant sur un Empire romain de ce trône de Rhodes. L'île regorge de bouts de décor de cet opéra bouffe, des canalisations en béton que les ronces ont éventrées, un petit monastère italianisant tombé à l'état de grange à foin, des hôtels de ville, des kiosques à musique couverts de rouille. Comment les Italiens ont-ils pu voir en lui un conquérant ?

La réponse se trouve peut-être dans la cour du château. Des statues s'y dressent, toute une rangée de Romains à la mine patibulaire. On peut y voir un point de départ possible de l'italianisation de l'île, que dis-je ? du monde civilisé, par un dictateur moderne. Il lui suffirait de sauver les Romains de pierre négligés qui remplissent humblement leur office d'étayage de maisons d'usurpateurs turcs ou grecs, il lui suffirait de rendre la liberté à ces véritables chefs spirituels du monde méditerranéen, pour que la machine se remette à fonctionner. Les Romains pétrifiés de la cour du château entrent dans une continuité historique qui justifie la prétention mussolinienne aux yeux des Italiens. Une telle continuité, ininterrompue de l'Antiquité aux Temps modernes, ne peut se concevoir en Angleterre. Les châteaux normands sortent d'une terre vierge, aucune statue ne se dresse dans leur cour. En ce sens, c'est bien à tort que lord Carlisle comparait Rhodes à Kenilworth; mais, ce faisant, il trahissait sans doute le désir d'un Anglais, à l'apogée de l'Empire britannique, de se placer lui et son empire dans la descendance directe des empires du passé.

Comme je ne voulais pas manquer le bateau, j'arrivai sur les quais bien avant l'heure. On me rendit mon passeport. Bientôt, une voix nous ordonna à moi et aux deux ou trois autres personnes qui attendaient à la douane de sortir dans l'éblouissante lumière blanche du port. Je ne vis pas de bateau à quai. Je voyais la mer et, au loin, les montagnes de Turquie, mais pas de bateau pour m'y emmener. Je suivis l'homme qui nous avait demandé de sortir. Tout au bout de l'embarcadère, je ne vis que de l'eau.

Tout en bas, contre l'embarcadère mais loin d'arriver à sa hauteur, je finis par distinguer un petit caïque dont le moteur trépidait tandis qu'à son bord deux bandits turcs levaient les yeux vers moi. Je jetai mes sacs sur le pont avant et sautai moi-même après eux. On ne vendait pas de billets, on ne demandait pas d'argent. D'autres sautèrent, on largua les amarres et nous prîmes le large. Adossé au rouf, je me préparais à une mauvaise traversée des trente miles de détroit jusqu'à Marmara.

Mais le soleil brillait et la mer était bleue. Bercés par la houle, nous approchions peu à peu des pâles montagnes d'Asie Mineure. Le patron grisonnant s'appuyait au bastingage et regardait le large, grattant le pont de ses pieds comme l'aurait fait un homard de ses pinces, tandis que son second tenait la barre en fumant. Les aiguilles blanches des embruns cinglaient comme pour l'hypnotiser le bleu profond de la mer. Les pages en papier bible de mon livre papillonnaient dans la brise.

Tout près se déroulait une charmante scène de famille. Sur le pont avant, en plus du patron et de moi-même, se tenait un couple d'Australiens avec un bébé de six mois. A eux deux, ils s'en occupaient avec une merveilleuse dextérité. Le père, un homme corpulent, en pantalon de marin et portant aux pieds des chaussures munies de trépointes d'une largeur inouïe, avait la bonne tête de quelqu'un qui semble faire confiance au monde entier (et à toutes les mers du monde) pour qu'il ne lui joue pas de sales tours. Lorsque son regard croisa le mien, il fit un sourire plein de confiance. Sans doute à cause de notre présence, il sembla éprouver une certaine gêne à manipuler les petits pots tout en aidant à préparer le repas du bébé. Ce qui est sûr c'est qu'il se tourna résolument vers la mer pendant qu'on changeait la couche dans son dos. Son grand corps encombrant, son air angélique le rendaient plus attachant que sa compagne, petite femme sèche douée d'un extraordinaire sens pratique. Elle faisait tout ce qu'il y avait à faire, ôter et remettre les épingles, préparer la nourriture, la donner, faire la toilette du bébé, avec une dextérité que le fait d'être sur un caïque secoué par une mer vineuse, quelque part entre Rhodes et la Turquie, n'entamait pas le moins du monde. Lorsqu'elle eut un moment à elle, une fois le bébé endormi, elle s'étendit de tout son long sur le plat-bord, plantant du même coup un derrière moulé dans un pantalon de jersey sous le nez du patron perdu dans ses pensées. Il le considéra sans réagir autrement qu'en se grattant une ou deux fois la tête sous sa casquette de ses énormes doigts avant de tourner à nouveau son regard vers la côte qui surgissait maintenant des profondeurs homériques.

Impossible de savoir quel effet peuvent produire dans l'esprit de quelqu'un qui débarque des antipodes un moment ou un décor donnés. Pour ma part, je voyais la masse écrasante des caps et des péninsules étagés de l'Asie Mineure surgir des profondeurs fantomatiques de la mer Egée au-devant de notre petite embarcation. Que voyait l'Australienne ? Une côte aride sortir d'une mer sans vie quelque part dans la lointaine Europe ? Est-ce seulement de cet écheveau de chimères aujourd'hui à demi oubliées tissé tout au long de mon enfance par les mots "Carie", "mer Egée", "Grèce", "Turquie", que naissent la peur et l'ombre ? Je ne pourrais jamais changer bébé dans ces parages par crainte de voir des tempêtes, des monstres, des siphons, des rochers lancés par des géants aveugles. De fabuleux obstacles m'empêcheraient purement et simplement d'emmener un bébé en Turquie sur un caïque. Les Australiens franchissaient allégrement ces obstacles comme, dans une petite église de campagne, les voix frustes des fidèles les subtilités du credo. Je crois que je préfère encore voyager avec mes chimères et laisser bébé à la maison. Qui a dit que voyager en famille c'était comme danser la valse avec sa grand-tante ?

Nous arrivâmes en vue de la terre et suivîmes la côte le long des falaises de la péninsule qui ferme la mer de Marmara, là où était stationnée la flotte de sir Sidney Smith pendant la guerre de Crimée. Ces escales de la Flotte donnaient un avant-goût du tourisme de masse, ou mieux, des déplacements de supporters de football à l'étranger : villes grouillant de marins avinés, moqueurs, querelleurs, grossiers, qui dérangent tout le monde et que leurs officiers parviennent à peine à contenir. Newton parle de dégâts causés sur cette côte par l'équipage d'un bâtiment de guerre chargé de rapatrier des marbres mais il n'était pas d'usage à l'époque, pour des voyageurs de la classe bourgeoise, de signaler la présence de leurs compatriotes des classes inférieures. S'il est parfois question d'officiers dans les livres de voyages (au temps de la guerre de Crimée le Levant regorgeait de troupes britanniques mais même à d'autres moments on avait toutes les chances de tomber sur un bâtiment de guerre de Sa Majesté dans n'importe quel port de l'Orient), on ne nous dit jamais rien des marins ni des simples soldats. On ne nous entretient guère plus des marchands chargés de denrées en provenance de Birmingham et de Manchester, même si l'on déplore souvent que leurs marchandises aient dénaturé les bazars. Bref, les voyageurs ne parlaient que de ceux qui comme eux adhéraient au mythe selon lequel ils n'étaient arrivés jusquelà qu'au terme d'une entreprise périlleuse dont de simples marchands en quête de profit seraient bien incapables. Ils passaient les marchands sous silence parce qu'ils ne cadraient pas avec le goût d'aventure qu'ils voulaient faire passer. J'aurais été bien inspiré de passer sous silence le bébé australien si j'avais voulu faire passer l'impression que j'avais de vivre une authentique aventure en longeant cette côte sauvage. Si au moins le bébé avait été turc ! Oui, on peut concevoir une aventure avec un bébé turc.

Il n'y a rien que je regarde avec plus d'avidité qu'un rivage ou un port où je vais débarquer pour la première fois. Nous doublâmes des plages balayées par une longue houle étincelante. Des promontoires entièrement recouverts de bois se jetaient dans la mer, divisant la baie en criques devinées au passage. Toutes étaient désertes. Audessus des vertes collines au fond de la baie se dressaient les crêtes pierreuses des montagnes et contre elles, au ras des flots, la masse blanche des constructions se mirait dans une eau sans rides.

C'est alors que le second céda la barre au patron et fit le tour du bateau, le visage tiraillé par un horrible rictus, pour récolter l'argent, mille drachmes par tête de pipe, exactement ce que m'avait coûté la cabine du Pirée à Rhodes. Impossible de contester la somme, il n'y avait qu'à cracher au bassinet en essayant de faire bonne figure. Au bout de trois heures et demie de traversée, pendant lesquelles le bébé australien avait été sage comme une image, nous nous hissâmes sur le quai à Marmara.

Je mis pied à terre dans un état d'exaltation nerveuse. Dès que le douanier en chef, qui officiait sous la treille d'une maison de thé, m'eut laissé passer, j'allai encaisser un chèque, inspecter les hôtels, vérifier les horaires des autocars pour Selçuk. Grand moment que celui où vous mettez pied à terre, mais vous ne percevez pas grand-chose de l'âme d'un pays dans une ville de bord de mer. Un sentier menait de la place toute neuve et baignée de lumière vers des frondaisons tentatrices, une ou deux maisons perdues au milieu d'immeubles en béton exhibaient leurs façades de bois branlantes ; pas de doute, j'étais bien en Turquie mais je décidai de prendre l'autocar pour Selçuk le soir même et ainsi de commencer mon voyage.

Je m'assis pour manger mon repas (du pain et du poisson) acheté à un marchand ambulant du front de mer et boire du thé noir sucré dans l'un de ces verres en forme d'urne auxquels on se réhabitue si vite. Dans ma course folle à travers la ville, j'avais remarqué un certain nombre de choses auxquelles j'avais maintenant tout le loisir de penser. D'abord, j'avais vu dans un café une jeune femme que je connaissais, et que je savais être une droguée notoire, en pleine conversation avec un Turc au teint olivâtre. Je ne sais si elle me vit, toujours est-il qu'elle resta penchée en avant de cette manière pressante d'une qui marchande pour vendre son âme. La chasse à la drogue, sans parler de sa consommation, vous prend la moitié de votre vie et appauvrit, comme toute obsession, la moitié restante. Je vis cette femme et puis, dans la gare routière, je revis mes Australiens. Je leur demandai quels étaient leurs plans (je n'avais pas engagé la conversation sur le bateau de peur d'en avoir pour trois heures et demie). Ils allaient à Gallipoli. Cela fit tilt dans mon esprit : pas Troie, Gallipoli. Ce détroit, cette côte plutôt – près de Gallipoli et non de Troie – est ce qui sert de cadre à l'*Iliade* de l'Australie, l'endroit où sont enterrés ses héros homériques, la terre de ses légendes. Avant d'avoir traversé le détroit et atteint cette côte, les Australiens ne pouvaient tout simplement pas voir les fantômes que voit un Européen qui navigue sur la mer Egée, ni éprouver la terreur qu'il y éprouve. "Le seul intérêt de Gallipoli, écrit Edmund Spencer en 1837, est d'avoir été le lieu fatal où le Turc planta pour la première fois le croissant sur le sol européen." A vrai dire, pour un Européen d'aujourd'hui, le désastre de Gallipoli marque la fin de l'épopée qui commence avec l'*Iliade*. En revanche, un monument à la mémoire des victimes de Gallipoli dans une église australienne remplit la même fonction que les statues romaines au château de Rhodes ou que la référence à Troie dans le prologue de *Gauvain et le chevalier vert*, en ce qu'il relie les générations présentes aux héros du passé. Ce qui est pour l'Europe une fin est un commencement pour l'Australie, tout comme la fin de Troie, la fuite d'Enée de la ville en feu, est ce qui permit la fondation de l'Angleterre, quand, "par-delà les flots de France, les puissantes nefs sans nombre de Brutus assaillirent la Bretagne".

Assis mon verre de thé à la main dans le vent du quai et dans le brasillement de l'air et de la mer, je contemplais du golfe l'immense étendue de baies profondes, de promontoires boisés et d'eau constellée de bateaux. Il fut bientôt six heures, l'heure de me mettre en route. Plusieurs personnes m'avaient dit qu'il était possible, facile, agréable même de voyager en Turquie en autocar. Mais ces personnes si différentes, que voulaient-elles dire au juste, quels étaient leurs critères ? L'une d'elles était une femme qui a roulé sa bosse en Afghanistan et en Perse et pour qui la souffrance n'existe pas ; une autre, en solide médecin du Dorset, serait du genre à la dissimuler, et ainsi de suite. La seule chose qui comptait à présent était de savoir ce que j'en penserais, moi. Je parcourus le front de mer en sens inverse, tirai au passage ma révérence au douanier en chef qui avait entre-temps tombé la veste et le képi galonné pour jouer au trictrac sous la treille, et arrivai au guichet de la compagnie d'autocars. J'avais la sensation exaltante d'être emporté par le courant de l'incertitude et de l'aventure, sensation qu'il n'est pas rare d'éprouver quand on est jeune, mais qui, passé un certain âge, vous refait une santé.

II

1

Je n'aurais pu, en partant de chez moi pour la Turquie, rêver cadre plus reculé ni plus romantique que celui où j'écrivis la première ébauche de ce chapitre. Une lampe à pétrole éclairait l'intérieur de la cabane tout en longueur et basse de plafond, aux murs tendus de tapis d'Orient. D'autres lampes étaient disséminées sur le sol de terre battue, et d'autres encore tout autour de la mezzanine où j'étais assis à la turque derrière un plateau de laiton sur lequel étaient posés les petits plats qui avaient contenu mon dîner. Au-delà du halo de lumière, la porte du fond était ouverte sur les ténèbres d'une immense plaine au cœur des montagnes. Au milieu de cette plaine, une cité grecque en ruine.

Mon hôte turc, un bel homme plutôt mélancolique, venait tout juste de coucher un dormeur-épouvantail contre l'entrée avec un coussin pour le corps et une cruche enveloppée d'une écharpe pour la tête. Il espérait de la sorte interdire l'accès de sa cabane aux rôdeurs de la nuit dont il redoutait les visites. A deux reprises au cours des derniers mois, il avait été réveillé par une arme à feu braquée sur sa nuque. "C'est pas possible, une vie comme ça", me dit-il tristement dans son français discordant mais correct.

Plus tôt dans la soirée, il y avait eu un autre homme avec nous. Vêtu de sa houppelande, appuyé sur son bâton, il était resté en retrait tandis que le maître des lieux, M. Mestan, m'avait montré des pièces de monnaie et autres curiosités trouvées parmi les ruines de la cité antique. J'avais vu de semblables silhouettes, à l'approche de la nuit, en sentinelle sur les hauteurs surplombant les vestiges des temples et des théâtres où il m'était arrivé de me promener. Par romantisme, je me plaisais à les imaginer türkmènes, ces bergers taciturnes qui bornaient le paysage au milieu de leurs troupeaux, accompagnés d'une meute de molosses. A mesure que le jour déclinait, il m'avait semblé qu'ils devenaient plus grands, plus sombres, que leur cercle se resserrait autour des vestiges. Or l'un de ces hommes avait été là dans la cabane. Mais il était parti, comme d'ailleurs M. Mestan, et j'étais resté seul. A quelques pas de là, quelque part dans les ténèbres devant la porte, m'attendait un nid pour la nuit fait de tapis que j'avais rassemblés à la hâte et posés à même le sol. Il régnait le plus profond silence.

Ce n'était pas vraiment un coin perdu, évidemment. Il doit être possible pour celui qui fait une croisière dans la région d'y arriver en autocar, d'en faire le tour et de retourner au bateau avant la tombée de la nuit. Mais un endroit est isolé s'il vous paraît tel, et l'impression d'isolement dépend du moyen que vous empruntez pour vous y rendre. Le moyen par lequel j'y étais arrivé me faisait paraître cette cabane éclairée à la lampe à mille lieues de nulle part.

Mon premier autocar, à Marmara, avait démarré sur les chapeaux de roues et bifurqué aussitôt, comme s'il avait eu le feu aux trousses, vers les collines surplombant la côte déserte, soulevant un nuage de poussière et klaxonnant autant qu'il pouvait. A l'ouest, vers le soleil couchant, s'étendaient au loin de longues péninsules enserrant dans leur pierre des estuaires argentés tandis que devant nous l'arrière-pays entrait dans la nuit. Je me souviens de pinèdes aux clairières constellées de ruches, du chatoiement de ces pâles cités d'abeilles dans le crépuscule cependant que mon voisin, le nez collé contre la vitre, s'était mis en posture de faire signe le moment venu à une femme et à un enfant qui, d'une clairière parmi les ruches, agiteraient la main en retour. Quand ce fut chose faite, il retourna à son siège pour fumer et somnoler. Les quarante et quelques Turcs présents somnolaient et fumaient. Les hommes portaient pour la plupart des costumes râpés et trop étroits, et des casquettes ; ils étaient presque tous beaux avec leur teint basané et leur magnifique moustache de pirate.

Un agile contrôleur présidait aux destinées de ce petit monde précipité dans la nuit. Il évoluait dans l'autocar comme un marin dans le gréement de son navire, aspergeait tantôt nos mains d'eau de Cologne, sortait de sa glacière des bouteilles d'eau à la demande, allait consulter le chauffeur, cherchait de la musique rock sur la radio. Loin d'être l'autocar de campagne que je croyais plus ou moins trouver, c'était un Mercedes tout ce qu'il y a de plus moderne, avec de larges vitres et des suspensions impeccables. Pas étonnant qu'en Turquie la route appartienne à ces autocars à la puissance phénoménale.

Au bout d'une heure ou deux, le car s'arrêta pour le repas dans un *kebabci* au bord de la route. Tout le monde se réveilla et s'empara des lieux qui, brusquement arrachés à la nuit et à leur somnolence, s'animèrent de la vie frénétique d'une fourmilière qui vient de recevoir un coup de pied, tandis que les commandes fusaient de toutes parts, qu'on se jetait sur le pain et qu'on recrachait des pépins de raisin. Partant du principe que le meilleur ami du voyageur, à savoir un estomac solide, a le droit de faire savoir lui-même quand il a faim et de ne pas se voir imposer de la nourriture à contrecœur, je laissai les Turcs s'empiffrer de *kebabs* et me contentai pour ma part d'un *simis* que je mangeai tout en me promenant dans la douceur du soir. Tomber malade est pratiquement ce qui peut vous arriver de pis lorsque

vous voyagez seul dans un pays où vous ne con-
naissez personne et dont vous ne parlez pas la
langue, or c'est ce que vous mangez et buvez,
dans les premiers jours surtout, qui vous fait courir le plus grand risque. Avec un peu de patience
et d'observation, on s'aperçoit que le type de
nourriture que l'on aime existe sous une forme
ou sous une autre dans la plupart des gastrono-
mies et on finit par tomber, partout où l'on ne
meurt pas de faim, sur un plat à peu près accep-
table. Mais avant, il vaut mille fois mieux avoir
faim que de tomber malade.

Bientôt un coup de klaxon rassembla les passagers et nous fûmes transportés dans la nuit pour
deux ou trois heures de plus. J'aurais été bien en
peine de dire où nous étions ou quelle distance
nous séparait encore de Selçuk car aucun des villages que nous sillonnions ne voulait donner son
nom. Je m'en remettais au contrôleur. Vers dix
heures et demie il me fit signe et le car s'arrêta. Je
descendis. Le car repartit dans la nuit, me laissant
à mon propre sort sur la chaussée mal éclairée.

Après ce qui s'était passé à Belgrade et à
Athènes, je craignais de trouver tous les hôtels
complets une fois de plus. Au fond d'une ruelle
éclairée j'aperçus une enseigne : OTELI. Je me mis
à courir, poussai la porte vitrée d'une maison de
thé enfumée et pris la première chambre qu'on
me proposa. Un énorme lit gondolé remplissait la
quasi-totalité de la chambre à l'étage, le traversin
était du béton et la fenêtre donnait non pas sur
l'extérieur mais sur les toilettes publiques. Enfin,
cette fois mon voyage en Turquie avait bel et
bien commencé et cela me suffisait. Il ne me restait plus qu'à tirer les rideaux sur ces toilettes, et à
éteindre (après avoir trouvé l'interrupteur derrière
la porte dans le couloir) avant de m'endormir
bercé par le joyeux cliquetis du trictrac et le bourdonnement des voix dans le troquet du dessous.

J'eus le troquet à moi tout seul le lendemain
matin. Après un petit déjeuner qui consista

essentiellement en pain et en thé, je me sentis prêt pour explorer la ville et songer à un plan pour la journée. Il me faut un plan, pour être tranquille, pour que le terrain soit déblayé devant moi, ce qui le plus souvent veut dire décider du meilleur moyen de quitter l'endroit où je me trouve. Tant que je ne sais pas comment je vais pouvoir partir, je ne me sens pas libre. Je repérai donc l'arrêt de bus d'où je pourrais mettre le cap sur l'est le lendemain et, rassuré sur ce point, partis à la découverte de la ville. Malgré le musée et la proximité d'Ephèse, peu de touristes passent la nuit à Selçuk. La ville est certes quelconque mais selon moi on ne peut plus turque. Ainsi la maison de thé de la gare : on dirait que la voie a été ajoutée après coup pour amuser les clients tant les quais sont déserts et les trains rares, ce qui ne faisait d'ailleurs que confirmer ce qu'on m'avait dit, à savoir que le train n'est pas le meilleur moyen pour se déplacer en Turquie.

Je parcourus à pied les quelque deux kilomètres de la route bordée d'arbres qui mène à Ephèse. Entre les acacias, on distingue, par-delà les champs de coton, les murs sombres et profondément crénelés du château de Selçuk qui ceignent les hauteurs de la ville. Tout le paysage turc est dominé par cette austère architecture de donjons de pierre dressés sur des murs de pierre, la même qui imposa ses airs renfrognés à l'Europe médiévale. La fin du XVIIe siècle vit arriver dans le paisible paysage anglais la demeure de campagne avec ses riants jardins. Rien de tel ne s'était produit en Asie en 1850, ni même en 1914. Il m'apparut soudain que c'était en partie cela, le sentiment que dans ces paysages menacés le Moyen Age n'était pas fini, qui poussait les Anglais en mal d'aventure et animés de l'esprit chevaleresque des romans gothiques de l'époque à faire le voyage en Orient. Ici, ils étaient sûrs de trouver de féroces pachas et d'intrépides cavaliers armés de lances et d'épées*, des tortures inhumaines et des gués défendus par des châteaux forts, bref tous les accessoires romanesques parmi lesquels les chevaliers errants d'un Scott, d'un Southey, d'un Tennyson chevauchaient avec tant de bravoure. La tour sombre est un élément essentiel du paysage gothique. L'idée qu'elle évoque, celle d'un tyran ou d'un enchanteur aux mains duquel le voyageur peut tomber à tout moment, ajoutait ce frisson qui manquait au voyage en Europe. Ecoutez plutôt les impressions de Robert Shaw, prisonnier à Kashgar du roi de cette ville et de Yarkand :

> *Le pays tout entier est régi par les ténèbres... On songe à ces contes où quelque grand enchanteur défend son château contre toute intrusion. Ceux qui ne tentent pas d'en percer le mystère peuvent poursuivre leur chemin, mais les autres, si innocents soient-ils, ceux qui ont connaissance des secrets dont dépend le pouvoir du maître des lieux, sont sacrifiés au nom de sa sécurité. Je me sens maintenant sous l'emprise d'un tel magicien. Je suis entré dans son château par mégarde et s'il venait à penser que ce que je sais puisse lui être de quelque danger, il y aurait peu de chances qu'il m'en laisse franchir à nouveau le seuil.*

Nul doute que si nous disposions du journal de l'un des chevaliers du Graal, il ressemblerait fort à cela, du moins dans la traduction de Tennyson.

La route était assez déserte pour me donner l'impression de gagner le site d'Ephèse à travers champs. Il n'est pas aisé pour un touriste de

---

* Les Khevisours du Caucase portaient une croix rouge sur la poitrine, l'armure des croisés et une épée avec des inscriptions en français. On notera toutefois que dans l'exemplaire que possède la bibliothèque de Londres de *Circassia*, l'ouvrage de Spencer où cette tribu est évoquée, une note manuscrite précise que l'auteur n'a jamais mis les pieds en Circassie. *(N.d.A.)*

traîner ses savates dans la poussière des chemins de campagne, mais quand il le fait, il comprend le sens de l'expression "garder les pieds sur terre". Je m'assis un instant à l'ombre d'une arche qui marquait la fin de mon sentier et l'entrée du site. Un soleil de plomb écrasait l'immense plaine aride, la cité de marbre chatoyait au loin et sous le ciel bleu je me dis que j'avais les pieds sur un petit bout de terre absolument parfait.

La Via Sacra, le chemin creux qui menait à la cité antique, serpentait entre les racines de vieux cyprès comme le marbre court au fond du lit d'une rivière. J'attendis un peu avant de pénétrer dans le cœur du site. Dans la campagne alentour, partout où le marbre affleure sur les coteaux tondus par les moutons, on devine la pierre que les Grecs se sont ingéniés à enfouir dans la terre d'où l'avaient extraite les hommes qui en firent les piliers qui soutiennent le monde que nous connaissons. Le travail de la pierre reste perceptible jusqu'à ce que le marbre retourne à l'état de roche informe, comme le lion de Newton s'était dérobé aux yeux de ses hommes de peine, sans toutefois échapper à la perspicacité du savant. Je fus soustrait à ces pensées par un ouvrier en guenilles qui m'avait suivi depuis le début et qui me faisait maintenant des signes de conspirateur pour m'inviter à venir voir dans les profondeurs d'un fourré ou, qui sait ? d'une grotte, des pièces de bronze qu'il gardait dans son mouchoir. A cela je préférai mille fois le fragment de marbre à peine ombré d'une cannelure qui traînait dans la poussière. C'était mon lion de Newton à moi, il me suffisait de me baisser et il était à moi.

Le lointain brouhaha du parking se rapprochait par saccades chaque fois qu'un lot de touristes se ruait parmi les ruines. Dans le théâtre surtout ils se mettaient en grappes sur les degrés de marbre et s'enduisaient de crème à bronzer ou tripotaient des appareils-photos quand ils ne bayaient pas aux corneilles sous leurs chapeaux de paille. Des guides expliquaient au mégaphone comment saint Paul s'adressa en ce lieu même aux Éphésiens révoltés. Ceux qui écoutaient promenaient un regard admiratif sur les gradins, la scène, la perfection de l'ensemble. Voici ce qu'en dit le *Guide de la Turquie* de Murray pour l'année 1864 : "Pour ce qui est du site du théâtre, scène de la révolte, ce qui ne fait aucun doute c'est qu'il ne reste plus un seul siège et que le proscenium n'est plus qu'un tas de ruines." Et, désireux de corriger le tir, il poursuit : "Le souvenir du passé aura sans doute conduit les voyageurs qui contemplaient ces pierres à donner libre cours à leur imagination. En réalité, le visiteur risque d'être déçu du voyage."

Depuis, ce sont les autorités qui ont donné libre cours à leur imagination et qui se sont arrangées pour que le touriste d'aujourd'hui ne soit pas déçu du voyage. Prenez la bibliothèque de Celse et tous les beaux bâtiments qui bordent les rues : comment faire la part de ce qui a effectivement été trouvé sur place et de ce qui a été créé de toutes pièces ? L'archéologie a manifestement conclu un marché avec la promotion immobilière pour produire une ville qui corresponde à ce que les Turcs croient être le souhait des touristes.

L'attrait de l'ensemble est plutôt grossier. Là où de simples ruines écroulées vous tirent discrètement par la manche, ces bâtiments de marbre vous braillent dans l'oreille. Ils sont le résultat de l'impact du tourisme de masse sur une archéologie en demi-teinte qui n'est plus pour la plupart des gens qu'une activité mineure qui n'a rien à voir avec l'archéologie pionnière d'il y a un siècle ou plus. Que ne sont-ils venus plus tôt, ils auraient vu Layard diriger les fouilles à Ninive ! Ah ! ce n'est pas l'action qui manquait, ni la foule, ni l'émotion ! C'était Layard en personne ordonnant à ses équipes de bédouins de haler des sculptures jusque sur des radeaux sur le Tigre, faisant tourbillonner dans le ciel de colossales images de pierre au moyen de palans, cherchant querelle au pacha ou encore tuant le cochon avec le docteur Sandwith parmi les roseaux au bord du fleuve. Aujourd'hui, il semble que l'archéologie soit un travail lent et méticuleux sans intérêt pour un car de touristes. Au lieu de quoi, les gens par dizaines de milliers viennent visiter les sites faciles d'accès. Attirés par les exagérations des dépliants touristiques qui donnent l'impression que l'ivresse que l'on ressent devant les vestiges de l'Antiquité est à peine supportable, la plupart seraient déçus de ne trouver, comme le dit Murray, qu'un "tas de ruines" à la place du célèbre théâtre. C'est pourquoi on a construit un théâtre. Et voilà comment l'industrie des loisirs s'annexe les sites qui conviennent aux excursions. Cela ne choque pas les Orientaux, qui n'ont pas la religion des vieilles pierres, les ayant de tout temps vendues aux étrangers, ou réduites en chaux, ou déblayées dans l'espoir de trouver un trésor. Disons-le : cette approche de l'Antiquité digne de Disneyland séduit plus de gens qu'elle n'en dérange. Plus dérangé que séduit par le mal qui, pour autant que je peux en juger, a été fait à Ephèse, je n'en suis pas moins intéressé par les informations dispensées par les panneaux ou les haut-parleurs ; dans la bibliothèque de Celse, par exemple, des cartes fort instructives comparaient les techniques auxquelles les Autrichiens avaient eu recours pour tout reconstruire à celles qui étaient utilisées par les Romains.

A midi il n'y avait plus un chat, les cars étant tous rentrés à Kuşadasi. Je rentrai à pied à Selçuk par le temple d'Artémis. Ils ne l'avaient pas encore reconstruit, celui-là. Des poneys broutaient l'herbe de ses tertres et des canards pataugeaient dans l'étang qui avait pris la place de l'autel. Sur des fragments de marbre je reconnus les adorables motifs, les grecques et les oves fléchés que nous connaissons pour les avoir vus dans les décorations de nos maisons du XVIIIe siècle et qui, mieux que tous les livres, les statues et les temples, me font entrer dans la vie des gens. De savoir que les moulures d'une bibliothèque sont de style grec me lie plus intimement au peuple grec que la présence dans ses rayons, sous la corniche, de sa production littéraire prisonnière d'une langue morte. Qu'on ne se méprenne pas : en soi, la contemplation de la corniche ne vous apprend rien qui vaille, mais cette grecque qui orne les rayonnages a au moins le mérite de me persuader que la compréhension du grec n'est pas au-dessus de mes forces.

J'avais passé la plus grande partie de la journée seul à déambuler parmi des ruines. Lorsqu'on est seul, il y a une continuité dans les idées, inconcevable lorsqu'un compagnon est là pour mettre son grain de sel, en interrompre ou en dévier le fil. Cette continuité n'est cependant pas toujours fiable car l'esprit solitaire passe parfois un peu vite d'une idée à l'autre. Ainsi, je ne sais trop comment faire sentir la continuité qui existait selon moi entre ma matinée parmi les Grecs et ma soirée parmi les chrétiens.

Le matin, aux abords d'Ephèse, j'avais médité sur les fondements de notre civilisation tels que les Grecs les avaient taillés dans la pierre ; le soir, je tournai la page et me trouvai confronté à des scènes et à des concepts qui pour être chrétiens ne se situaient pas moins dans le droit fil des premiers. J'étais monté jusqu'à la tombe de saint Jean qui regarde le ciel au milieu des ruines de son église. "Au commencement était le Verbe, et le Verbe était tourné vers Dieu, et le Verbe était Dieu." C'est une métaphore on ne peut plus grecque et c'est un fait que les tractariens récitaient tous les dimanches sa version de l'Incarnation pour sa teneur platonicienne. Maurice Bowra dit de la syntaxe grecque qu'elle fut "un triomphe de la faculté organisatrice de l'esprit sur la matière obstinée de la conscience". Le Verbe est l'équivalent exact du ciseau du sculpteur, cet instrument acéré qui permet de tailler dans la matière brute. Tel est l'apport de la civilisation grecque. Mais dans l'Ancien Testament, la faculté organisatrice est attribuée, non pas au Verbe, mais à l'Esprit planant à la surface des eaux, concept hébraïque qui relève plus de la pensée mystique. A l'instar des deux Testaments de notre Bible, les deux tendances – logique contre mystique, Verbe grec contre Esprit judaïque, classicisme contre romantisme – ont depuis toujours tiraillé les Européens. Je passe ma vie à essayer de faire entrer le bébé, qui se débat nu comme un ver, dans ses vêtements, l'Esprit dans le verbe, la vie dans mes phrases, la confusion des sentiments dans le carcan de la syntaxe. Je sais que j'accorde trop de prix à l'expression et que je cours le risque de me soucier plus des vêtements que du bébé, de porter le verbe si haut qu'il en éclipsera le Verbe. A ce compte, on en arrive à nier la valeur de toutes les langues sauf la sienne, comme cette femme dans *L'Ere victorienne et la Grèce antique* de Richard Jenkyns qui s'étonne que le monde entier n'appelle pas un couteau *a knife* car, en fin de compte, c'est bien de ça qu'il s'agit, non ? Voilà à quoi on s'expose à trop accorder de valeur aux mots. Cela dit, je reste pantois devant la "contre-culture" qui croit que les mots ne sont que des assemblages fortuits de lettres et que la communication est une chose "tout à fait différente" qui n'a rien à voir avec le pouvoir envoûtant du langage.

La glorieuse lumière du soir inondait les nefs sans toit, la poussière et la pierre blanchie des ruines où vécut jadis "le disciple que Jésus aimait". Une scène dont je me souviendrai chaque fois qu'à Noël j'entendrai les premiers mots de l'Evangile selon saint Jean : "Au commencement était le Verbe."

Dans les églises non rénovées, on trouve encore les anciennes formes, non pas à titre de curiosités, mais comme instruments du culte ; de même, dans les coins non rénovés de Grèce et de Turquie, même ici, il suffit parfois de pousser un portail, de suivre une rue tortueuse ou de jeter un coup d'œil de l'autre côté d'un mur pour s'apercevoir que le passé, dans ce qu'il a de plus authentique, est présent dans la vie quotidienne du pays. Le village turc de Selçuk, par exemple, au pied de la citadelle, est aussi différent du Selçuk où j'avais dormi, construit, lui, le long de la route et de la voie ferrée, que l'Asie devrait l'être de l'Europe. Si l'on veut que le voyage ait un sens, il faut constamment chercher le passé qui se cache derrière les choses et fuir leur réalité présente. Si je suis venu en Turquie, c'est au moins autant pour me promener dans un village turc resté tel qu'il était il y a un siècle que pour toute autre raison. Ici, sous les murs du château, je découvris des sentiers qui serpentaient parmi des huttes de pierre, raboteux comme des lits de rivière, des tonnes d'immondices et des portes donnant sur des cours ténébreuses où des enfants cohabitaient sans mal avec les poules. Il y avait aussi des chiens endormis, des enfants jouant dans la crasse et des femmes aux coiffures monumentales ployant sous des fardeaux ou se reposant sur le bas-côté de la route. Je suivis une ruelle en pente et vis la mosquée de l'émir Isa découpée sur les bleus du soir qui embrumait la plaine en contrebas. Ses tours délabrées étaient pleines de choucas et de lumière dorée. Je pénétrai dans une cour spacieuse où un jardinier arrosait amoureusement son carré de légumes délimité par de hautes murailles. Elle était assez grande pour abriter un potager mais aussi des mauvaises herbes, des poules, des tas d'ordures et même, dans un coin à l'abandon, les tombes de la vieille Turquie qui dépérissaient sous leurs pierres sculptées en forme de turban. Ici au moins la continuité avec l'ancien temps était perceptible. D'avoir constamment servi, fût-ce de manière quelque peu saugrenue, donnait à ce coin de terre une vitalité dont l'éclat était sans commune mesure avec celui d'un gazon bien tondu ou de ruines bien entretenues.

En sortant, je me sentais plus en phase avec l'Islam que je ne le suis après avoir visité une mosquée dans une grande ville. Je connais ce sentiment. La basilique Saint-François, construite à Assise à peu près à la même époque, renferme elle aussi des cours pleines de mauvaises herbes, de fleurs et de puits délabrés qui me donnaient cette même impression de continuité sereine. J'avais établi une similitude, reconnu un lieu : c'était comme si j'avais repéré sur une côte battue par la tempête une crique abritée où je pouvais jeter l'ancre et commencer mon exploration de ce pays étrange.

2

Mon voyage vers l'Anatolie commença le lendemain de bonne heure à un arrêt de car au bord de
la grand-route. A onze heures j'étais à Nazilli,
l'endroit où je devais quitter le confort de l'autocar si je voulais visiter une ville antique dans les
montagnes qui était, m'avait-on dit, de toute la
Carie, la chose à voir à tout prix. Avec les autobus
de grandes lignes, je m'en sortais à peine, c'est
dire si je ne tenais pas particulièrement à m'aventurer sur le réseau secondaire ou pire que secondaire. Je descendis me renseigner pour la forme
sur les moyens de me rendre dans la ville distante
d'environ soixante-dix kilomètres, tout en priant
pour que la chose fût impossible. Hochements de
têtes, doigts pointés en direction d'un taxi : le
chauffeur dit un prix que je n'ai aucun mal à refuser et me voilà de retour dans l'autocar, direction
Laodicée. Je me doutais bien qu'un tel comportement n'avait rien de celui d'un aventurier, mais
que voulez-vous ? il faisait si chaud et tout cela
semblait tellement plus fatigant que de rester
assis. Au moins j'avais essayé.

Je sentis qu'on me tapait sur le bras. C'était le
chauffeur de taxi. Est-ce que par hasard je ne
serais pas intéressé par une place dans un *dolmus*, leur taxi ou minibus collectif, qui allait dans
cette direction ? Il me conduisit dans une autre
partie de l'*otogar* (gare routière), où deux ou trois
de ces petits véhicules attendaient au soleil
parmi des groupes d'autochtones. L'un d'eux,

m'assura-t-il, allait partir pour une ville à une quinzaine de kilomètres de ma destination, c'était l'affaire d'une demi-heure. Et après, comment je ferais ? Il eut un haussement d'épaules, un geste ample des mains. C'était décidé. Dès l'instant où je vis les Turcs attroupés autour des minibus, je sus que j'allais adorer ça. Je courus reprendre mes sacs dans l'autocar, qui démarra aussitôt après.

Le conducteur du *dolmus* en question était un petit bout d'homme énergique mais revêche, en costume de couleur fauve. Il battait le pavé à la recherche du chaland tandis que son véhicule somnolait sous la chaleur, toutes portes ouvertes, et que les clients potentiels, un ou deux Turcs, mangeaient des fruits, assis à même le sol. Je posai mes sacs à côté des leurs, fis quelques pas, m'offris un verre de thé, fis encore quelques pas. La demi-heure étant écoulée, je compris que le conducteur n'attendait pas que l'heure du départ eût sonné, conception on ne peut plus occidentale du voyage, mais qu'il y eût assez de passagers pour que la course fût rentable. De plus en plus de gens s'agglutinaient autour de son *dolmus* dont les quatre banquettes pouvaient contenir onze personnes en plus de lui-même, mais il ne se décidait toujours pas à partir. Lorsque enfin nous fûmes au nombre de dix-sept il nous fourra là-dedans avec tous nos bagages, se mit d'un bond au volant, embraya et fila sur les chapeaux de roues vers la route pavée*.

J'eus la chance d'être près de la vitre, la malchance d'avoir pour siège la boîte à outils. Nous avions beau être serrés comme des sardines, je n'avais pas l'impression d'empiéter sur l'intimité d'autrui. Je l'avais déjà constaté lors de précédents voyages, les Asiates conservent dans la foule une espèce d'intégrité inviolable, de sorte que dans le taxi secoué comme un prunier, chacun

---

* Je ne savais pas à l'époque que *dolmus* est le participe passé de *dolmak*, remplir. *(N.d.A.)*

gardait son quant-à-soi, maintenait coudes et pieds sous contrôle. Si ceux qui se connaissaient bavardaient de manière décousue mais amicale, les autres, et notamment les femmes, terriblement emmaillotées, qui serraient des ballots dans leurs bras, étaient muets. Tous, sauf les femmes, fumaient comme s'il y était allé de leur vie. Le chauffeur conduisait comme un forcené, sourcils froncés et tellement à l'étroit (il y avait même quelqu'un entre le volant et la porte) qu'il devait jouer des coudes chaque fois qu'il passait une vitesse ou qu'il négociait un virage.

Bientôt nous laissâmes derrière nous la vallée d'agrumes arrosée par le Méandre pour escalader son versant sud, au milieu d'une campagne chaude, automnale, pleine de pommiers et d'arbres feuillus. Nous nous arrêtions, parfois pour déposer un passager à l'entrée d'un chemin, ou devant une maison solitaire, parfois pour en prendre un autre qui attendait au bord de la route que se produise ce miracle d'un *dolmus* avec juste assez de place pour un passager de plus.

Nous roulions au pas dans une côte assez raide quand je vis devant moi le spectacle désespérant entre tous de deux pèlerins dépenaillés qui attendaient au bord de la route avec leurs sacs à dos et, sur la tête, un chapeau de cuir acheté dans un magasin de souvenirs. Ils levèrent le pouce. Gloussements de mépris dans le *dolmus*. Apparaissent alors dans la portière deux bouilles brûlées par le soleil et hérissées de barbe tirant sur le roux. Ils arrivent, Dieu sait comment, à se caser, eux et leurs sacs, et me privent du même coup de ma vitre. Repli des autres passagers, les prunes du prunier, mais moi, pauvre prune occidentale, ils me prennent en étau. L'un était américain, l'autre allemand, et ils avaient tous les deux dans les vingt-deux, vingt-trois ans. Ils étaient en nage, ils sentaient, ils m'écrasaient et, chose qu'aucun Asiate ne fait, ils me fichaient des bouts de leur anatomie dans tout le corps.

— Vous allez à machin-chose ? me demanda l'Américain ?

— Oui.

— Paraît que c'est génial.

Le *dolmus* continua mine de rien, traversa une gorge par un pont de pierre, plongea dans une forêt de châtaigniers, escalada de nouveau des coteaux dénudés. Je ne voyais plus grand-chose à présent, ce qui me gâchait considérablement mon plaisir. "Génial !" C'est comme le nouveau rite, on renonce à toute espèce de subtilité. Je sentais les Turcs nous épier avec dédain derrière les volutes de fumée de cigarette. Leur mépris absolu pour ces Occidentaux ne faisait pas de doute. Les "étudiants" ont pris la place des gitans et des juifs en tant que peuple errant honni des autochtones.

Arrivé à la ville, je devrais dire la bourgade, qui était notre destination, le *dolmus* fila tout droit vers la place centrale, s'arrêta pour de bon et y déversa son contenu. La bourgade absorba aussitôt les passagers turcs ; je me retrouvais seul avec les pèlerins d'Enid Blyton à faire le pied de grue tout en cherchant des yeux un moyen de nous sortir de là. Des montagnes et des pinèdes se profilaient derrière la cime des toits, le soleil de midi frappait la place de plein fouet. A deux pas de là, le chauffeur d'un *dolmus* encore vide m'assura qu'il allait partir deux heures plus tard pour une course sur l'itinéraire de laquelle se trouvait le carrefour le plus proche de la ville antique. J'annonçai la nouvelle aux étudiants affaissés à l'ombre. L'Américain se dressa vivement sur ses pieds : "Deux heures !" Il était choqué, on aurait dit un milliardaire apprenant que son avion a du retard. "Ben, si je comprends bien, va falloir le faire à pied." Ils endossèrent leur barda et traversèrent la place de leur pas pesant, apparemment décidés à couvrir à pied malgré la chaleur les quelque vingt kilomètres restants. Ils remontèrent d'un cran dans mon estime. Leur façon d'évoquer le site laissait peut-être à désirer, mais, bon sang, pour vouloir y aller, ils voulaient y aller. En foule, dans le train de Belgrade comme dans les rues d'Athènes, ils m'avaient paru blasés et sans but précis, aussi cela m'intéressait-il d'en voir deux ainsi séparés du troupeau et si près de leur destination. "Vous allez à machin-chose ? Oui. Paraît que c'est le Pays Lointain."

J'aurais été bien en peine moi-même de dire précisément pourquoi j'allais visiter cette cité antique. En cherchant un peu, je pourrais évoquer son histoire, la place qu'elle a occupée dans la colonisation grecque puis latine de la Carie, mais je n'étais venu ni pour en savoir davantage ni pour vérifier le peu que je savais. Je voulais simplement la voir, histoire de savoir si c'était cela que je cherchais ou autre chose, question qui ne pouvait être posée ni trouver de réponse aussi longtemps que je n'y aurais pas mis les pieds. Alors et seulement alors je saurais quelle question lui poser. Il m'a toujours semblé révélateur sur le plan de la psychologie que, dans la légende du Graal, Gauvain (qui est si proche par son tempérament des voyageurs du XIXᵉ siècle, de Layard, par exemple) soit si fasciné par la procession dans le château du Graal qu'il en oublie de demander ce qu'elle signifie. Dans sa Quête, il cherchait l'aventure et les sensations fortes et non des réponses à ses questions. Dans le même ordre d'idées, Francis Younghusband fait cet aveu à propos de l'une de ses expéditions dans l'Himalaya : "Au fond, l'aspect purement militaire de ma mission, je m'en contrefichais, mais l'aventure était loin de me laisser indifférent." Ces mêmes voyageurs se donnaient dans leurs préfaces un objectif scientifique ou commercial, comme Robert Shaw, qui se dit fermement résolu à étendre le marché du thé indien dans le Yarkand, ou Arminius Vambéry qui, dans l'un des voyages les plus dangereux qu'on ait jamais entrepris, prétend parcourir les steppes du Turkestan dans l'espoir de remonter

jusqu'à la source de la langue turque et ce, dégui-
sé en derviche. Et ils menaient bel et bien leurs
enquêtes. Shaw n'arrêtait pas de questionner ses
geôliers sur le prix du thé, allant jusqu'à noter
qu'"à l'époque chinoise il ne s'est jamais vendu à
moins de six *tangas* le *jing*". Lorsque Burnes le
Boukhariote trouvait un fleuve sur son chemin, il
notait scrupuleusement qu'il mesurait deux cent
cinquante mètres de large pour quatre de profondeur, que son débit était de 625 mètres cubes par
seconde et sa température de 13,8 degrés. Après
quoi il le traversait au péril de sa vie.

On n'a pas idée du nombre de mesures, de
cartes, de transcriptions, d'études diverses, rapportées par ces hommes en Angleterre. J'imagine
qu'ils souscrivaient en cela, du moins en surface,
à l'idée de la science de l'époque selon laquelle il
suffisait au chercheur d'accumuler des faits en
assez grand nombre pour arriver à la vérité. Cette
méthode, prônée par l'école historique allemande, finit par gagner tous les champs du savoir.
En surface, ils y souscrivaient parce que c'était ce
qu'on exigeait d'eux. Mais personne n'est jamais
devenu voyageur avec une mentalité pareille.
C'était un prétexte "utilitaire", un pavillon de
complaisance, en quelque sorte, sous lequel ils
pouvaient aller chercher l'aventure. Aucun marchand, si dévoué au négoce du thé soit-il, ne
franchirait des cols à plus de sept mille mètres
pour se retrouver dans des royaumes baignant
dans le sang qui rappelèrent à Shaw l'Europe du
XIIe siècle, et ce qui suit n'est pas le rapport d'un
négociant sur un marché à conquérir : "Le premier
spectacle qui s'offrit à nous, le col franchi, fut une
pléiade de montagnes plus basses, tandis qu'au
loin l'œil pouvait enfin se poser sur ce qu'il cherchait, un horizon sans relief… C'était la plaine du
Turkestan oriental et, derrière cette brume bleutée,
se cachaient des villes et des provinces que,
devançant en cela l'ensemble de mes compatriotes, j'étais à deux pas de visiter." Même chose

en ce qui concerne Vambéry ; quel simple philologue décrirait avec autant de jubilation cette scène fortement teintée de romantisme : "La caravane en marche projetait des ombres fantasmagoriques, baignée par la lueur argentée de la lune pâle et mystérieuse, avec, à sa droite, le murmure rauque des eaux sombres de l'Oxus et à sa gauche, la perspective sans fin de l'épouvantable désert de Tatarie." Non, Vambéry le reconnaît, il ne s'agissait pas seulement de philologie : "Je ne doute pas que mon goût inné du voyage, mon insatiable curiosité et ma soif d'aventure ont pesé tout aussi lourdement dans mon choix d'entreprendre le voyage." Sir Henry Layard n'avait rien d'un archéologue avant de s'apercevoir au milieu des ruines de Ninive que son désir de continuer sa vie errante était plus fort que la perspective de moisir au bout du voyage dans un poste de fonctionnaire à Ceylan. Il écrivit ses admirables *Premières aventures*, comme il le dit lui-même dans la préface, pour répondre à la question de savoir comment il en était arrivé à s'intéresser à l'assyriologie. La réponse ? Un livre d'aventures. Réponse vague, mais combien plus vraie, du point de vue de sa motivation en tant que voyageur, que toutes les planches de sculptures assyriennes au dessin si minutieux qui remplissent deux volumineux in-folio ou tous les monuments qu'il envoya au British Museum avec ce mot en forme de pied de nez à tous les musées : "Et qui peut prédire comment finira leur étrange carrière ?"

Alors que je m'apprêtais à passer les deux heures d'attente avant le départ du *dolmus* confortablement installé sur une chaise de bois devant la porte d'une maison de thé, il y eut un brusque changement de plan sur la place de la bourgade. L'homme de Nazilli, le grincheux au costume de couleur fauve, avait réuni assez de passagers pour pousser un peu plus loin avec profit, et notamment jusqu'au fameux carrefour. Il me fit comprendre, de son air bourru, que je pouvais remonter à bord de son *dolmus*. Nous n'avions pas fait deux kilomètres que nous vîmes se profiler à l'horizon deux chapeaux de cuir et deux sacs à dos qui jouaient du pouce au bord de la route. Rebousculade. L'Allemand avait dans un sac en plastique des bouts de nourriture, du *pide*, et des abricots secs qu'il mâchonnait, non sans avoir au préalable fait passer le sac à la ronde. Les Turcs déclinèrent son offre, levant la main autant en signe de dégoût que de remerciement et avec des sourires entendus. Je pris un quignon de pain par solidarité avec la chrétienté. L'une des illusions, bénigne au demeurant, du voyage en solitaire, est qu'on finit par se croire le semblable de ceux dont on partage l'existence, de la même manière qu'un chien qui ne connaît que la compagnie des hommes finit par se croire humain ; mais que quelqu'un de votre race se présente, et c'est comme si vous vous voyiez dans un miroir au milieu de la foule dissemblable, sans compter qu'il est absurde, traître même, de ne pas se ranger du côté de sa propre race. Couché ! Dans ton panier ! Je mâchai leur plâtre sans même pouvoir regarder au-dehors car cette fois encore ils m'avaient poussé loin de la vitre.

Vingt minutes plus tard environ, le *dolmus* s'arrêta et on nous fit signe à tous les trois de descendre. Je mis un pied à terre pour m'apercevoir, sous un soleil de plomb, que nous étions à l'intersection de deux chemins poussiéreux en rase campagne. De hautes collines et des sommets montagneux se dressaient à une distance suffisante pour qu'on pût donner à ce plat pays le nom de plaine. Le vieil homme austère tout de noir vêtu descendu du minibus avec nous s'engagea sans tarder dans l'un des chemins de traverse au bout duquel, dans un creux, quelques peupliers agitaient leurs feuilles argentées au-dessus des toits d'une humble demeure. Je payai mon voyage et repris mes bagages. Le chauffeur demanda la même somme aux deux pèlerins. Ils étaient outrés. "Mais on faisait du stop !" s'écria l'Américain en brandissant le pouce. La somme était modique, ils avaient de l'argent plein les poches. Ils payèrent, de mauvaise grâce, hissèrent leurs sacs sur le dos et suivirent la silhouette noire qui rapetissait à mesure qu'elle s'enfonçait vers les peupliers. On claqua les portes et le *dolmus* démarra en trombe.

Je me retrouvai seul. La poussière soulevée par les roues saupoudra un peu plus les buissons d'épines au bord de la route. Le silence et la chaleur reprirent possession du paysage comme le sommeil reprend possession du dormeur momentanément réveillé. Ainsi donc c'était arrivé : des routes poussière sous un ciel bleu d'Asie et moi perdu au milieu de tout cela, exactement comme je l'avais voulu en partant. Un rayon de soleil perça les nuages et ce fut une explosion de lumière éclatante, instant rare où le blanc d'un arbre se détache sur le sombre paysage hivernal et vous dit que la vie garde tout son relief. C'était donc arrivé et j'avais tout ce que je désirais. Un sac sur chaque épaule, je partis dans la direction opposée à celle qu'avaient prise les autres pour tomber au bout de quelques pas sur un panneau cloué à un arbrisseau.

CHEZ MESTAN, proclamait le panneau en turc, en allemand et en français. Je continuai sur mes pas et ne tardai pas à voir, au milieu d'une cour dévastée, une cabane de rondins surmontée d'un toit de zinc, avec à côté d'elle, si cela se peut, une autre bicoque encore plus humble. La construction de ce taudis rural avait dû être suspendue en cours de travaux à en juger à ses abords jonchés de rondins, de zinc, de matériaux divers. Devant les cabanes, le sentier ; derrière, des champs en pente et couverts de broussailles. Le site n'avait rien pour lui. Des chats maigrichons et des poules encore plus maigres détalaient sur la terre craquelée de la cour. Au milieu de la cour trônait, couvert de rouille et laissant échapper un filet d'eau qui formait une tache sombre, un tonneau, de ceux qu'on utilise pour porter l'eau aux vaches. Des fenêtres sans vitres et calfeutrées de tissus en lambeaux de la plus petite des cabanes parvenaient des pleurs d'enfants, lugubres. Mon moral n'était pas au plus haut lorsque je m'approchai de l'autre cabane pour y jeter un œil.

Ce que je vis était un autre monde. Au blanc éclatant de la poussière succédaient, passé la porte, la pénombre et la fraîcheur d'une caverne. Des tapis recouvraient le sol et les murs. Tout au fond, sur une estrade, deux hommes se tenaient assis, jambes croisées. La lumière tamisée, les tapis aux riches couleurs, le côté campement au milieu du désert – tout cela était intrigant et éminemment oriental. Les deux hommes se levèrent ; le plus grand des deux s'avança vers moi, l'autre s'esquiva par une porte cachée par les tentures. M. Mestan, bel homme digne, la trentaine environ, se présenta et, sans même me demander ce que je voulais, m'offrit de m'asseoir sur l'estrade recouverte de tapis. Il parlait bien le français et me dit (après que j'eus posé la question) que je pouvais bien entendu manger, dormir, faire ici comme chez moi si tel était mon désir. La pièce dans l'autre cabane où il me conduisit avait un sol de terre battue, une porte défoncée avec un trou si grand que les chats et même les poules n'avaient qu'à baisser la tête pour y entrer et, contre ses murs, des piles de vieux vêtements et toute une collection de tapis usés. Elle me fut offerte sans la servilité ni le dédain communs chez ceux qui louent des chambres mais comme un ami vous offrirait de partager ce qu'il possède. M. Mestan mettait dans ses manières une gravité qui confinait à la tristesse et une très grande discrétion. Je pris la chambre et y laissai mes sacs. Il me dit qu'un repas, préparé par sa femme, me serait servi à trois heures. Il me restait une demi-heure pour visiter les ruines de la cité antique de l'autre côté du carrefour.

Je ne parvins pas jusqu'aux ruines car sur le chemin emprunté avant moi par les pèlerins du Pays Lointain je vis un spectacle qui méritait que je m'y arrête. Le sentier avait plongé dans un vallon à l'écart de la plaine austère. Des cabanes de pierre aux toits de terre s'accrochaient à ses versants rocailleux, chacune avec ses arbres fruitiers tant prisés en Asie, entourés d'un mur d'enceinte copieusement truffé, comme d'ailleurs ceux des huttes elles-mêmes, de marbre taillé. D'où leur destruction. Le village silencieux et désert n'était en effet qu'un tas de ruines. La moitié des habitations étaient écroulées et l'on ne devinait leur ancien emplacement qu'à quelques pierres éparpillées. Dans la partie du village encore debout, on voyait à travers des murs éventrés des intérieurs abandonnés et des jardins en friche. Ici et là, des grenadiers déracinés, aux feuilles fanées, au tronc lacéré. Tout cela était on ne peut plus typique. C'est ainsi qu'on imagine un village rasé sur ordre du pacha pour avoir refusé de payer l'impôt ou visité par un escadron de bachi-bouzouks, la cavalerie irrégulière qui détruisait tout sur son passage.

Ce qu'on avait prélevé sur les ruines de cette communauté était entassé autour de l'engin qui avait servi à sa destruction. Pas un impôt, non, mais de la pierre, des fragments de marbre provenant de colonnes, d'entablements, de trottoirs, comme cela se fait, depuis le retrait des légions romaines, chaque fois que pour construire un village moderne on se sert dans la cité antique la plus proche. Les blocs de marbre étaient empilés autour du bulldozer jaune qui avait mis le village par terre pour les récupérer. Je me demandais où ils allaient finir. Rien dans le lot n'était susceptible d'intéresser un musée, je les voyais plutôt servant d'ornement à la piscine de quelque grosse légume. C'est un fait que les gouvernements successifs, issus d'autant de "révolutions" qu'on veut, trouvent tous des raisons différentes de faire la même chose.

Ainsi le gouvernement turc continue à démolir des villages chaque fois que les hommes en place convoitent ce que les villageois dissimulent. Bachi-bouzouk : ne dirait-on pas le mot turc pour bull-dozer ? Le monstre jaune, au repos au milieu des ravages qu'il avait causés, avait cet air sinistre qu'on trouve dans les toiles de Carle Vernet, tel le tableau intitulé *Cavaliers irréguliers se reposant après un raid.*

Le centre du village au fond du vallon, formé d'une place en terre entourée de maisons plus grandes à deux étages, n'avait rien perdu de son charme oriental en dépit de son délabrement dû à l'usure du temps et au manque d'entretien. Les maisons, abandonnées, n'avaient plus de fenêtres, leurs portes étaient condamnées, leurs balcons branlants, mais le petit *meidan* poussié-reux sur lequel elles donnaient était magnifique avec son vieux *chenar* majestueux, ce platane de l'Asie, dont les frondaisons couvraient de leur ombre une bonne partie du sol. Quelque part dans le vallon, une fontaine coulait goutte à goutte ; je ne pouvais pas la voir de là où je me trouvais, en plein soleil, mais le bruit seul sem-blait faire de la fraîcheur dans ma tête. Je vis en revanche qu'un siège de marbre avait été placé contre le tronc du *chenar*, bien à l'ombre. Je tra-versai la place pour m'y asseoir. C'était un banc de théâtre fort usé, avec un accoudoir taillé en forme de dauphin, qu'on avait sans doute traîné jusque-là de la cité grecque il y avait de cela Dieu sait combien d'années. Assis sur le banc, je regar-dais la lumière éclatante s'appesantir en silence au-delà du cercle formé par l'ombre de l'arbre, bercé par le murmure de la fontaine que j'avais maintenant sous les yeux. L'eau jaillie d'un tuyau tombait dans un sarcophage de marbre et débor-dait de sa lèvre moussue pour former de minces filets qui couraient, plus sombres, dans la pous-sière. Il n'y avait pas d'autre bruit. Le village était absolument désert.

Il était temps de rentrer pour le repas que M. Mestan m'avait promis, aussi je ne pris pas le chemin qui menait au fond du vallon vers les peupliers et donc, probablement, vers la cité antique. En retraversant la place, j'aperçus, sur l'une des façades, une enseigne aux couleurs passées : CHAI EVI MESTAN. Je ne mis pas long-temps à comprendre qu'il avait été évincé et invité à monter son affaire peu prometteuse ailleurs, c'est-à-dire dans les cabanes là-bas. Malgré l'état de délabrement avancé de la maison, je regrettai de ne pouvoir y passer la nuit. Le toit de bois chancelait, l'une des extrémités du balcon était tombée en miettes, l'autre ne tenait que parce qu'elle n'était soutenue que par le tambour d'une colonne de marbre. J'admirai le tambour cannelé qui étayait la vieille demeure : il se fondait har-monieusement dans le pittoresque délabrement général, au même titre que le banc de théâtre sous le *chenar* ou le sarcophage servant d'abreu-voir au bétail. Doit-on être choqué de voir des vestiges de l'Antiquité obligés de gagner si hum-blement leur vie ? Je ne le crois pas. Il me semble même qu'ils n'ont pas d'autre fin, au sens large du terme – cendres aux cendres, en quelque sorte –, et je ne déteste rien tant que de voir détruire un ensemble aussi pittoresque sous prétexte de sauver les éléments qui le composent. Cela dit, la moitié de ce que le monde compte de vestiges célèbres ont dû être sauvés du four à chaux, arra-chés aux murs des maisons ou soustraits d'une manière ou d'une autre à tous les usages aux-quels on peut les soumettre, afin d'être préservés dans les musées. Si le petit marbre d'Aphrodite que nous avons chez nous a les genoux et le menton rabotés, c'est sans nul doute parce que quelqu'un, dans un village comme celui-ci, n'a pu le faire entrer dans son mur qu'à ce prix. Il ne nous resterait pas grand-chose de l'Antiquité aujourd'hui si des voyageurs du siècle dernier n'avaient "délivré" ce qu'ils pouvaient ou repéré des pièces de la plus haute importance que les musées de Paris, de Berlin et de Londres allaient ensuite se disputer par ambassadeurs interposés. Je ne devrais donc pas déplorer qu'on détruise le pittoresque pour sauver quelques vestiges classiques, seulement voilà, je ne puis renoncer ni au charme de l'un ni à l'attrait des autres. Le jour où il ne restera plus un seul village où l'on puisse se reposer sur un banc grec à l'ombre d'un *chenar* et écouter le bruit de l'eau qui coule dans un sarcophage romain, le monde aura perdu quelque chose de merveilleux. Des sculptures classiques, on peut en voir dans n'importe quelle grande ville du monde, mais pour le pittoresque il faut voyager et voyager sans emmener avec soi les autres touristes, dont la seule présence détruit ce que vous êtes venu voir. "Notre groupe était nombreux, écrit Warburton à propos d'une expédition à Délos, et qui plus est composé pour l'essentiel d'Anglais, détail qui, je ne sais pourquoi, se révèle toujours fatal pour la recherche et même pour la simple réflexion ; l'humeur est immanquablement à la raillerie et nos compatriotes, au sommet du Parnasse comme dans la vallée de Josaphat, semblent persuadés que tout est irréel sauf eux-mêmes et leurs sandwiches, ce qui est le comble de l'objectivité."

Arrivé au carrefour non loin de chez Mestan, je vis sur la route deux silhouettes qui disparaissaient vers les collines d'où je venais. Malgré la brume de chaleur et la distance, je n'eus aucune peine à reconnaître mes deux pèlerins aux contours de leurs chapeaux et de leurs sacs à dos. Ils partaient donc déjà. Ce qu'ils cherchaient n'était pas ici. En étaient-ils seulement sûrs ? De rester ainsi à la traîne, je sentis l'incertitude me gagner. Ils regardaient à travers leurs jeunes yeux, s'aidant des cartes qu'ils avaient dans leur tête à eux et ce qu'ils cherchaient, ce n'est pas ici qu'ils le trouveraient, mais plus loin, quelque part. Moi, je voyageais dans un pays dont la carte a été tracée par des milliers de mains avant moi et couverte de noms dans toutes les langues sauf la mienne. Ce que je vois, je le vois à travers Poussin et Pannini ; ce que je pense m'est dicté par Strabon, Gibbon et combien d'autres. Je croyais avoir trouvé ce que je cherchais, mais ai-je vraiment regardé les pierres ? N'ai-je pas plutôt essayé de trouver les sermons qu'une éducation démodée a cachés sous chacune d'entre elles ? La réponse qui m'a été donnée me satisfait, mais ai-je posé la bonne question, celle que moi seul puis et dois poser ? Je restai planté là, à la croisée des chemins, et les regardai s'éloigner. On prétend que c'est l'πoθoς, l'irrésistible nostalgie de la chose absente ou perdue, qui poussa Alexandre à traverser le monde entier pour se rendre en Inde.

Un klaxon me tira de ma rêverie et aussitôt déboula dans un nuage de poussière le *dolmus* qui m'avait conduit jusqu'ici. Le chauffeur, croyant que je l'attendais, ralentit. Je lui fis signe de continuer. La guimbarde infernale disparut alors dans le lointain où je vis les deux pèlerins s'arrêter, ployer sous leurs lourds fardeaux et, n'en doutons pas, lever le pouce dans l'espoir de se rapprocher un peu plus du Pays Lointain.

3

Après le repas, M. Mestan me conta en détail la destruction du village. Nous étions assis au milieu d'une nuée de mouches sur l'estrade recouverte de tapis, sous le regard de cinq gosses malpropres et morveux qui, main dans la main, nous firent quelques sourires pleins de timidité avant d'être chassés par leur père. Il apporta une grappe de raisin qu'à ma grande stupeur il plongea dans une eau infecte avant de me la donner. Il n'était plus question de refuser à manger ou à boire. Je croisai les doigts. Il ôta ses chaussures, s'assit à mes côtés sur l'estrade pour fumer, boire du thé (il en avait aussi apporté un peu plus tôt) et manger du raisin.

Le responsable des sites archéologiques de la région avait ordonné la démolition du village où (comme j'avais pu le constater) se trouvait la maison de M. Mestan en application d'une directive interdisant toute habitation à l'intérieur d'un certain périmètre autour de sites classés. Il va sans dire que l'application de ladite directive à tel ou tel cas précis dépendait des circonstances. En l'espèce, M. Mestan était persuadé qu'en faisant place nette, en éliminant la compétition locale avant l'installation d'un complexe hôtelier, les autorités locales n'avaient pas su résister aux pressions d'Ankara. Il disait cela avec une dignité mêlée de tristesse que sa voix sèche et son français irréprochable ne faisaient que rehausser. Les autorités l'avaient dépouillé de tout sauf de ce bourbier où il essayait tant bien que mal, à mesure que l'argent rentrait, de reconstruire et sa maison et son commerce.

"D'ici, dit-il, le regard enflammé et l'index levé en signe de défi, d'ici, je ne bouge plus."

*

Je fis un brin de lecture et de sieste et, quand la chaleur au-dehors me parut enfin supportable, me remis en route en prenant soin de prendre à travers champs et d'éviter l'entrée officielle de la cité antique, jugeant que c'était soutenir le combat de M. Mestan contre le pouvoir que de suivre ses recommandations sur ce point. On avait ramassé le marbre qui affleurait dans ces champs pour en faire de petits murs de pierres sèches semblables à ceux qu'on voit dans le Connemara. Entre ces murets un sentier blanc de poussière et creusé par le pas des hommes et des bêtes serpentait jusqu'à des murs de brique dressés au-dessus d'arbustes rabougris et de lierres entrelacés : les murs byzantins. Au loin, les montagnes contemplaient leur déchéance du haut de leurs cimes bleues comme elles avaient jadis contemplé leur construction. Au-delà des murs, où que se portât le regard, la destruction atteignait des proportions gigantesques. Des édifices entiers ont été mis à bas et les énormes blocs de marbre éparpillés dans toute la contrée donnent une idée de la puissance destructrice mise en œuvre. On imagine des mains de géants, des Titans, les Lapithes tant redoutés des Grecs, la montagne semble tout à coup plus proche et le sol se met à trembler.

Il reste néanmoins, parmi tout ce chaos de pierres effondrées, quelques vestiges de la grandeur passée, quelques colonnes encore debout, un mur, une porte. Mais la végétation soulève le pavé, les grenades en tombant maculent le marbre de leur pourpre et les ronces envahissent les métopes. L'ensemble est un "mélange de la grandeur d'Athènes et des affronts du temps". La lumière, sous le ciel parfaitement bleu, montrait les colonnes cannelées et le relief des frises sous leur meilleur jour et le silence donnait du poids à chaque pensée. Très loin, sur le flanc de la montagne, un feu de forêt brûlait parmi la masse sombre des arbres, mais la distance en atténuait la fureur et je ne voyais qu'une majestueuse colonne de fumée blanche qui ne déparait pas dans ce paysage. Je songeai à toutes les fois où la ville avait été détruite dans le sang et dans le feu, un feu sans commune mesure avec cet incendie de forêt, et me dis que les ruines ont été purgées de leur terreur par l'œuvre du temps et blanchies par le soleil des siècles pour n'être plus qu'un panache de fumée accroché à un paysage élégiaque.

Devant des ruines d'une telle splendeur, l'esprit le plus balourd se laisse gagner par ce genre de considérations générales. Je ne manquai pas de me répéter les sermons dissimulés par d'autres avant moi sous ces pierres. Je n'avais aucun mal à les imaginer ici, tous mes prédécesseurs : sous l'arbre, là-bas, un ou deux petits chevaux efflanqués qui agitent la queue ; accroupis à côté d'eux, le domestique grec qui fume son chibouk ; un feu de camp au-dessus duquel s'élève une fine colonne de vapeur bleutée et, un peu en retrait, le Voyageur contemplant assis sur une colonne brisée les reliques d'une grandeur passée. J'arpentai le site en sa compagnie, foulant l'herbe brûlée par le soleil, passant sur une planche posée en travers d'un ruisseau bourbeux, sautant à pieds joints pour retomber sur le dallage d'une antique demeure, découvrant à chaque pas de nouvelles ruines et de nouvelles perspectives, jusqu'à ce que nous ayons atteint les derniers gradins d'un petit théâtre étincelant de blancheur d'où on avait vue sur la plus grande partie du paysage. Là, nous nous assîmes sur un banc à accoudoir en forme de dauphin semblable à celui qui se trouvait sur la place du village. Il cita Tennyson décrivant Virgile :

Toi qui fus si majestueux dans ta tristesse
Devant le sort douteux du genre humain…

Voilà la touche d'élégie que son esprit ajoutait à la scène.

Il me semble qu'il y avait souvent dans la vie de ces voyageurs quelque chose qui leur permettait de trouver un réconfort dans la contemplation des empires déchus. Les qualités qu'ils se targuaient de posséder, qualités qui encore cinquante ans plus tôt eussent été mises à contribution pour la construction d'un empire, n'étaient pas selon eux reconnues à leur juste valeur par l'Angleterre victorienne, à présent qu'il s'agissait de gouverner cet empire. La prudence et l'entregent l'emportaient désormais. Tout au long du règne de Victoria, la popularité de Gauvain, le plus valeureux et le plus anglais par le caractère des chevaliers d'Arthur, déclina au profit de la duplicité mondaine de Lancelot et des minauderies de Galaad. On se consolait en se disant que l'Empire n'était pas éternel. Un homme de la trempe de Gauvain éprouvait une indéniable satisfaction à se poster devant la tente du cheikh de quelque tribu sauvage, en Anglais solitaire qui ne compte pour sa survie que sur sa propre force intérieure et qui pratique les vertus qui lui ont été inculquées, pour regarder la lune se lever sur les ruines d'une cité impériale livrée aux troupeaux des bédouins. C'est ainsi, en tout cas, que je vois les choses. Layard, dans ses *Premières aventures*, revient souvent sur la précarité du pouvoir des hommes, le même Layard qui essuya une rebuffade de la classe dirigeante, qui le mit hors de lui le jour où, rentrant d'un périlleux voyage à Constantinople en possession de renseignements de la plus haute importance pour l'ambassade, il se vit interdire l'accès aux appartements de l'ambassadeur, sir Stradford de Redcliffe, par un vulgaire secrétaire d'ambassade maniéré et parfumé. A vingt ans et quelques, Layard avait été reçu par plus d'un sultan, plus d'un schah, il avait été l'intime des chefs de tribus innombrables qui ont accédé depuis au rang de nations, aussi imagine-t-on la fureur et la frustration qu'il aurait ressenties s'il avait su que la reine Victoria avait écrit à Palmerston* à son sujet pour s'opposer à sa nomination au ministère de la Guerre (non seulement il faisait l'admiration de tous mais il venait de surcroît d'être élu député) : "Dans nos rapports avec les nations étrangères, il convient que nous ne soyons représentés que par des hommes bien nés." Tant la société orientale, où le voyageur des classes moyennes côtoyait les grands, que le paysage couvert de ruines préfigurant la chute d'un *establishment* honni, mettaient du baume sur ces plaies. Sans compter qu'en voyant tant d'ouvrages effondrés, et quels ouvrages, on se console aisément de l'effondrement de ses propres ambitions. Ce sublime champ de ruines montre la déchéance individuelle – espoirs déçus, vieillesse, mort – comme microcosme de la grande déchéance originelle. Le ressentiment fait place à cette mélancolie que Tennyson attribue à Virgile et qui sied mieux à l'homme confronté à sa propre histoire.

C'est aussi dans cet état d'esprit que je contemplais ce paysage d'automne, ces ruines qui commençaient à s'embrumer dans le jour déclinant. J'observais un jeune gobe-mouches qui s'essayait gauchement à attraper les insectes qui maintenant s'aventuraient tout blancs hors de l'herbe et des orties, quand un bruit ténu attira mon attention. Les faibles trémolos d'une complainte

* Premier ministre de 1855 à 1865. *(N.d.T.)*

101

accompagnée du tintement de clochettes parvenaient jusqu'à mon oreille du fond des champs rugueux et bas dans le soleil couchant. Je scrutai l'horizon mais j'avais peine à croire que les bergers si sombres d'aspect pussent produire une telle mélodie. Des enfants, certains à dos d'âne, d'autres menant un troupeau de chèvres, sortirent des brumes tristes de la plaine et défilèrent au pied du théâtre tandis qu'au loin le chant continuait. Jamais paysage n'eut de meilleur accompagnement musical. Je n'étais pas loin de le croire surnaturel – chanté par Apollon en personne – quand j'en vis la source. Perché dans un grenadier au milieu de la plaine qu'estompait la brume, un garçon cueillait les fruits et les lançait à un ami en chantant.

Le gobe-mouches était parti. Un épervier chassait au ras des ruines, zigzaguait entre les colonnes blanches, plongeait sous les portiques. Je descendis les gradins et pris la direction de la place du village, entouré d'enfants et de chèvres. Je les y laissai abreuver leurs bêtes au sarcophage pour prendre dans le noir le petit sentier au bout duquel en toute indépendance M. Mestan tenait boutique.

Tout ce que j'avais vu me satisfaisait amplement. Je n'avais pas eu autre chose en tête en venant jusqu'ici. Tout en marchant, je sentais les ruines dans le paysage alentour ; elles emplissaient la nuit de leur présence comme une musique, une musique qu'il ne me serait plus permis d'oublier.

Couleurs resplendissantes des tapis dans la lueur des lanternes, ombres vacillantes : à mon retour, la cabane faisait songer plus que jamais à un bivouac en plein désert. Comme il l'avait fait la toute première fois, M. Mestan se leva de son estrade, enfila ses chaussures et vint à ma rencontre. Cette fois encore, il y avait quelqu'un avec lui, quelque part dans la pénombre. Après avoir ôté mes chaussures, je m'assis sur les tapis et, un verre de soda à la main, eus tout loisir d'observer l'inconnu. Il avait de quoi inquiéter avec son long manteau qui lui arrivait jusqu'aux chevilles, ses cheveux noirs et emmêlés, et son bâton de berger aussi grand que lui. Je sus que j'avais devant moi l'un de ces bergers que j'avais vus postés sur les collines et que par romantisme j'avais imaginés türkmènes.

Au lieu de se rasseoir, M. Mestan était allé déplacer une pierre dans le mur de la cabane. De cette cachette il sortit une vieille botte qu'il secoua pour faire tomber sur l'estrade tout près de moi un bout de tissu noué. Promenant un regard de conspirateur de droite et de gauche, il défit le nœud et fit rouler dans la lueur des lampes un trésor de pièces sonnantes et rutilantes. J'ignore tout de la numimastique mais ces frustes bouts de métal portant de vagues effigies me parurent par trop grossiers. J'étais plus intrigué par l'autre chiffon également noué qui était tombé de la botte. Je demandai à le voir de plus près. Sans sortir de la pénombre, le berger fit un mouvement en avant qui trahissait son intérêt. Le nœud fut défait et une chose étincelante comme le cristal roula sur le bronze terne des pièces. Je dus me retenir et attendre qu'on voulût bien mettre cette pure lumière dans le creux de ma main. C'était une intaille sertie de bronze, de fort belle facture sous les impuretés et l'oxydation. En la tenant de mes doigts brûlants de cupidité contre la lumière, ce qui fit ressortir des reflets d'un vert à vous tourner la tête, je vis qu'elle représentait une déesse taillée de profil dans le cristal. Je la reposai sur l'estrade et fis mine de triturer les pièces qui ne m'intéressaient pourtant pas, histoire de refroidir mes doigts. Le berger m'observait. M. Mestan, voyant qu'il n'arriverait pas à me vendre ses pièces, se tourna presque à contrecœur vers l'intaille.

Elle appartenait au berger. On me raconta comment ce dernier, intrépide, était descendu en secret au clair de lune à une profondeur de trois mètres – "*non, quatre mètres !*" – pour dérober le joyau dans une sépulture antique. Pas un mot sur l'âge ni sur la beauté de la chose, il ne fut question que de la profondeur et du danger encouru. L'intérêt avait fait venir le berger dans la lumière. Je lus dans ses yeux la méfiance prudente qu'on voit dans l'œil de la bête sauvage que seule la faim pousse à ne pas fuir la présence de l'homme. On dit un prix. J'expliquai que je ne pouvais débourser qu'une certaine partie de l'argent dont j'avais besoin pour le reste du voyage et que cette somme, pour être payable en livres sterling, n'en était pas moins inférieure au tiers du prix demandé. Du coup, celui-ci diminua de moitié.

Un débat à trois s'ensuivit. Parfois M. Mestan discutait avec le berger et traduisait le turc guttural en français à mon intention ; parfois il se lançait dans une évocation de la vie et des mœurs de ces bergers qu'il peignait sous les traits de paysans à ce point arriérés qu'ils n'avaient jamais vu la mer, ni Smyrne, si bien qu'ils n'avaient pas la moindre idée de la valeur des choses, encore moins de l'existence de devises étrangères. La transaction n'était guère facilitée du fait qu'elle ne concernait pas au fond la pierre précieuse elle-même : ils vendaient le mal qu'ils s'étaient donné pour se la procurer et j'essayais d'acheter une chose qui me rappelât pour toujours cette scène, ses acteurs et la journée que j'avais passée parmi les ruines. Lorsqu'il n'y eut plus que quelques livres entre nous, le berger me suggéra par M. Mestan interposé de mettre ma montre dans la balance (ainsi que ma radio si j'en avais), ce qui ne fit que ficher tous nos savants calculs par terre.

Pour autant, cela finit de me convaincre que je n'avais pas affaire à des escrocs. Si l'intaille était un faux, on la leur avait fourguée. J'y tenais comme à la prunelle de mes yeux, à ce scintillement sur le tapis qui renfermait tout l'éclat de la journée. Modifiant le taux de change en ma faveur, j'ajoutai quelques dollars à ma dernière offre et, de cette manière lasse et résignée propre aux marchands orientaux, levant les mains au ciel comme pour signifier leur ruine imminente, ils acceptèrent.

J'avais l'argent, tout mon argent, sur moi, ainsi que des chèques de voyage et mon passeport, caché dans ma ceinture, mais je ne tenais pas à leur révéler mon petit secret, aussi je dus prétendre qu'il se trouvait dans mes bagages afin de pouvoir me retirer dans ma chambre à l'autre bout de la cour. Là, je me déboutonnai à la lueur d'une bougie posée sur une assiette en étain sur le rebord de la fenêtre. La chemise hors du pantalon, je farfouillais dans ma ceinture quand je vis apparaître dans l'interstice sous la porte le halo d'une lanterne et deux paires de pieds. La porte s'ouvrit. M. Mestan et le berger scrutaient l'obscurité, tenant une lanterne à bout de bras. Surpris dans cette posture peu flatteuse et en flagrant délit de mensonge, de l'argent plein les mains, je fis un sourire aussi large que possible. Le berger, qui n'avait pas besoin de cela pour paraître inquiétant, se serait jeté sur moi si M. Mestan ne l'avait pas retenu d'un geste destiné moins à empêcher le larcin qu'à le différer. Je comptai les livres et les dollars dont nous étions convenus puis, tout en essayant de dissimuler l'épaisseur de la liasse restante, je la fourguai dans ma ceinture et remontai mon pantalon. M. Mestan se pencha sur la paillasse qui nous séparait, s'empara des billets et les déposa aussitôt dans la paluche du berger qui entreprit d'examiner ce qui était écrit dessus avec le soin extrême d'un illettré, en y promenant son pouce. Une fois l'argent recompté, M. Mestan tendit la main vers le berger. A son corps défendant, ce dernier lui remit l'intaille, enveloppée dans son chiffon. Je la fis glisser dans la poche de ma chemise, tout près du cœur. L'atmosphère s'en trouva tout de suite plus détendue, nous pûmes retourner dans la grande cabane. Entre-temps, cependant, le berger s'était éclipsé dans la nuit.

Une heure plus tard, j'écrivais à la lueur des lampes la première mouture du récit de mes premiers jours en Turquie, avec pour seule compagnie les ombres qui peuplaient la cabane. Par terre à côté de moi gisait l'épouvantail grâce auquel M. Mestan espérait chasser les intrus. Pendant qu'il le confectionnait – et à vrai dire depuis l'instant où il vint m'apporter un verre de thé (un thé délicieux, très noir, très fort, très parfumé) pour achever le repas (que j'avais pris seul) – nous avions parlé de son pays.

Il avait le tempérament sombre de l'éternel mécontent. Aucun régime politique ne trouvait grâce à ses yeux. Il se disait communiste mais reprochait au gouvernement d'entraver ses ambitions capitalistes. Il se disait l'ennemi juré des "inégalités" mais uniquement parce qu'elles ne jouaient pas en sa faveur. Toute sa rancœur se focalisait sur les responsables du site archéologique qu'il accusait d'agir pour leur propre bénéfice ou pour celui de parfaits étrangers venus d'Ankara, politiciens, hôteliers ou titulaires d'une "bourse de recherche" d'une quelconque fondation américaine. Exploité par lui et ses amis, le site ferait vivre les gens du village de la même façon que ses pierres avaient servi à construire leurs maisons depuis le départ de l'envahisseur romain.

C'est pourquoi il s'accrochait à ses deux cahutes inachevées avec une obstination que rien ne ferait céder si ce n'est une balle dans la tête. On lui refusait l'eau courante (d'où le tonneau au milieu de la cour) et par voie de conséquence, étant donné qu'il ne disposait ni de robinets ni de toilettes, on refusait de lui délivrer une licence l'autorisant à donner le lit et le couvert même aux catégories les plus humbles de la population turque. Il ne se faisait pas d'illusions quant au désir des autorités de se débarrasser de lui. J'éprouvais une grande amitié et un profond respect pour cet homme compliqué mais indépendant.

Son comportement envers moi était ambivalent. Son sens instinctif de l'hospitalité le portait à rendre mon séjour le plus agréable possible, mais de temps à autre il se souvenait que j'étais l'oiseau rare de passage, la mouche venue se prendre dans la toile d'araignée qu'il s'était donné tant de mal à tisser. Il ne pouvait pas me laisser lui filer entre les doigts. Il revint à la charge avec les pièces. Il m'aurait vendu n'importe quoi pour se prouver à lui-même que son affaire marchait malgré tout. Une ou deux fois je lui demandai de m'expliquer comment je devais m'y prendre le lendemain matin pour retrouver la civilisation ; chaque fois, il me dit, avec un geste de mépris pour ce genre de questions, qu'un autocar passerait. Je n'avais pas vu l'ombre d'un car de toute la journée et je savais pertinemment que la route ne menait nulle part. "Il viendra, dit-il, vous verrez."

Son épouvantail achevé, il s'assit un instant, caressant la cruche qui lui servait de tête comme on dit bonne nuit à un enfant. Deux fois au cours de l'été, dit-il, des terroristes l'avaient réveillé pour lui extorquer de l'argent. Ce n'était pas une vie. On pouvait bien supporter la junte militaire pendant six mois ou un an si elle mettait un terme à ces exactions. Et après ? Il eut un haussement d'épaules et se leva. J'imagine qu'après la junte, un semblant d'ordre revenu, M. Mestan réclamerait, avec des millions d'autres Turcs comme lui, un gouvernement capable non seulement de réparer tous les torts qu'il avait subis mais encore d'agir en sa faveur aux dépens de tous les autres. Il était condamné à se battre toute sa vie. Il partit se coucher. J'étais de nouveau seul.

Je me levai pour me dégourdir les jambes. La cabane était un antre de lumière creusé dans la nuit silencieuse qui commençait à la porte ; j'avais l'impression que ma lampe était la seule à brûler à des lieues à la ronde, dans les ténèbres rendues encore plus impénétrables par le couvre-feu et la loi martiale. On n'avait aucune peine à imaginer l'éclair du pistolet qui avait réveillé M. Mestan. Quant à l'épouvantail, il constituait une piètre protection contre d'éventuels maraudeurs, un feu sur le point de s'éteindre dans une forêt infestée de loups. Les agresseurs de M. Mestan étaient-ils les Loups gris, l'escadron de la mort d'extrême droite, ou bien une autre bande de tueurs qui s'étaient faits plus discrets depuis ? Et que signifiaient ces reliques d'anciens "résidents" – un rasoir, une chaussure de marche, un ballot de vêtements en jean –, seul mobilier de ma chambre, ma paillasse mise à part ? Est-ce le genre de choses qu'un touriste laisse derrière lui ? Je revis M. Mestan et le berger tels un meurtrier et son acolyte pointer le bout de leur nez dans l'entrebâillement de la porte et je me souvins de la façon dont le premier avait empêché, momentanément, le second de se jeter sur moi et mon argent.

Je repris place sur l'estrade et m'efforçai de coucher sur le papier ce qui jusque-là m'avait séduit ou amusé en Turquie. Le plus difficile, parce que c'était le plus important, était de trouver les mots pour décrire la certitude du bonheur qui m'envahit à mon retour de la cité en ruine au crépuscule. J'étais – et demeure – incapable de faire entrer dans ses vêtements le bébé qui gigote. Mais j'avais dans la poche de ma chemise le joyau qui exprimait tout cela à merveille. A quoi bon le regarder ? Il était bien à moi et brillait tel un talisman dans un recoin de mon âme, comme la lune au-dessus d'un lit d'enfant après une journée de bonheur. A quoi bon lutter avec les mots ? Je possédais un bien autrement plus précieux.

III

1

Le chapitre suivant du livre, j'en écrivis
l'ébauche dans la ville d'Ürgüp, en Cappadoce,
où je dus passer toute une journée pour cause
d'immobilité générale. Un profond silence s'était
abattu sur la Turquie, un silence aussi troublant
que le calme plat en mer. De ma fenêtre, je ne
voyais que des rues blêmes et désertes. Pas le
moindre mouvement, pas un enfant, pas une
charrette, pas une voiture. A peine si l'on devinait en contre-jour quelques visages en retrait
derrière les fenêtres. Le soleil écrasait la ville
d'une blancheur de cendre au milieu d'un
paysage fantasmagorique.

Les rares bruits qui rompaient le silence ne faisaient que le rendre encore plus inquiétant. De
temps à autre, un camion militaire roulant au pas
escaladait la rue escarpée, armes et casques étincelant sous le soleil. Crachotements des haut-
parleurs suspendus au-dessus des rues, prélude à
un communiqué des autorités militaires, version
électrique du terrible coup de gong donné par un
esclave dans les péplums hollywoodiens pour
annoncer les ordres du pharaon. *Dikkat ! Dikkat !*
L'ordre fut braillé par saccades. Cela je l'entendis
mais ce qui suivit, je n'en compris pas un mot. Ma
vie en aurait-elle dépendu, en cas de révolution
ou de guerre civile par exemple, j'aurais été parfaitement incapable de saisir le sens de cette
bordée de turc répercutée de façade en façade
dans la ville silencieuse.

Fort heureusement, la cause n'en était ni la guerre civile ni la révolution mais le recensement. Il avait été décrété que la Turquie allait se compter. A cette fin, nul ne devait quitter son domicile tant que les agents recenseurs, dévalant les rues deux par deux, n'avaient pas procédé au comptage foyer par foyer. D'un bout à l'autre du pays, de la mer Egée à la frontière perse, des montagnes de la mer Noire aux plaines de la Syrie, personne ne devait se trouver dehors. L'idée pouvait séduire par son côté pastoral, son côté berger qui compte ses moutons, mais comment ne pas y voir en même temps la main du despote obligé pour se maintenir de plonger son pays dans le silence et l'immobilité ?

Il avait fallu ce décret instituant le couvre-feu en plein jour pour me rappeler ce que les Turcs ne savent que trop bien, à savoir que les signes de la dictature militaire – soldats armés, haut-parleurs aux lampadaires, jeeps à tous les coins de rue – sont omniprésents. D'ordinaire noyé dans l'agitation et le bruit de la vie qui suit malgré tout son cours, le soubassement de la dictature apparaissait au grand jour dans ce qu'il a de plus cru, comme le lit d'une rivière en amont de laquelle on aurait installé un barrage. L'obéissance absolue des gens (soldats mis à part, les rues étaient absolument désertes) en disait long sur la peur que leur inspirait le régime.

Ayant appris que les étrangers pouvaient obtenir un laissez-passer les autorisant à sortir, je me rendis au poste de police pour m'en faire délivrer un, autant pour profiter de l'occasion qui m'était ainsi donnée de voir fonctionner de près la machine du pouvoir militaire que pour le plaisir de me promener dans la ville déserte. Glaçants, les militaires se montrèrent néanmoins courtois et les efforts qu'ils avaient faits pour rendre la journée qu'ils avaient devant eux aussi agréable que possible en tendant des auvents entre les arbres fruitiers pour avoir un peu d'ombre, en gardant à portée de la main une bonne réserve de thé, de melons et autres réconforts domestiques, trahissaient leur humanité, les rendaient presque attendrissants. Bien que les Turcs dans leur ensemble se soucient comme d'une guigne de la préservation du beau, ou même de l'utile, il y a chez eux un instinct (l'instinct du nomade ?) grâce auquel ils arrivent, en plein désert, à bricoler un minimum de confort en tirant le meilleur parti de ce qui leur tombe sous la main. Les militaires s'étaient bricolé un bivouac tout à fait confortable. Je sentis aussi qu'il régnait entre eux une grande camaraderie, mais dans ce domaine comme dans d'autres leur autosuffisance est sans doute plus due à leur isolement du reste d'une population qu'ils tiennent sous leur botte qu'à un authentique esprit de corps. L'armée turque est une armée de conscrits. Qu'elle arrive à isoler le conscrit de la population dont il est issu a de quoi surprendre, mais elle y arrive, comme je devais plus tard le constater en Turquie orientale où je vis le processus se dérouler sous mes yeux.

Muni de mon laissez-passer je pus aller librement dans la ville. De temps en temps je tombais sur les recenseurs qui entraient solennellement par deux dans les maisons ou en sortaient, un *clipboard* sous le bras ; je vis une mère courir, morte d'inquiétude, pour rattraper un enfant qui avait filé dans la rue, des citoyens plus flegmatiques qui mettaient cette journée d'automne à profit pour fendre du bois dans leur cour, sous l'or des pommiers. Mais je n'aimais guère ce silence, cette vacuité, ces rues pleines de soldats. La cessation de toute activité montrait la petite cité dans tout son délabrement et toute sa saleté. Je ne tardai pas à retourner à mon hôtel, horrible tas de béton perdu au milieu d'un chantier de construction, près duquel je vis avec plaisir deux ou trois de mes chemises mollement pendues à un fil, signe, comme la marque rentrée d'un amiral ennemi, que la direction s'était décidée à laver mon linge. Un hôtel de cette prétention existe à Ürgüp parce que la ville est, ou était à une époque moins troublée, l'un des centres touristiques de la Cappadoce des églises rupestres. Je l'avais choisi parce que je voulais faire laver mon linge et téléphoner en Angleterre. J'avais déjà eu plusieurs prises de bec avec la direction à ces deux sujets et je ne comptais pas en rester là. Ce qui est si déprimant, ce n'est pas que les mauvais hôtels soient mauvais, c'est que les "bons" hôtels le soient tout autant.

2

Il n'y avait pas que dans les cours et les jardins d'Ürgüp qu'on se préparait pour l'hiver comme j'avais pu le constater en traversant les hautes terres d'Anatolie. Amasser des vivres et du combustible est une véritable obsession sur ces hauts plateaux sans forêts, au climat rigoureux. Je vis un homme tortiller sa moustache devant son tas de bois, insensible au soleil qui lui brûlait le dos alors qu'il mettait en balance les rudes et longues journées de janvier et le volume de sa réserve. Je le comprenais. En avait-il assez ? Non, on n'en a jamais assez, il n'y a pas assez de bois de chauffage dans le monde pour assouvir la soif de bois de celui qui n'aime rien tant en hiver qu'un bon feu de cheminée. Toute cette frénésie de stockage donnait une idée de la rigueur des hivers sur ces hauts plateaux. A l'abri de peupliers jaunissant à vue d'œil, pêches, nectarines et pommes mûrissaient dans les vergers, mais déjà les feuilles viraient au rouge, les jours raccourcissaient et tous n'avaient qu'une idée en tête : engranger. Dans le premier village que je traversai après que j'eus quitté l'établissement de M. Mestan, j'aperçus un fournil au toit recouvert de gerbes de blé et de fagots au milieu des toits plats où s'entassaient des melons jaunes comme des lunes.

Un autocar passa en effet ce matin-là comme M. Mestan l'avait prédit. Il était dans les sept heures et demie et je prenais mon petit déjeuner quand à l'autre bout de la plaine un terrible coup de klaxon annonça sa venue. Nous courûmes jusqu'au carrefour et là, dans les vibrations et les grognements du vieux tacot, nous nous séparâmes sur une poignée de main pleine de notre mystérieuse amitié mutuelle. Puis le car s'ébranla, rempli d'hommes se rendant à leur travail et de femmes qui allaient faire leur marché. Une page fort agréable était tournée. J'avais très bien dormi sous le regard des étoiles dans le cadre sombre de la fenêtre et j'attendais la suite avec gourmandise.

Etre constamment obligé de se dérouter, de tourner la page, est un des principaux attraits du voyage et, pour peu que vous soyez écrivain et donc dans l'obligation de tirer quelque chose d'hier avant de passer à aujourd'hui, son chant de la sirène. Le voyage, heureusement, ne vous permet pas d'être aussi rabat-joie. En avant ! Et tant pis si certaines scènes tombent dans l'oubli, d'autres viendront nous divertir aujourd'hui.

J'étais conscient de cet impardonnable gâchis dans le car qui m'entraînait loin de la cité en ruine et de la merveilleuse journée que j'y avais passée. Etait-il trop tard pour en tirer quelque chose ? Oui, cela avait eu lieu, j'y étais allé, tenons-nousen là et laissons mon expérience rejoindre les ruines et se fondre dans le paysage et, pourquoi pas ? enrichir le mystère de ce qui n'est plus. J'avais l'intaille dans ma poche : elle contenait ce que je devais garder. L'intérêt de ce qui défilait maintenant derrière la vitre eut vite fait de dissiper mes regrets de laisser ainsi échapper le passé.

Dans chaque village qu'il traversait, le car s'arrêtait pour prendre d'autres ouvriers puis replongeait dans la vallée, passait et repassait la rivière aux eaux vertes et nonchalantes, bifurquait dans un chemin de terre vers le minaret élancé ou le paisible dôme d'une mosquée de campagne perdue au milieu des vergers. Les chiens, les enfants et les poules s'arrêtaient un instant sur la place du village tandis que parmi les clameurs les hommes se hissaient dans l'autocar vrombissant. Au-dessus des toits, une fumée bleue montait dans le ciel. Partout, je me répète, la même impression d'automne, de récoltes, de l'hiver qui approche.

Je pris un autre car pour Nazilli. La vallée du Méandre ne tarde pas à montrer la corde ; derrière les vignobles surgissent des collines sablonneuses, derrière les figuiers et les citronniers des rochers isolés et partout la roche affleure. De colline dénudée en colline dénudée, la route mène vers l'immense étendue tout aussi dénudée du plateau central de la Turquie. Mais l'omniprésence de l'automne demeurait : gigantesques champs de blé moissonnés et brûlés, vergers regorgeant de fruits mûrs, melons, maïs... Dans les champs de coton, au milieu des dos courbés de centaines de femmes, se dressait la silhouette fière et solitaire de l'homme en pantalon à bretelles qui, une casquette sur la tête et la pipe à la bouche, veillait au bon déroulement des travaux. La route est interminable.

Toute la journée le paysage resta à peu près le même. De temps à autre, en plus des arrêts prévus, le car faisait halte devant une gargote au bord de la route, où les passagers pouvaient s'égailler dans la lumière éblouissante et s'empiffrer de raisin pendant qu'un garçon ou deux armés d'un tuyau et d'un balai s'activaient à le dépoussiérer, jusqu'à ce que le chauffeur – pantalon à pattes d'éléphant, chaussures à talons compensés, lunettes noires, paquet de cigarettes à la ceinture – ressorte d'un air important, le plus souvent avant qu'ils aient fini, saute d'un bond dans son siège et mette le moteur en route en klaxonnant comme un forcené pendant que de son côté le contrôleur actionnait l'ouverture automatique des portes pour faire peur aux retardataires.

Les autocars étaient pleins à craquer, jamais je n'eus de siège vide à côté de moi. Le chauffeur fonçait sans relâche sur la plaine sans fin. Les voyageurs bâfraient, sortaient de leurs sacs des nectarines et des grenades, les frottaient contre leurs manches luisantes, en offraient autour d'eux, se couvraient de jus. Ils somnolaient, une cigarette allumée dans la bouche ou entre les doigts, quand ils ne dormaient pas carrément, le front contre le siège d'en face. Ils regardaient par la vitre, mais sans grande curiosité. Je ne pense pas que j'aurais trouvé réponse aux questions que je me posais dans les conversations que j'aurais pu engager si j'avais parlé le turc. Comment expliquer, par exemple, la présence côte à côte, sur deux parcelles attenantes, de deux paysans qui labouraient, l'un avec un tracteur flambant neuf, l'autre avec des bœufs ? La poussière soulevée par les deux charrues recouvrit la question avant que je puisse y répondre.

Les villes étaient rares et toujours délabrées, leurs vieux quartiers pour ainsi dire engloutis par des banlieues de béton sorties de la poussière et des ordures qui les cernaient. Je n'en vis aucune où j'aurais voulu pouvoir m'arrêter même si Akşehir eut droit à toute mon attention car j'avais en tête la description qu'en donne Layard, qui fit son entrée dans la ville en 1839 :

Peu avant la nuit nous arrivâmes à Ak Sehir, chef-lieu du district, une ville d'une taille considérable mais plus sale que je ne saurais le dire. Nos chevaux s'enfonçaient jusqu'aux genoux dans la boue qui recouvrait les rues étroites et les carcasses d'animaux putrescentes dont celles-ci étaient jonchées emplissaient l'air des odeurs les plus nauséabondes. Cette coutume barbare et immonde, qui consiste à laisser pourrir dans les rues les cadavres des chevaux, des chameaux et d'autres bêtes, prédomine dans la majeure partie du pays.

Je vis aussi le lac marécageux Akşehir, un miroitement dans le lointain devant de pâles montagnes. Il y a, dans le récit que font chacun de son côté Layard et son compagnon Edward Mitford de ce qui leur arriva entre le lac et la ville d'Akşehir, un point de désaccord fort révélateur du caractère de Layard. Une vieille femme vint les saluer, jusque-là ils sont d'accord, mais voici la suite vue par Layard : "Voyant mon fez, et me prenant pour un émissaire turc, elle s'adressa à moi par ces mots : «Qu'Allah te protège, toi qui laisses père et mère pleurer ton absence et qui vas, sous la pluie, servir notre seigneur le sultan.»" Et voici ce qu'en dit Mitford : "Alors que nous chevauchions sous la pluie, une vieille femme au bord de la route, nous prenant pour des *recrues*, nous salua…" C'est que Layard était bien trop fougueux et trop arrogant pour en croire ses oreilles, pour admettre qu'une pauvre femme, ou n'importe qui d'ailleurs, pût le prendre pour une simple recrue. Mitford, au contraire, futur fonctionnaire à Ceylan, ne tient pas particulièrement à passer pour quelqu'un d'important. Près d'un demi-siècle sépare dans les deux cas l'incident de sa narration, mais, au moment où il écrit, Layard est ancien ministre, ancien ambassadeur, père de l'assyriologie, spécialiste des primitifs italiens, en un mot une sommité, tandis que Mitford n'est qu'un fonctionnaire à la retraite, au regard doux et timide à en juger par la photo de lui que nous possédons, si bien qu'on peut dire *a posteriori* qu'ils avaient raison d'entendre des versions différentes, un peu comme si la vieille femme avait prédit à chacun son avenir.

Au bout de cinq cents kilomètres de cette steppe en allant toujours vers l'est, c'est Konya. J'y arrivai assez tard le soir et plutôt que de me donner la peine de chercher le centre de la ville, je me laissai tenter par la fraîcheur d'une entrée d'hôtel qui donnait sur la gare routière. Inutile de dire que les portes de verre et le hall de marbre étaient des attrape-nigauds, le genre d'attrape-nigauds dans lesquels je tombe toujours à pieds joints, étant assez sot pour me figurer que la chambre qu'on me donnera sera aussi luxueuse que ce que j'ai pu entrevoir de la rue. L'étage n'était qu'une chambre d'échos en béton avec du fer rouillé partout. Dans la chambre, les deux ampoules étaient grillées, le lavabo était cassé, il n'y avait pas d'eau et la fenêtre ne voulait pas s'ouvrir. Le réceptionniste, à qui je fis part de ces lacunes, eut un haussement d'épaules et la remarque la moins patriotique que j'aie jamais entendue même dans la bouche d'un employé d'hôtel : "Vous êtes en Turquie, monsieur." Enfin, je pris mon repas dans le *locanda* d'à côté, où je lus, au milieu d'une forêt de tables vides, *Les Trois Commis* de Trollope, puis, avant de monter me coucher, je fis une promenade autour de la gare routière dans un quartier mal éclairé et pas très accueillant. Je vis une mosquée toute neuve qui se dressait au milieu d'un fatras de pierres et de bois de construction tandis qu'au-dessus d'elle un hélicoptère de l'armée fendait les ténèbres de ses hélices en faisant clignoter ses feux rouges, une image qui prend toute sa signification quand on sait que Konya était le centre du fanatisme religieux avant le coup d'Etat militaire.

3

Est-ce à cause de l'artillerie omniprésente et du bruit infernal des hélicoptères que Konya paraissait si peu accueillante ? Layard et Mitford aussi trouvèrent une ville transformée en caserne : "Les rues grouillaient de soldats oisifs, indisciplinés dans leurs piteuses tenues européennes ; une cacophonie de tambours et de fifres se faisait entendre de tous côtés. La conscription était appliquée à la lettre... Tavernes et khans débordaient de cette soldatesque bruyante et turbulente." Comme Layard probablement, j'étais conscient de la tension, pour ne pas dire l'appréhension, due à la présence de tant d'hommes armés, de camions kaki chargés de soldats casqués et de ces pales d'hélicoptère qui fendaient l'air comme des sabres.

Ou alors Konya paraissait si peu accueillante parce qu'elle est l'un des fiefs de l'intégrisme islamique. Ici, fanatiques et militaires se regardent en chiens de faïence, ce qui crée dans n'importe quelle ville une situation explosive. Je me demandais si le rapport des forces avait été modifié pendant que je batifolais dans la campagne à mille lieues de tout journal écrit dans une langue que je pouvais lire. Pour en savoir plus, je pris un *dolmus* dès le lendemain matin jusqu'à Alaeddin Tepesi, la charmante petite colline verdoyante au cœur de la ville, et, de là, me rendis à pied jusqu'à la place principale, Hükûmet Meydani, où se trouvait le syndicat d'iniative. Je reconnus, à travers les vitres sans tain, les fauteuils de salle d'attente de rigueur, les plantes vertes, les dépliants de rigueur disposés en éventail sur des tables de bois laqué. Je poussai la porte. Pas un chat. Tables, plantes et dépliants couverts d'épaisses couches de poussière. Venu de je ne sais où, un individu à l'air digne mais passablement décati fit son apparition. Il portait un costume croisé antédiluvien et un nœud papillon à pois. Je crus voir une perruque poudrée et même du fard à joues, un vieux soupirant décrépit qui s'était fait beau pour prendre le thé avec une douairière. Je lui demandai d'avoir l'obligeance de me traduire les titres des journaux que j'avais également aperçus du dehors, lui expliquant que depuis mon départ de Rhodes je ne savais rien de ce qui se passait en Turquie, ni dans la guerre Iran-Irak, qui s'était déclenchée une ou deux semaines plus tôt, et que j'espérais me rendre dans l'est de son pays.

Tout en réfléchissant, il se frotta les mains – bruit de papier froissé, scintillement de bagues – et m'offrit du thé, et de m'asseoir. Je m'assis. Le thé arriva pour ainsi dire de lui-même comme toujours lorsqu'on a affaire à des Turcs : deux verres brûlants et du sucre à volonté sur un plateau ressemblant plus à une balance suspendue à la main d'un enfant empressé. Autrefois, c'était du café ; aujourd'hui, étant donné son prix à l'importation, tout le monde boit du thé, sauf les riches. Le vieil homme, entre-temps, semblait s'être plongé dans la lecture du journal pour son propre plaisir. Je me raclai la gorge. Il leva les yeux, se souvint de ma question, fit un geste m'exhortant à la patience, revint à la première page. Alors, il la posa bien à plat sur la table qui nous séparait et se mit à traduire avec beaucoup d'aisance un titre après l'autre dans une langue absolument méconnaissable. Nous avions commencé en français, mais quand il eut compris que j'étais anglais, il était passé à l'anglais, qu'il parlait

beaucoup plus vite et avec beaucoup plus d'assurance que le français. Je n'en comprenais pas un
traître mot. J'essayai le français, l'italien, mais
non, j'étais anglais et il se devait de me lire les nouvelles dans la langue que, par suite d'une erreur
qu'un syndicat d'iniative de Konya n'éprouve pas
le besoin de rectifier, il avait étiquetée dans sa
tête comme étant l'anglaise. Son doigt arriva enfin
au dernier titre, en lettres minuscules, au bas de
la page et il cessa de baragouiner. Je ne peux pas
jurer qu'il n'y avait pas, au moment où je me levai
et le remerciai, un sourire caché dans les replis de
son fard, et dehors encore, confronté une fois
de plus à la poussière de la rue, je me demandai si la riche douairière et lui n'étaient pas, en
farouches anglophobes, en train de se taper les
cuisses après cette bonne blague autour d'une
tasse de thé, quelque part derrière les plantes
vertes d'où il était sorti.

Toujours aussi ignorant de l'actualité, je descendis le boulevard, surface nue et éblouissante
entre deux rangées de bâtiments délabrés, en me
demandant encore pourquoi l'endroit me semblait si hostile. Je ne me sentais pas visé personnellement, simplement il y avait quelque chose
dans l'air, une sensation de gêne, un manque de
chaleur, qui mettait de la méfiance dans tous les
yeux. Dans le quartier du bazar, où j'eus plaisir à
me promener, cette sensation de gêne redoubla
d'intensité. C'est un bel endroit plein de vie, un
dédale de rues étroites, un monde d'ombre et de
lumière où le moindre recoin déborde de gens,
de couleurs, d'activité. Ici convergent des races
venues des quatre coins de l'Asie pour se livrer à
d'intimes tractations autour d'échoppes et d'étalages. Au-dessus des allées se dressent, comme
autant de bannières islamiques, des minarets
baroques richement décorés, avec ce je ne sais
quoi de l'hostilité de la Turquie d'autrefois envers
le giaour. Il me semblait que je humais l'atmosphère orientale qui frappait tant le voyageur

occidental lorsqu'il traversait pour la première fois la Corne d'Or au milieu des foules asiatiques qui se pressaient sur le pont de Galata pour se rendre de Péra à Stamboul. La promesse, ou la menace, d'Istanbul ne se réalisait et ne se réalise pleinement qu'à Konya. La vague sensation de gêne qu'éprouve l'Européen en découvrant une ville si résolument orientale sur les rives de *sa* Méditerranée (et qui est au fond la raison pour laquelle beaucoup n'aiment pas Istanbul) se transforma pour moi à Konya en prise de conscience : j'étais bel et bien dans une lointaine ville orientale où cohabitent des Orientaux de races, de nationalités et de mœurs différentes. Les jeunes gens, engoncés comme il se doit dans des vêtements occidentaux serrés et voyants, vous regardent droit dans les yeux avec la même arrogance que n'importe quel jeune provincial qui croise un étranger dans sa ville ; mais les vieux, eux, sont la mémoire de la race. Drapés de leur châle, leur face de noisette surmontée du calot musulman, ces vieux barbus vous regardent passer du fond de leurs yeux noirs, parfaitement indifférents et méprisants. Je vis en eux la fierté de la Turquie de jadis. Ayant grandi dans la Turquie d'avant l'occidentalisation opérée par Atatürk, ils ont connu un monde à jamais disparu. Si l'un des vieux messieurs que l'on voit parfois dans la campagne anglaise prendre le soleil sur le banc devant son pub pouvait évoquer, non pas l'Angleterre d'avant 1914 (pour cela on peut lui faire confiance) mais l'Angleterre d'avant la guerre civile – Cromwell étant notre Atatürk –, eh bien, on serait en présence d'une mémoire égale à celle des vieux que l'on voit accroupis contre les murs des villes turques. Ils font penser à ces vieux livres qu'on voit aux étalages des bouquinistes et qui contiennent la réponse à toutes les questions, à ceci près qu'ils sont indéchiffrables.

Aussi, quand un marchand de tapis me prit par le bras et m'entraîna dans son antre tapissé de *kilims*, c'est la vue de l'un de ces vieux hommes accroupi dans un coin, "curieux volume recelant un savoir oublié" selon le mot célèbre de Poe, qui me persuada de rester. Le marchand parlait assez de français pour se faire comprendre, on fit chercher du thé, on déroula devant moi des tapis sans compter, profusion désinvolte destinée à me faire sentir à quel point on se mettait en quatre pour moi, et on se mit à m'expliquer que je me meublerais bien mieux et à meilleur prix à Konya qu'à Bridport. Je regardais le vieil homme du coin de l'œil, guettant le moment où il mettrait son grain de sel. Mais il demeura immobile, l'image même du repos, le dos appuyé contre le mur, avec, entre ses doigts noueux, une cigarette qui se consumait et, devant lui, le verre de thé posé délicatement par l'un des garçons qui s'étaient empressés de m'apporter des tapis. Le moment arriva, fatidique dans ce genre de transaction, où le vendeur cesse de vous demander si vous voulez un tapis pour vous demander lequel vous voulez. Je voyais bien que je n'arriverais jamais à lire dans ce vieil homme, tout au plus pouvais-je regarder la couverture. Lequel je voulais ? Quand on a fait comme moi les marchés indiens en compagnie d'un grand manitou, on n'a guère de scrupules à déjouer les pièges d'un Turc de province. Je bus mon thé, fis valser les tapis, remerciai tout le monde et ressortis dans le bazar. Il n'est pas vraiment possible de se comporter comme on le ferait avec un commerçant de chez nous, mais l'obligation de changer de comportement peut vite mener à l'arrogance et à la grossièreté pour peu que l'on prenne le marchandage rituel des Asiatiques pour une authentique humilité.

C'est tout le problème du voyageur du XIXe siècle : que doit-il penser des indigènes, de ces populations plus ou moins opaques qui occupent les pays qu'il traverse ? En règle générale, les Orientaux ne sont que des figurants, au mieux des seconds rôles, que l'écrivain place à l'arrière-plan de son récit pour faire couleur locale et surtout pour mettre en valeur ses propres exploits. Les indigènes étaient pour ainsi dire la matière première dans laquelle il suffisait de puiser au fur et à mesure des besoins pour construire le roman à tiroirs dont le narrateur serait aussi le héros. C'est ainsi que d'un livre à l'autre le même homme, turc ou persan, pouvait apparaître sous les traits de deux personnages différents, comme c'est le cas de Matamet, le maître d'Ispahan, monstre de cruauté perverse chez Layard et hôte délicieux dans le récit que fait à la même époque un voyageur russe ; le personnage devenait tout noir ou tout blanc selon les besoins du moment.

Parmi les indigènes, ceux que le voyageur connaissait le mieux étaient ses serviteurs. Levantins ou Grecs pour la plupart, leur fonction consistait à aplanir toutes les difficultés et à servir de tampon entre leurs maîtres et un Orient en quelque sorte désorientalisé par leur connaissance des langues et des mœurs franques. C'est pourquoi le voyageur intrépide en butte à l'étrangeté du pays a tendance à les laisser dans l'ombre, sauf quand leur réaction devant une situation particulière, notamment devant le danger, peut servir de contrepoint à leur propre réaction d'Anglais téméraire. Ainsi, le capitaine Fred Burnaby, héros on ne peut plus désagréable dans le genre artillerie lourde, fait de son serviteur le souffre-douleur de Radford, l'espèce de John Bull qui lui sert de bras droit. Paresse, lâcheté, malhonnêteté, fausse piété, saleté, tout cela Radford le découvre chez le Turc tandis qu'en bon Britannique imperturbable et obtus il patauge dans la boue sur les talons de son maître. Dans l'abstrait, Burnaby couvre les Turcs d'éloges (étant russophobe, il n'a guère d'autre choix) mais le seul Turc qu'il connaisse, le pauvre serviteur qu'il a obtenu à Péra pour une bouchée de pain, il le ridiculise. Même le jeune Arthur Conolly, pourtant si attentionné et si charmant, avoue que sa patience a été mise à rude épreuve par le serviteur qui l'accompagnait en Perse : "Comme si cela ne suffisait pas, voilà que Meshede Noroz se met à faire la noce, fait la connaissance d'une bande de joyeux lurons, prend momentanément épouse et s'endette de trente tomans."

Des centaines de serviteurs indigènes qui peuplent ces livres de voyages, très peu arrivent à percer en tant qu'individus. Il y a bien Misseri, le drogman de Kinglake, qui devait par la suite tenir l'hôtel d'Angleterre à Péra et dont il est souvent fait mention, mais le ton le plus souvent adopté à leur propos est celui que l'on sent affleurer dans le guide de Murray lorsqu'il recommande de demander à Smyrne un drogman répondant au nom de Moïse-Tête-en-l'Air. Comme les domestiques des romans de la même époque, ils restent sans visage.

En 1874 déjà, date de la parution du guide (et du voyage de Burnaby), l'image des Turcs dans l'opinion anglaise s'était détériorée. L'expérience du commandement commun pendant la guerre de Crimée (par exemple à Kars) avait conduit les Anglais à mépriser les officiers turcs pour leur incompétence, leur corruptibilité et leur couardise. "La Turquie n'est que belles paroles et vrai désordre, écrit Palgrave à son retour d'Arabie, même si celui qui a goûté aux délices de la conversation d'un Osmanli dans le confort feutré de sa maison au bord du Bosphore a peine à croire toutes ces histoires de viols et de massacres." De plus, l'expérience indienne, surtout après la Grande Mutinerie, n'a pu que conforter l'Anglais dans son mépris des Asiatiques comme dans le sentiment exaltant (et nouveau celui-là) de sa propre supériorité. Robert Shaw, qui vécut aux Indes, dit de l'un de ses geôliers à Kashgar : "Je le considère à vrai dire comme un ami, sentiment que l'on ne peut éprouver pour un Indien." Quant au capitaine Abbott, cet officier des Indes qui semble souffrir le martyre en permanence, voici comment il réagit lorsque le roi de Khiva le convoque dans son palais : "Il faut avoir vécu aux Indes pour se rendre compte du sacrifice que cela représentait pour moi." Il fait là ce que Byron, dans *Stanhope*, appelle "ses grâces de nabab de retour d'Hindoustan".

Si une telle attitude envers les indigènes pouvait passer en Inde britannique, elle pouvait se révéler dangereuse dans les déserts de Tatarie. Le seul crime du colonel Stoddart à Boukhara, pour lequel il fut jeté en prison, fut de refuser de descendre de son cheval dans les rues de la ville, bravant ainsi un édit fort ancien (auquel Burnes s'était conformé quelques années plus tôt) interdisant aux non-musulmans de traverser Boukhara la Sainte à cheval. Lui aussi était officier de l'armée des Indes, tout comme le courageux Arthur Conolly qui vint à sa rescousse. Ils furent tous deux assassinés.

Conscients des dangers qu'ils encouraient parmi des fanatiques, des tribus sans foi ni loi, la plupart de ces Anglais se pliaient aux coutumes du pays même si dans leurs mémoires, où le danger était un argument commercial de poids, ils avaient quelque peu tendance à la ramener. L'étonnant Claudius James Rich, représentant de la Compagnie des Indes à Bagdad, puits de science et grand collectionneur devant l'Eternel (il a plus de huit cents manuscrits syriaques et arabes à son actif), arrive au compromis suivant : "J'ai toujours eu pour règle de me conformer aux coutumes locales dans la limite de ce que me permettent ma conscience et l'honneur de mon pays." Dans l'ensemble, le sentiment qui prévaut est celui d'une résignation perplexe qu'Arthur Conolly résume ainsi : "Flattez-les, battez-les, ils vous regarderont toujours de haut."

Le voyageur ne venait pas en Orient étudier les mœurs et la société orientale de l'époque ; celles-ci, il devait simplement les subir, au même titre que les conditions météorologiques, dès lors qu'il avait choisi de traverser tel ou tel pays. Ce qui l'intéressait dans ces pays n'était pas leur présent mais leur passé classique et biblique et, dans cette recherche, c'est lui-même qu'il cherchait, ses propres vertus, qui prenaient tout leur relief dans ce cadre introuvable en Europe. De même qu'il aimait se déguiser comme au théâtre – il y avait à Péra un certain Preciosa qui faisait votre portrait en parfait Oriental avec turban, chaussures à pointes, grand mousquet et autant de poignards que pouvaient en contenir les châles entortillés autour de votre taille –, de même il réduisait l'Asie à un simple décor et ses habitants à de simples figurants devant lesquels pouvait se jouer le drame de son propre voyage.

Ce qui m'intéressait en Turquie, c'était aussi le passé – c'est-à-dire le présent des voyageurs du XIXe siècle – mais Konya n'avait pas grand-chose à offrir dans ce domaine. Il m'arriva de voir entre les boîtes de béton de vieilles façades de bois faméliques, décorées de motifs fantastiques, mais les traces de ce singulier tempérament osmanli se font rares. Ce qui se construit aujourd'hui, comme les vêtements occidentaux que portent les jeunes, ne se distingue pas de ce que des architectes pressés construisent partout ailleurs, sinon peut-être par une plus grande laideur.

Une ville turque vue de haut dans toute son étendue, comme on peut voir Konya de la colline Alaeddin, est un spectacle désolant. Des tours de béton bloquent les quatre coins de l'horizon et tout ce qui n'est pas en train d'être construit tombe tout simplement en ruine. Tout cela est d'un miteux tel qu'on n'en rencontre nulle part ailleurs, toute cette nouveauté n'a aucun chic, ne serait-ce que provisoire. Me promenant sur la colline verdoyante et ombragée, suivi de deux petits garçons qui voulaient cirer mes chaussures, je me posai la même question à chaque point de vue : pourquoi la ville était-elle si épouvantablement laide ?

La raison en est en partie le manque de continuité dans le développement de la ville, l'absence d'un solide noyau central datant des XVIIIe et XIXe siècles sur lequel les constructions auraient pu venir se greffer. Du passé, il ne reste rien, si ce n'est quelques maisons de bois dans des coins impossibles. Voici à quoi ressemblait Konya en 1840 : "Nous passâmes sous une belle porte où de nombreux gardes traînaient leurs guêtres pour nous retrouver au milieu d'un tas de ruines, de maisons croulantes, de taudis infâmes, de mosquées désertes, de minarets branlants. Les maisons modernes étaient faites de boue pour la plupart et d'aspect misérable." Comme on le voit, rien qui pût servir de base ou de modèle aux futures constructions tentaculaires, aucune structure, faite d'un solide réseau de rues et de places, qui pût assurer la cohésion de l'ensemble, dicter un style, bref, aucune continuité : des ruines et des cabanes de boue et puis tout à coup, sans transition, des tours de béton. Prenez l'éclairage public : sous prétexte qu'ils n'ont pas connu les becs de gaz, dont l'esthéthique continue à influencer l'éclairage public européen, les Turcs se contentent de planter une grappe d'ampoules au bout d'un trépied en fer. Multipliez cet exemple par mille et vous aurez une ville turque.

Il faut dire que les matériaux modernes s'accordent mal au génie national. Le béton interdit les fioritures que le goût turc savait tailler dans la pierre et le bois. Finis les balcons fantastiques, les façades sculptées. Leur goût des couleurs criardes n'est pas plus satisfait par la peinture acrylique dont ils badigeonnent tous leurs bâtiments et qui pèle et s'écaille comme ne l'ont jamais fait les étoffes et les tuiles du pays. Tout cela mis bout à bout ne donne que du miteux. Sans compter qu'il n'y a ici aucune tradition de civisme ou de fierté nationale. Les pachas ne voyaient dans leurs charges, achetées à prix d'or, qu'un moyen d'amasser au plus vite assez d'argent pour pouvoir, au moment où ils seraient détrônés par un rival et chassés de leur ville, se retirer dans un *yali* sur les bords du Bosphore. Avec un tel passé, je doute que les collectivités locales s'inquiètent de ce que devient l'argent du contribuable. En tout cas, cet argent, elles ne le dépensent pas en travaux d'embellissement même si, comme je pus m'en rendre compte sur l'Alaeddin Tepesi, elles prodiguent ces deux nécessités absolues de la vie orientale que sont l'eau et l'ombre. Je m'étais mis à l'ombre près de l'eau glauque d'un étang et les deux garçons ciraient mes chaussures en riant aux éclats (mes chaussures étaient de celles dont l'empeigne est percée de petits trous par lesquels, évidem-ment, le cirage s'infiltrait jusqu'à mes chaussettes) tandis que je buvais une bouteille d'eau d'Afyon-karahisar, une eau de source absolument déli-cieuse.

L'eau et l'ombre, et non pas les beaux bâti-ments, voilà tout ce qu'un nomade demande. Je crois que la Turquie cessera d'étonner et d'affli-ger l'Européen qui la visite le jour où celui-ci aura compris qu'il a affaire à une race de nomades. Ils sont nomades dans l'âme et leur pays peut à tout moment être détruit par un tremblement de terre, deux réalités fondamentales qu'il convient de prendre en compte lorsqu'on regarde une ville turque en se demandant comment ses habitants peuvent supporter une telle laideur.

Laide ou pas, j'y passai un très agréable séjour. La mosquée que je tenais à visiter, l'Alaeddin cami, était fermée, ses murs fissurés et chance-lants ; quant au Tekké, le couvent des derviches tourneurs, il me fit tellement penser au boudoir d'une grand-tante, avec ses tapis, ses chandeliers, ses bonheurs-du-jour et son obscurité feutrée, que je ne parvins pas à me mettre dans l'état d'esprit qui m'eût permis de m'intéresser à la secte. Mais qu'importe, je n'étais pas venu pour les monuments célèbres. Comme toujours, c'est ce que je découvris au hasard de mes promenades qui m'enchanta le plus. Un après-midi qu'il faisait particulièrement chaud, alors que je rentrais à mon hôtel (non, je n'en avais pas changé) après avoir visité diverses mosquées et autant de médressés, je me retrouvai dans un quartier reculé de la ville, un vieux faubourg resté intact entre deux artères de béton transportant un flot incessant de voitures dans et hors de la ville. Enfin la tranquillité : des chemins de terre le long de vieux murs et, derrière ces murs, des vergers, de coquettes villas aux couleurs passées tirant sur l'abricot et des arbres pour faire de l'ombre aux toits de tuiles rouges. Les toits étaient bas ; derrière, les arbres, les dômes et les minarets de Konya me ramenèrent aux images entrevues sous le vaste ciel fulgurant de la steppe. Dès lors, la Turquie moderne s'éclipsa et céda la place à la vision d'une oasis verdoyante et féconde, de maisons ombragées, d'enfants jouant autour de fontaines publiques, avec ici et là cependant les humbles cabanes de boue des plus démunis sous leurs toits faits de brindilles et de mottes.

Hélas, on est vite sorti de ce havre de paix et happé par la lumière éblouissante, le verre et la poussière de défilés de béton pris entre des tours à moitié construites, sous un morceau de ciel soutenu par des grues, qui déverse dans vos oreilles le sinistre bourdonnement des hélicoptères de l'armée.

4

Du nord-est de Konya à Aksaray, le voyageur peut se faire une idée de l'étendue et de la rudesse du plateau anatolien. A peine est-on sorti de la ville que tout n'est que désert. Mornes étendues rases d'une steppe interminable qui vont buter contre la ligne des collines estompée par la brume. Ce néant, qui n'était au départ qu'une terre stérile tapissée de touffes d'herbe, on a voulu en faire une terre à blé, si bien que l'on voit de loin en loin, armées de pioches et de binettes, de pauvres silhouettes dont on dirait qu'elles ne sont là que pour représenter la vanité de tout espoir. Ces pauvres hères vivent dans de longs pâtés de boue perdus dans cette étendue lugubre. Comme l'âme de l'homme s'épuise dans un tel paysage ! Il n'est pas jusqu'aux collines, espoirs ténus auxquels on aimerait pouvoir se raccrocher dans la détresse, qui ne vous laissent tomber ; vous les atteignez enfin, la route commence sa lente ascension, et vous vous apercevez que vous n'avez fait que monter d'un cran dans la déso-lation de la steppe. Une étrange pénombre assombrit le paysage comme une soudaine éclipse ; c'était comme si je l'avais vu à travers une vitre teintée.

Inutile de dire que les autocars vont à travers cette brousse comme ils vont partout, c'est-à-dire à fond de train, isolés par la vitesse et leurs vitres fermées de la réalité qu'ils traversent et qu'ils inondent de leur musique de supermarché. Les gens lisent, mangent, somnolent, fument ; cette partie de leur pays ne présente pas plus d'intérêt pour eux que la stratosphère derrière le hublot d'un avion. Rares sont ceux qui regardent au-dehors et dans les yeux de ceux qui le font il n'y a aucune curiosité, il n'y a que du dédain.

Moi je regardais, ne laissais rien passer, car j'étais un étranger venu spécialement voir ces paysages dont les dimensions n'ont rien d'euro-péen. Pour en prendre la vraie mesure, je devais m'imaginer que je les parcourais à cheval. A che-val, j'aurais eu tout le temps d'observer et de dis-séquer chaque cuvette, chaque butte, chaque tache d'ombre, chaque croissant d'eau croupie. Ce berger, solitaire sur la crête, qui paraît si grand dans sa houppelande, le temps que le cavalier arrive à la hauteur de ses moutons à la queue courte et touffue, serait devenu un élément aussi familier et aussi permanent de la scène qu'une tour de guet de pierre. Et là-bas la meute de bâtards aux colliers hérissés de pointes pour les protéger des loups serait sans nul doute venue se jeter sur lui. Les chiens à demi sauvages de l'Asie sont pour Charles Monk "le grand obstacle jamais mentionné du voyage en Orient". Réputés recon-naître un giaour rien qu'à son odeur, ils battaient la ville et la campagne et avaient en effet mangé assez de chair humaine dans les cimetières pour mériter leur terrible réputation. "Un Fran-çais, raconte Spencer dans *Circassia*, patron d'un brick, voulut regagner son bateau après une soirée chez un ami à Constantinople. On ne sait s'il se perdit en route ou s'il s'était trop adonné à la dive bouteille, mais ce dont on est sûr, c'est qu'au matin on ne retrouva du pauvre homme que ses vêtements et son squelette." Ne pouvant tuer les molosses – même si Edmond O'Dono-van, correspondant de guerre du *Daily News* en Tatarie russe, abattit bel et bien celui qui enfour-cha son cheval en s'agrippant à sa queue – pour la bonne et simple raison qu'ils devaient l'hospitalité à leurs propriétaires, les voyageurs en étaient réduits à attendre aux abords d'un village ou du campement de ces bergers türkmènes qu'un loqueteux voulût bien les faire déguerpir en riant dans sa barbe.

J'imaginais toutes les déceptions d'un cavalier rêvant que quelque chose vînt briser la monotonie de ces plaines sans fin. De loin, chaque combinaison fortuite de roches et de ruines pouvait, dans cette lumière trompeuse, faire naître en lui des rêves de caravansérail. N'est-ce pas un arbre là-bas ? Un mur, l'ombre de la pierre ? Est-ce un mirage ? Pas après pas, heure après heure. Va-t-il se dissiper ? Jusqu'à ce qu'il pût enfin croire à la forme des arbres, au tressaillement des feuilles et à la promesse de l'eau. Voilà la lampe de pierre en forme de cône, là, au-dessus du *khan* ! Oui, les murs épais, carrés, sans fenêtres sont bien là, et aussi l'ombre de la grande porte et l'espoir d'un repos bien mérité. A la vitesse où l'autocar passe devant les murs de ces caravansérails, il est difficile de reconstituer l'espace-temps qui présida à leur construction et de se représenter la lassitude du voyageur anglais qui, à peine arrivé dans l'une de ces niches de pierre disposées sur le pourtour de la cour, s'effondrait sur les tapis infestés de puces tandis que ses domestiques troquaient un peu de poudre anglaise contre quelques œufs dans la foule de marchands qui se pressait à la porte. Le *farskh*, l'unité de mesure en vigueur à l'époque dans tous les territoires turcs, ainsi d'ailleurs qu'en Perse, confondait l'espace et le temps d'une manière tout à fait orientale, un *farskh* (environ cinq kilomètres cinq cents) étant la distance couverte par des bêtes de charge en une heure. C'était aussi, paraît-il, la distance au-delà de laquelle on ne pouvait plus dire si un chameau était blanc ou noir. De telles échelles spatiales, temporelles ou simplement visuelles ne signifient rien de plus pour les Turcs d'aujourd'hui que les ruines des

caravansérails devant lesquels ils passent en autocar à plus de quatre-vingts kilomètres à l'heure.
Pourtant il n'y a pas si longtemps de cela, leurs
propres grands-pères vivaient dans la préhistoire,
tandis que le voyageur anglais du milieu du siècle
dernier, qui de sa niche, pouvait maintenant admirer les chameaux et les marchands en turban,
avait sans doute passé sa dernière nuit à Londres
dans le luxe de l'hôtel de la Gare Saint-Pancras.

Je dus changer plusieurs fois d'autocar de
Konya à Ürgüp, notamment à Aksaray. C'est une
petite ville poussiéreuse bondée de monde. Il
n'y a pas de gare routière, seulement une place
avec des arrêts de cars et des kiosques de bois
qui vendent des tickets pour les différentes compagnies. Les passagers qui descendirent de mon
autocar se fondirent immédiatement dans la
masse compacte qui remplissait la rue. Je ne
savais pas trop quelle correspondance je devais
prendre, n'arrivant à me faire comprendre dans
aucun des petits kiosques.

Je commençais à tourner nerveusement en
rond lorsqu'un vieil homme passablement édenté,
la tête enturbannée de chiffons, les pieds nus
rentrés sous sa chaise, m'appela en allemand
d'une maison de thé. Pestant contre moi-même
pour avoir bayé aux corneilles pendant toutes
ces heures d'allemand dont je n'ai rien retenu
qui vaille – à l'époque, je citai à l'envi sir Wil-
liam Temple, l'ambassadeur, qui dit de la langue
allemande : "Je ne vois pas pourquoi je devrais
l'apprendre, à moins d'avoir à faire peur à un
bébé qui n'arrête pas de brailler" –, je fis labo-
rieusement part au vieux ruffian de mes projets.
Il fit toutes sortes de grimaces, se gratta la tête
mais resta désespérément muet et n'indiqua pas
l'ombre d'une direction. J'attendis un moment
sous le poids croissant du soleil et de mes
bagages. Ce n'est que lorsque je fus parti qu'il
attrapa par la manche un garçon qui passait par
là, lui bredouilla quelques mots dans l'oreille et le

lança à ma poursuite. Le gamin me fit signe de le suivre et nous fraya un chemin dans la cohue des piétons et des voitures. Au bout de je ne sais combien de tours et de détours, d'allées encombrées de moutons et de camions klaxonnant à tout rompre, nous arrivâmes dans une étroite ruelle pavée qui nous mena jusqu'à la porte d'une maison aux murs pourris. C'est d'ici que partait le car pour Nevşehir. Le garçon refusa de prendre de l'argent et fila sans me laisser le temps de glisser quelques livres dans la poche de sa chemise en lambeaux.

C'était l'endroit idéal pour attendre l'arrivée de l'autocar. Le spectacle était intéressant et l'on avait tout le temps qu'on voulait pour le savourer. Les façades qui donnaient sur la ruelle étaient si délabrées qu'elles ressemblaient plus à des falaises de boue qu'à autre chose, leurs fenêtres étaient si semblables à de simples trous qu'une hirondelle y aurait fait son nid. Quant à la salle d'attente elle-même, on aurait dit une grotte taillée dans la pierre qui s'effritait.

A l'intérieur, il faisait frais et sombre. La grotte abritait, sur trois ou quatre bancs, un échantillon représentatif de la clientèle des compagnies de transport. Il y avait là un soldat et sa femme avec leur enfant de deux ans. Ils lui donnèrent à manger, jouèrent un moment avec lui avant de le laisser jouer avec les autres passagers afin de pouvoir se dire quelques mots à toute vitesse, les yeux dans les yeux, comme on le fait avant un départ lourd de menaces. Le jeune qui avait la charge de la salle d'attente et qui se tenait derrière un bureau dont il n'arrêtait pas d'ouvrir et de refermer les tiroirs (tout en talochant copieusement le saute-ruisseau dont on l'avait gratifié) prit soin de l'enfant, comme si ce service de garderie avait fait partie de ce qu'on attendait de la compagnie, en le distrayant à l'aide de ciseaux, de morceaux de verre, de trombones et autres fournitures de bureau. Une vieille paysanne, dont on distinguait à peine le visage couleur de noisette sous les vingt couches de vêtements dont elle était drapée, tenait aussi un enfant dans ses bras qu'elle serrait très fort contre elle, avec le reste de ses effets, comme un secret aussi bien gardé qu'elle-même. Il y avait aussi un autre couple, avec une valise toute neuve, en lune de miel, probablement. Ils gardaient le silence, ne sachant pas encore, faute d'habitude, comment se tenir à deux en public. Enfin, trois hommes seuls âgés de vingt à trente-cinq ans complétaient l'échantillon.

Un moyen de transport efficace, économique et couvrant l'ensemble du territoire est à n'en pas douter aussi indispensable à un peuple de nomades que le sont l'eau et l'ombre. Le nomade n'est pas un "voyageur", mais quelqu'un pour qui le voyage fait partie du quotidien. D'où l'incessant va-et-vient des Turcs sur un réseau qui dessert aussi bien les plus petits villages que les plus grandes villes. D'où, également, leur manque d'intérêt pour une chose aussi banale que le voyage qu'ils sont en train d'accomplir. On trouve des remarques fort judicieuses à ce propos – et qui, de plus, éclairent les mobiles et les attitudes des voyageurs anglais – dans un ouvrage de sir John Malcolm, qui se rendit en Perse au début du siècle dernier à la tête d'une mission diplomatique :

L'amour du voyage, si répandu en Europe, le désir de visiter les vestiges d'une grandeur passée, de retrouver l'histoire de nations anciennes, provoquent l'étonnement chez les Asiatiques, qui ne sont pas, ou si peu, curieux de nature ni enclins à la spéculation. Dans une société mal gouvernée et troublée, les hommes sont tout à la place qui leur incombe et n'ont pas de temps à perdre en de telles occupations. Dans les sociétés mieux administrées ou plus stables, l'Etat, en libérant les hommes du souci immédiat de leur vie et de leur propriété, accule presque ceux de ses sujets dont l'esprit est alerte, ou qui peuvent disposer librement de leur temps, à se procurer les vicissitudes et les tracas sans lesquels ils risqueraient fort de sombrer dans l'apathie et l'inertie. Invoquant ces motifs, ils flirtent avec le labeur et le tourment, parfois même le danger, afin de donner du piment à leur vie.

En admettant que j'eusse pu expliquer à ces Turcs pourquoi je me trouvais à Akşehir dans la même salle d'attente qu'eux, il est certain qu'ils se seraient étonnés que l'on pût quitter sa maison pour les motifs que j'aurais pu invoquer. Ils ont cependant, à la différence des Européens, un tempérament qui convient parfaitement aux "vicissitudes et tracas" du voyage. Ici, on ne regarde pas sa montre, on envoie chercher le thé, on échange des cigarettes, on se partage une grappe de raisin, on joue avec le bébé du soldat, ce qui est considéré comme le devoir et le droit de chacun. Dans la ruelle, en face de la salle d'attente, côté soleil, deux ou trois vieux barbons se prélassaient à la terrasse d'une maison de thé, ayant passé l'âge de voyager. Les tracteurs, pelleteuses et autres charrettes qui venaient fourrer leur nez entre les maisons obligeaient les petits vieux à rentrer les orteils quand ils n'étaient pas carrément forcés de ramasser leur chaise de bois et de se plaquer contre le mur. En revanche, lorsqu'un troupeau de moutons s'engouffra dans la rue, ils restèrent de marbre au milieu de la marée de dos laineux et du trépignement des sabots.

Enfin notre *dolmus* arriva. Nous nous y entassâmes et partîmes sur les chapeaux de roues d'une manière qui contredisait parfaitement la longue attente placide à chaque bout du voyage. Je me souviens que les Italiens m'amusaient pour la même raison : vous les voyez passer la moitié de la matinée à repousser le moment du départ vautrés à la terrasse d'un café mais bientôt ils sautent dans leur voiture et alors une frénésie de vitesse s'empare d'eux jusqu'à ce qu'ils trouvent une autre terrasse de café où ils pourront passer l'après-midi à ne rien faire. Après avoir couvert la cinquantaine de kilomètres qui nous séparaient de Nevşehir en un temps record, je m'exposais une fois de plus à une longue attente sur une place poussiéreuse et ensoleillée entourée de murs croulants envahis par le lierre. Aussi je me mis à dévaler les pentes de la ville à la recherche du *dolmus* d'Ürgüp. Un vieil homme mangeait un melon sur un tas d'ordures ; je lui demandai de m'indiquer le chemin. Tout en considérant ma question, il me tendit son melon, une pièce de toute beauté, dégoulinante de jus, et m'invita à en arracher un morceau comme il le faisait, c'est-à-dire avec les doigts. Recommandant ma santé aux soins de la Providence, j'y plongeai la main. Grâce à lui je finis par trouver le *dolmus* d'Ürgüp, qui attendait au soleil, encore à moitié vide. L'attente risquait d'être longue avant que tous les sièges soient pris, aussi, laissant mes sacs à l'intérieur, j'allai me mettre à l'ombre dans une cabane nichée contre un mur en ruine de l'autre côté de la place, où l'on servait du thé. A Nevşehir, l'impression de décrépitude est encore plus forte qu'ailleurs. Les bâtiments s'écroulent sur la tête des habitants avec une telle constance que l'air semble toujours imprégné de poussière. J'assistais au spectacle, confortablement installé à l'ombre du lierre sur ma chaise en fer, un verre de thé à la main, quand je vis soudain le *dolmus* refermer ses portières et partir en klaxonnant. Prenant mes jambes à mon cou, j'allai taper du poing sur le toit. Une porte s'ouvrit et je pus me hisser à bord.

Le passager qui m'ouvrit était un jeune Américain sympathique à lunettes rondes, sec et maigre. Il était venu en Cappadoce pour sa thèse et avait établi son quartier général à Nevşehir. C'est par lui que j'appris que le lendemain allait être jour de recensement, que toute la Turquie allait se compter et qu'aucun moyen de transport ne fonctionnerait. Il partageait une chambre en ville avec un vieux Turc, me dit-il, alors demain, vous comprenez, on restera pépère à la maison et on se soûlera la gueule ensemble. Aujourd'hui, il allait visiter la vallée de Göreme et il nous quitta en effet à un certain carrefour. Lorsqu'il fut parti, je me dis qu'un Américain de vingt-cinq ans efficace et décidé comme lui devait vraiment se demander ce que quelqu'un d'aussi mal renseigné et d'aussi mal organisé pouvait bien faire au fin fond de la Turquie. Cependant, si je lui avais dit que j'étais un romancier qui nourrissait le vague projet d'écrire un roman sur un voyageur du XIXᵉ siècle, il m'aurait fait grâce de ses autres questions car, à la différence des Turcs dans la salle d'attente à Akşehir, il aurait trouvé que c'était là une raison tout à fait suffisante, illustrant ainsi la théorie de Malcolm citée plus haut. Et c'est un fait que lui et moi, comme d'ailleurs les pèlerins d'Enid Blyton, correspondons à la définition malcolmienne du voyageur occidental.

Un Turc qui rabattait la clientèle pour le compte de son frère hôtelier nous attendait à l'arrivée à Ürgüp. Lorsqu'il m'entendit dire que j'avais besoin des services d'un pressing et du téléphone, il se fit un plaisir de m'obliger en me conduisant tout en bas de la rue jusqu'à un hôtel encore plus grandiose que tous ceux que j'avais connus jusque-là, une boîte à chaussures en béton au milieu d'un chantier de construction, où je ne mis pas longtemps à me fâcher avec la direction. Je pris une espèce de déjeuner en ville et retrouvai mon bienfaiteur dans la boutique de son cousin, marchand de tapis de son état. Profitant de l'aubaine, ils avaient imaginé pour meubler l'après-midi une balade en voiture à travers la Cappadoce, folie que je n'acceptai que parce que tout autre mouvement était interdit pour cause de recensement.

Drôles, élégants avec leur grosse moustache noire et leurs costumes clairs, ils faisaient la paire. Manifestement, ils s'engraissaient sur le dos des touristes, ou plutôt ils l'avaient fait jusqu'au jour où l'état d'urgence avait fermé les vannes. Malgré tout, ils gardaient le moral. Au début, je me mis devant et ils me montrèrent tout ce qu'il y avait à voir en guides soucieux de donner satisfaction et ils ne parlèrent qu'en anglais ; mais après un arrêt ou deux ils me reléguèrent à l'arrière et très vite la balade se transforma en course effrénée d'un endroit à l'autre, avec nos deux compères qui ne parlaient plus qu'en turc et qui riaient aux éclats, tandis qu'il s'avérait de plus en plus que l'itinéraire suivi n'avait d'autre but que de leur permettre de faire leurs courses aux frais de… bibi. Ils achetèrent de la viande dans une boucherie d'Ortahissar pendant que je montais à grand-peine l'escalier à vis du château jusqu'au panneau au néon de la plus haute tour ; à Arvanos, ils faillirent acheter un chien, passèrent prendre plusieurs paquets, saluèrent diverses connaissances, marchandèrent des poteries dans une boutique au bord des eaux larges et chargées de galets du fleuve Kizil Irmak (l'Halys des Grecs) et puis ils rentrèrent à la maison en roulant à tombeau ouvert dans le paysage crépusculaire. J'avais passé un bon moment. Ils étaient insouciants et les meilleurs amis du monde. Au fond, j'avais vu des Italiens faire la même chose, s'arranger pour se payer du bon temps sur le dos des touristes, à l'époque du boom touristique de Monte Argentario, il y a vingt ans de cela.

Quelque chose lors de la balade me rappela aussi un incident dont je fus le témoin, il y a fort longtemps, sur cette côte italienne. Le jour venait à peine de se lever, je roulais sur la route côtière quand, jetant tout à coup un regard en direction d'une baie, je vis une baleine qui se prélassait dans ses eaux translucides. Bien entendu, je descendis de voiture pour admirer cette merveille de la nature. La baleine se prélassait, je la regardais bouche bée. La lumière devint plus intense. La baleine n'avait pas l'air décidée à vouloir me distraire de quelque manière que ce fût. J'en étais quitte pour reprendre le volant et rentrer me coucher, non sans me dire que la curiosité que suscite un monstre de la nature est vite assouvie, car le propre du monstre est de faire espérer toujours plus, promesse qu'il ne peut tenir. Si l'on veut contempler une baie sans s'ennuyer, il vaut mieux qu'il n'y ait pas de baleine dedans. Or les paysages biscornus de Cappadoce illustraient la même vérité. Ce qu'il faut faire dans ces cas-là, c'est les regarder une bonne fois pour toutes, comme je l'avais fait du haut du château d'Ortahissar. De tous côtés, l'étrange paysage lunaire s'étendait à perte de vue tandis qu'à mes pieds les cahutes délabrées du vieux village, leurs terrasses débordant de melons jaune et vert, s'accrochaient à la naissance de ce piton fortifié. Paysage proprement fantastique que celui-ci, avec ses tours de tuf criblées d'églises peintes, comme des châteaux de sable qu'auraient bâtis les enfants d'une tribu de géants. J'en fus ébahi. Mais l'ébahissement ne dure qu'un temps.

Je m'étais promené une heure ou deux dans la vallée de Göreme, où mes Turcs m'avaient abandonné à mon propre sort, j'avais visité les églises qui s'étaient présentées ; mais j'aurais volontiers renoncé à ces curiosités pour flâner dans la paisible vallée naturelle en contrebas que je n'arrêtais pas de lorgner du coin de l'œil, parmi des vergers et des jardins ombragés pleins d'oiseaux. C'était la baie comme je la préférais : sans la baleine.

Cela dit, je m'aperçois que je suis injuste avec les baleines car en visitant ces églises rupestres j'entendis une femme envoyer à son mari une réplique digne des meilleurs romans et qui en disait long sur leur mariage. Je m'apprêtais à monter à l'une des échelles de fer qui mènent à la porte de ces églises taillées dans des pitons rocheux quand tout en haut de l'échelle je vis sortir de l'église un couple d'Anglais à la cinquantaine bien sonnée. Lui avait cet air que j'ai souvent vu chez les pasteurs ou chez des hommes habitués à mener de jeunes garçons à la baguette : jovial pour qui sait le prendre, d'humeur vite massacrante quand on le contrarie. Son épouse, une femme sèche au visage longiforme, mit le pied à l'échelle avant moi. "Ça ne devrait pas être permis, des trucs pareils, si tu veux mon avis", dit-elle sur le ton de quelqu'un qui prend prétexte de ce qui se présente pour exprimer un mécontentement beaucoup plus général, "c'est parfaitement criminel." Pour tout commentaire, son mari se contenta de tousser, manifestant ainsi une exaspération que je trouvais pour ma part tout à fait justifiée. Elle se retourna vers lui, agrippée à la rambarde et dit sans rire : "Ne me dis pas que tu vas y aller de ton rhume toi aussi !" Après quoi, le nez en l'air, elle descendit les échelons, clic, clac, jusqu'à moi. Il suivit, feignant l'insouciance. Chacun d'eux gâchait la vue à l'autre d'une manière encore plus fatale que les sandwiches de Warburton. D'un voyage fait avec quelqu'un d'autre, je crois qu'on ne garde pratiquement de chaque endroit que des souvenirs liés à l'état de la relation qu'on avait à ce moment-là avec lui. Or l'amour coupe de la réalité, tout autant que les chamailleries.

Il y a dans *Eothen* un exemple de cette façon de voyager, dont l'effet est diamétralement opposé à celui que produit, disons, la caravane de Vambéry au bord de l'Oxus, ou encore la solitude du capitaine Abbott dans les déserts de Khiva. Il nous arrivait souvent, à tous les deux, écrit Kinglake,

d'oublier Stamboul, d'oublier l'Empire ottoman, et de ne penser qu'au bon vieux temps. Emportés par le souvenir, nous nous retrouvions sur

les berges de la Tamise, pas la Tamise sévère du
temps des "choses sérieuses", celle qui baigne le
Parlement et engloutit les filles désespérées, non,
la Tamise étonienne, celle qui nous apprit à
lutter avec elle jusqu'au jour où nous fûmes plus
forts qu'elle. Nous chahutions Keate, nous nous
moquions de Larry Miller et d'Okes ; nous che-
vauchions en riant comme des fous et par-
lions à la forêt serbe comme jadis au bosquet de
Brocas.

La référence à Eton n'est qu'une façon de
montrer patte blanche. Avec le recul, ces piètres
signes extérieurs de mérite – je pense à Monk et
à son "Maître ès Lettres, Trinity College, Cambridge" sur la page de titre de son livre – té-
moignent plus des doutes que de la confiance
en soi de leurs auteurs. Comme je l'ai déjà dit,
ces *gentlemen* des classes moyennes se trouvaient
à l'étroit dans la société anglaise de l'époque et
l'Orient leur donnait, outre la possibilité de
fréquenter les plus hautes sphères de la société,
l'occasion de révéler, à travers les Epreuves du
voyage (Campagne ou Quête), un tempérament chevaleresque et de se présenter devant le
lecteur sous les traits du héros d'un livre de
voyages.

Cette nuit-là à Ürgüp je pris mon repas seul,
dehors, dans le jardin blême de ce qui avait été
jadis une jolie villa, heureux de ne pas avoir à
ma table un camarade d'Eton, heureux même
de n'en connaître aucun entre ici et Rhodes à
l'ouest et Delhi à l'est. Les feuilles mortes tour-
billonnaient tout autour de ma table placée près
d'une fontaine de pierre aux eaux stagnantes.
J'étais le seul client. Sous le kiosque élégant, à
moitié en ruine, on avait installé des tréteaux
qui faisaient office de cuisine. Entre ces tréteaux et ma table près de la fontaine, le serveur,
un Allemand énorme coiffé d'une casquette de
cuir, faisait la navette, à la lueur des néons fixés

aux arbres, avec des plateaux chargés de viande, de vin et de melon, en faisant crisser le gravier sous ses pas. Pour rien au monde je n'aurais voulu que quelqu'un vînt s'interposer entre moi et la scène.

IV

1

Je m'étais dit que sa position sur la carte, au centre de la Turquie, comme l'inaction à laquelle me contraignait le recensement, ferait d'Ürgüp l'endroit idéal pour décider si je devais ou non m'enfoncer un peu plus dans l'est du pays. Qui me disait que là-bas, dans les montagnes, les Kurdes et les terroristes réfugiés n'étaient pas encore en train de donner du fil à retordre à l'armée ? Je ne voulais pas jouer les casse-cou. A mon départ, je m'étais promis d'aller aussi loin à l'est qu'il serait possible d'aller sans courir de risques, espérant atteindre Kars, sur la frontière russe, seul point (la Norvège mise à part) où l'Otan est en contact direct avec l'Union soviétique. Le moment était venu de décider.

Malheureusement je ne disposais d'aucun élément pour juger. Je n'en savais pas plus sur l'état du pays, ici, au fin fond de l'Anatolie, que deux mois plus tôt au fin fond du Dorset lorsqu'on entendit parler du coup d'Etat militaire pour la première fois. En fait, j'en savais encore moins, incapable que j'étais de comprendre la radio et les journaux comme d'interpréter les ordres braillés dans les haut-parleurs. Ce n'est pas qu'il paraissait dangereux de voyager : à vrai dire, un régime autoritaire convient mieux au voyageur que l'anarchie qui l'a précédé, du moment que ses papiers sont en règle et qu'il n'a pas la guigne. Si demain il devait y avoir une contre-révolution, ou si les montagnes étaient truffées de guérilleros, ce n'est pas dans les journaux, sous le coup de la censure militaire, que je l'apprendrais. Par mon ignorance de la langue turque, je ne me privais que des rumeurs d'un bord et de la propagande de l'autre bord, et je doute qu'elles m'eussent aidé à trancher. Cela dit, j'aurais bien voulu pouvoir décider en connaissance de cause dans un sens ou dans l'autre.

La ligne pour l'Angleterre était des plus mauvaises, les voix faibles, comme d'outre-tombe. Personne ne pouvait décider à ma place. Dans le passé, les voyageurs trouvaient toujours un consul, un pacha, un marchand terrorisé rencontré par hasard dans un *khan*, pour leur donner, effets théâtraux à l'appui, toutes sortes de conseils, dont, le plus souvent, celui de ne pas pousser plus avant. A moins qu'en mentionnant ces recommandations de rebrousser chemin, de faire un détour pour éviter un repaire de bandits, d'attendre, s'ils tenaient à la vie et à la liberté, l'arrivée d'une escorte de *serbaz*, ils ne fissent qu'user d'un artifice destiné à faire paraître leur détermination sereine de mener à bien leurs projets malgré tout d'autant plus courageuse qu'on avait entre-temps fait comprendre au lecteur toute l'étendue du danger encouru. Le plus difficile lorsqu'on veut tenir en haleine le lecteur, cet aventurier en chambre, est en effet de trouver un moyen de lui instiller une idée juste des dangers que le narrateur intrépide se fait un jeu de surmonter. Voici ce qui arriva à Eliot Warburton une nuit qu'il chevauchait seul le long de la côte en direction de Beyrouth. Fuyant devant un fou qu'il avait surpris dans un cimetière en train de se battre avec des chiens pour des os humains, notre héros tombe parmi des trafiquants de soieries qui s'apprêtent à embarquer leur butin à la lueur de la lune. Un Syrien, qui veut lui sauver la vie, le conjure de ne pas s'aventurer sur la route où une semaine plus tôt un Français a trouvé la mort. Le décor est planté. "Je dois y aller, s'écrie

Warburton, sans doute ce Français n'était-il pas armé. Quoi qu'il en soit, je ne serai pas seul à mourir, soyez-en sûrs !" Les contrebandiers lui barrent la route, il sort son pistolet et lance : "Le premier qui ose porter la main à ma bride, je le tue, aussi vrai que je suis en vie !" Là-dessus il donne de l'éperon à son cheval et charge. Le ton adopté par Warburton est celui du défi, d'un homme libre, agressif, celui qui convient à un homme de la trempe de Gauvain lorsque, parvenu à la Crique Périlleuse, il doit affronter le Chevalier du Subterfuge Littéraire.

Il n'y avait personne à Ürgüp que j'aurais pu consulter sur les dangers de la route, pas même un subterfuge littéraire. Ce qui frappe à la lecture des vieux livres de voyages, comme des journaux et de la correspondance des hommes et des femmes de la société victorienne, c'est qu'il y ait si peu de personnages, mais qu'en revanche ils soient tous connus de l'auteur. Comme dans les romans-fleuves, on voit dans les récits de voyages en Orient les mêmes personnages apparaître et disparaître, un jour à Téhéran, le lendemain à Bagdad, sillonner en tous sens les déserts et les montagnes de Turquie et de Perse et dévoiler par la même occasion un nouvel aspect de leur personnalité. Le docteur Wolff, qui prêche la bonne parole en Orient à la vitesse de la lumière, fait une apparition dans tous les livres. Du reste, il le reconnaît lui-même : "Comme toujours, et cela sans la moindre exception, chaque fois que le docteur Wolff se trouvait en difficulté, Dieu dépêchait un officier britannique auprès de lui." Des personnages plus énigmatiques aussi, toujours comme dans les romans-fleuves, traversent ces œuvres sans jamais dévoiler leur jeu, ainsi ce Polonais renégat qui hantait la Perse à l'époque et qui apparaît tantôt sous le nom de B., tantôt sous celui de Borowsky, décrit ici comme mercenaire dans l'armée perse, là comme un "joyeux drille et un fameux conteur" ; pauvre mais assez arrogant pour provoquer le baron Hyter en duel à Tabriz ; démasqué par Wolff ("Prenez garde ! Borowsky n'est pas un aristocrate polonais mais un juif") ; tué enfin, croit-on, pendant le siège de Hérat. Les voyageurs se connaissaient, se croisaient, et pourtant chacun était censé évoluer, solitaire dans un monde hostile, sur fond d'aventure et de solitude, condition *sine qua non* du genre. Il était toutefois permis de tomber immédiatement sur une connaissance à sa sortie du désert. Mon homonyme, Philip Kirkland Glazebrook, se rendant en bateau de Berbera à Djibouti au cours d'un safari en Abyssinie quelque temps avant la Grande Guerre où il devait trouver la mort, trouve à bord "une table fort joyeuse : Venables de Birmanie, que Georges connaissait, Tillard, qui en a vu de toutes les couleurs lors de la guerre de Somalie, Dunn, avec qui j'ai voyagé de Khartoum au Caire l'an dernier, et Murray, un ancien camarade d'Eton". On ne risquait pas, une fois ralliés la ville ou le bateau, de se trouver sans amis pour jouer au bridge, même si l'on avait aussi dans sa cabine, "ou plutôt, [son] musée entomologique, un énorme rat brun et deux cafards gros comme des souris".

La seule rencontre fortuite que je fis au cours de ce voyage se produisit à Rhodes. Je rentrais d'une longue balade dans le sud de l'île, seul sur un chemin de terre au fond d'une profonde vallée entre mer et montagne, lorsque je vis dans le lointain deux énergumènes marcher vers moi à une allure d'enfer. Ils étaient grands tous les deux, l'un cramoisi et l'autre d'un rouge à la fois plus clair et plus luisant, tirant sur l'écarlate, et l'un comme l'autre ne portaient en tout et pour tout (comme je m'en rendis compte à mesure qu'ils approchaient) que des chaussures de sport, un maillot de bain et des lunettes de soleil. Seule présence humaine dans cet immense paysage, eux et moi. La distance entre nous se rétrécit et voilà que je m'aperçois que je les connais tous les deux, l'un ayant été un camarade de chambrée au pensionnat, l'autre étant un acteur célèbre. On fit les présentations. On échangea quelques nouvelles. L'acteur dit, plutôt irrité : "Je ne vous connais pas, mais je connais votre cousin", à croire qu'il fallait s'excuser de ne pas connaître tout le monde à la ronde. Comme dans mon tête-à-tête avec la baleine, il n'y avait rien d'autre à espérer. Ils allèrent leur chemin et moi le mien.

Pourtant, si j'avais croisé l'un ou l'autre ou quelqu'une de mes connaissances dans la rue à Ürgüp le jour du recensement, je lui aurais certainement demandé de se prononcer sur l'opportunité de continuer à m'enfoncer plus avant dans les montagnes d'Arménie, de la même manière qu'à Pondichéry je n'avais pas cessé d'enquiquiner la seule personne que je connaissais pour qu'elle me dise quel était, du train, du bus et de la voiture, le meilleur moyen de quitter la ville, jusqu'à ce qu'elle me réponde : "Va donc à pied, l'Inde fera le reste."

Je pensais à sa réponse à présent (sentant du même coup combien mes chichis avaient dû l'exaspérer) et me dis que, bizarrement, la Turquie m'inspirait confiance comme jamais l'Inde ne l'avait fait. La plus grande efficacité des autocars turcs y était sans doute pour quelque chose... Quoi qu'il en soit, pour le soir j'avais décidé que je pouvais bien pousser jusqu'à Kars maintenant que j'avais fait la moitié du chemin. A l'idée que j'allais continuer, je me sentis immédiatement soulagé, or je n'en demande pas plus après une décision. Retourner sur mes pas ou bifurquer vers Samsun tout au nord pour prendre le bateau à Istanbul, bref où l'on voudra sauf vers l'est, eût été m'avouer vaincu.

Le lendemain du recensement je mis donc le cap sur l'est. Le bruit, cet accessoire essentiel de la scène turque, fit son retour dans la ville que le couvre-feu avait réduite au silence. Le bruit ! Comme ils aiment ça ! Les Turcs s'aspergent de vacarme comme ils aspergent leurs palais de sucre-ries. Plus c'est fort, mieux c'est, et cela vaut aussi bien pour la mélopée cassée du mollah, amplifiée par les haut-parleurs qui enguirlandent le moindre minaret, que pour la musique de supermarché qui déborde des autobus, les radios qu'on écoute toutes fenêtres ouvertes ou encore les vélo-moteurs qui pétaradent aux feux rouges. Jamais invention n'a été plus galvaudée que l'amplifica-tion électrique du son par les Orientaux. Comme leur goût immodéré pour les couleurs criardes, leur prédilection pour le bruit et les sucreries fait qu'on se dit que les Turcs sont restés en matière de goût à un stade infantile. De cette ville qui semblait vibrer sous l'effet du bruit, je partis pour Kayseri, à environ quatre-vingts kilomètres à l'est, dans un *dolmus* qui vint me prendre à mon hôtel.

Il ne serait pas passé si, fort de la mauvaise humeur et du sentiment d'avoir été floué de celui qui vient de payer une note faramineuse dans un hôtel infect, je n'avais pas fait des pieds et des mains pour faire appliquer à la lettre jusqu'à la dernière clause écrite en tout petits caractères au bas de la charte du consommateur. Je pris le réceptionniste à partie et lui montrai un panon-ceau disant qu'un *dolmus* passerait prendre les clients à l'hôtel :

— Impossible !

— Et pourquoi ?

— Parce que nos clients ne voyagent pas en *dolmus.*

— Comment font-ils donc pour se sauver ?

— Ils arrivent et repartent en autocar, monsieur.

— Eh bien, arrangez-vous pour que le premier *dolmus* pour Kayseri passe me prendre.

— Impossible.

Je le fixai droit dans les yeux jusqu'à ce qu'il se décide (avec force soupirs de désespoir) à envoyer un gamin sur la place avec ordre de prendre une place dans le *dolmus* et de me la garder jusqu'à l'arrêt devant l'hôtel.

Tout cela eut pour résultat de faire l'unanimité contre moi dans le *dolmus* lorsque j'y débarquai avec mes bagages et forçai les passagers serrés comme des sardines à se serrer encore davantage. Fort heureusement, il se produisit bientôt un incident qui ramena la camaraderie : comme nous filions, sur l'habituelle route semée d'ornières, bordée de vergers virant au roux, vers des collines dénudées, le jeune homme assis à côté de moi fut pris d'une violente nausée. Le *dolmus* s'arrêta sur le bas-côté de la route, les portes s'ouvrirent à l'unisson et toutes les victimes de se précipiter dehors pour s'essuyer avec ce qui leur tombait sous la main, herbe ou feuilles. Je saisis l'occasion, lorsque nous reprîmes place dans le *dolmus*, pour proposer au jeune homme d'échanger mon siège près de la fenêtre contre la caisse dans l'allée centrale où il était assis, ce qui me valut d'être dans les petits papiers de tout le monde pour le reste du voyage.

Ce fut une étape merveilleuse. La route, comme je l'ai dit, monta d'abord jusqu'à une longue barre rocheuse dénudée et froide dans la lumière matinale avant de plonger vers un paysage grandiose que composaient une plaine et un lac étincelant de lumière devant une ligne de faîte estompée dans la brume. Au début, faute de regarder assez haut dans le ciel en direction de l'est, je ne sus pas quelle était cette présence massive qui dominait la scène. Je dus porter mon regard au-delà des collines, au-delà des brumes plombées, et fouiller des yeux le ciel lui-même pour voir enfin les cimes enneigées du majestueux mont Argée, l'Erciyes Dagh, qui se dressaient, claires au-dessus de tout le reste, avec le détachement farouche qui sied à une montagne solitaire, ses pentes enneigées flottant entre terre et ciel comme de pures idées hors de portée des humains. Il y a encore cent vingt ans, tout le monde ici jurait qu'aucun homme jamais n'avait fait ni ne ferait au mont

Argée l'affront de monter jusqu'à son sommet et l'on comprend que ceux qui vivaient sous l'œil du volcan séculaire, qui culmine à quelque quatre mille mètres au-dessus du niveau de la mer, aient tenu à respecter leur partie humaine du contrat tant que le dieu chthonien respectait la sienne en s'abstenant de recouvrir l'homme et ses œuvres sous sa lave. S'il a fumé, il n'est cependant jamais entré en éruption dans l'époque historique.

Malgré tout, l'air était comme électrifié, d'une manière qui ne s'oublie pas, par cette présence aux portes de la ville et au-dessus des toits. Dans l'ensemble, Kayseri me fit l'effet d'un endroit reculé où l'on ne se sentait guère à son aise. J'y passai une journée intéressante à tous égards mais dans une tension que jamais je n'avais éprouvée jusque-là.

Je n'y restai pas plus d'un jour parce que je m'étais tout bonnement empêtré dans les horaires. On trouve toujours ces contraintes stupides et irritantes chez les autres – "je dus repartir, sans avoir vu le temple d'Angkor Vat/le Zambèze/le Yat de Symond, pour lesquels j'avais précisément fait le voyage" –, il n'empêche qu'elles déterminent vos mouvements que vous le vouliez ou non. En l'espèce, je devais prendre en compte les horaires d'hiver des bateaux de la mer Noire qui faisaient la traversée de Trébizonde à Istanbul. En conséquence de quoi je dus réserver, dès mon arrivée à l'*otogar* de Kayseri, une place dans le seul autocar qui faisait la navette jusqu'à Erzurum, l'ancienne capitale de l'Arménie turque, lequel autocar partait pour les hauts plateaux de l'Ararat à cinq heures et demi du soir le jour même.

Après quoi je pris un *dolmus* pour me rendre au centre de la ville. Je regardais les immeubles modernes, moins nombreux, il faut le dire, que dans les villes de l'Ouest, les terrains vagues, les murs écroulés au bord de la route, quand tout à coup, du ballot que ma voisine portait sur les genoux, sortit une espèce de cri étouffé. Emmitouflée dans je ne sais combien de manteaux et de châles, elle ressemblait elle-même à s'y méprendre à la duchesse d'*Alice au pays des merveilles*; et quand elle eut démailloté la source du cri, un nourrisson noiraud et ratatiné, elle lui infligea un traitement que n'aurait pas désavoué la duchesse dont on connaît les idées sur les vertus du poivre dans l'élevage des enfants, avant de le reficeler aussi serré qu'avant. Ensemble, nous arrivâmes jusqu'au *meidan* entre les vieux murs sombres de la citadelle et les toits bombés du hammam.

Sur la place lumineuse, la foule courait dans tous les sens au milieu de la poussière soulevée par une légère brise et des pigeons qui voletaient entre les pieds des passants. Le tintement d'une cloche se fit entendre au-dessus de la rumeur de la place et l'on vit arriver un porteur d'eau, un vieil homme au crâne rasé coiffé du calot, qui portait en bandoulière toute une ribambelle de gobelets de laiton et, sous le bras, son outre, qu'il tenait comme une cornemuse. Il se posta entre la mosquée et le hammam pour servir de fontaine humaine à ceux qui passaient par là. Tantôt, à court de clients, il agitait sa clochette, tantôt il faisait la tournée de la mosquée et des bains turcs, mais chaque fois que je passais par le *meidan*, je le trouvais fidèle au poste.

Le temps peut vous paraître long entre dix heures et demie du matin et cinq heures et demie du soir quand vous êtes obligé de rester debout, c'est pourquoi je me dis que j'aurais bien pris une chambre dans un hôtel quelconque, histoire de faire une sieste d'une heure ou deux avant mon voyage de nuit. Mais quelque chose, je ne sais pas quoi, m'empêcha de mettre ce plan à exécution. Je trouvai une infâme gargote avec des chambres à louer à l'étage mais à la dernière minute, pris d'une soudaine inhibition, je renonçai à la chambre et même à passer la porte.

Mon expérience personnelle du voyage en solitaire m'aura appris ceci que, dans les situations les plus banales et au moment où l'on s'y attend le moins, il arrive qu'on perde tout à coup toute confiance en soi pour ne plus voir que le danger partout et se sentir bien trop maladroit pour s'en sortir. Or c'est cela même qui m'arrivait.

Kayseri n'avait pas, à proprement parler, l'hostilité de Konya, mais l'endroit était si reculé, les gens si pressés de vaquer à leurs affaires, le volcan si présent sous son manteau de neige, que je me sentis très loin de chez moi. J'imaginais ce que pouvait avoir d'insolite ma silhouette venue d'ailleurs qui déambulait au milieu des vrais habitants de la ville. Les gens me fixaient sans l'ombre d'un sourire. A la mosquée, où j'allai m'asseoir tranquillement contre un pilier comme il est permis à tout étranger de le faire dans toute la chrétienté, on me fit sentir que je n'étais pas le bienvenu. Les maisons de thé n'avaient rien de ces cafés avec des chaises en terrasse, elles ressemblaient plutôt à des terriers enfouis sous les gravats et n'avaient rien de tentant. Envolée, ma confiance en moi-même. Au lieu de tourner mon regard vers le monde, oublieux de mon petit moi, je ne voyais que ma propre réflexion, avec toutes ses imperfections, dans le regard que me renvoyaient les passants. J'entrai dans des Médresé, des *türbe*, des mosquées, mais pour en sortir aussitôt.

Histoire de passer le temps, je décidai de me laisser guider par une rue défoncée jusqu'à un univers de maçonnerie en pleine désagrégation, de poussière et de mauvaises herbes, à l'extrême limite de la ville, dans l'espoir qu'elle finirait par me mener au musée archéologique dont on m'avait parlé. La rue avait au moins l'avantage d'être pratiquement vide de monde et d'offrir de l'ombre par endroits, toutes choses propices à la flânerie et à la réflexion. Plus grand devenait mon isolement, notamment dans l'atmosphère quelque peu menaçante de cette ville, plus j'augmentais mes chances d'éprouver les sentiments qu'il serait intéressant d'attribuer au personnage du Voyageur que je me proposais d'inventer pour les besoins de mon livre, si bien que, loin de les étouffer, j'avais plutôt tendance à exagérer ces accès d'angoisse.

"L'un des plaisirs non négligeables du voyage en Orient, écrit allégrement Murray, citant David Urquhart, tient à sa difficulté même et aux privations auxquelles il soumet le voyageur." Certes, mais l'attrait du danger, comme le laisse entendre Malcolm dans le passage que j'ai cité, jouait aussi son rôle. La verve dont fait preuve Murray dans son *Guide de la Turquie* de 1854 chaque fois qu'il est question des aléas du désert, montre à quel point les voyageurs potentiels en étaient demandeurs : "Les fils du désert, montés sur leurs juments farouches mais de noble race, fondent sur lui en poussant des cris stridents, des cris qui ne sont pas de ce monde, et en brandissant leurs lances au-dessus de leurs têtes ; et à l'issue de la rencontre, le touriste se retrouve de nouveau seul dans l'immensité du désert, avec ou sans sa chemise." Soit, le voyageur sait à quoi il s'expose, mais de là à dire, comme le fait George Hayward dans une note qu'il parvient à faire passer en douce à Shaw alors que les deux hommes sont prisonniers des Tatars, qu'il "se sent pris de l'irrépressible désir d'expérimenter la résistance de sa gorge à l'acier", il y a un pas que peu seraient sans doute prêts à franchir. De la même manière, dans son poème sur l'assassinat de Hayward dans un col de l'Himalaya, Newbolt en décrivant la tuerie comme un incident aussi pittoresque que romantique ne fait que flatter le goût du public. Le succès en librairie valait bien un sacrifice de temps à autre.

Hayward, comme beaucoup de ceux qui ne sont jamais revenus, n'avait peur de rien, mais plus intéressante me semble l'attitude devant la mort de ceux, moins extrémistes, qui sont allés de propos délibéré au-devant du danger et qui y ont survécu. Arminius Vambéry : "Dans ce long combat que je livrais à la peur, je finis par avoir le dessus, mais c'est du combat lui-même que je rougis aujourd'hui, car on n'a pas idée des efforts qu'il faut déployer pour venir à bout de la menace permanente et visible de la Mort." Quant au bon docteur Wolff, l'homme qui n'avait peur de personne et qui n'avait pas craint de mettre l'émir de Boukhara en demeure de lui dire ce qu'il avait fait de Stoddart et de Conolly, voici ce qu'il écrit à propos d'une traversée qu'il fut contraint de faire : "Wolff fut à ce point mort de peur qu'aujourd'hui encore il rougit d'y penser."

N'étant pas anglais pour rien, ils ne l'avouaient pas, mais je suis persuadé que c'est pour aller au-devant de la peur et pour la dompter qu'ils choisissaient ces contrées instables. Les longs jours de privation, de maigre chère, endurcissaient le corps ; le danger fortifiait les nerfs. Le voyageur se prouvait ainsi qu'il possédait les vertus qu'on lui avait appris à admirer. Il pouvait compter sur sa force de caractère pour imposer sa volonté à la force du nombre et des armes, de la même manière que, dans un passé glorieux (et aussi à Eton la bien-aimée), l'autorité avait su s'appuyer sur ces qualités plutôt que sur les hiérarchies sociales. "En Orient, écrit Robert Shaw prenant conscience de la soudaine familiarité et de la grossièreté de ses ravisseurs yarkandais, le manque de respect est le signe avant-coureur du danger." Sa réaction fut celle d'un sergent instructeur donnant des ordres à tour de bras, mais comme il a dû savourer la proximité du moment fatal ! Comme le capitaine Abbott qui attendait nuit après nuit sous les tentes des Cosaques la venue d'un géant à moitié fou dont il avait une sainte horreur et que son imagination lui avait désigné comme son bourreau.

Les exemples ne manquaient pas, non seulement de portes ornées de têtes calcinées, mais encore d'Européens qui avaient payé de leur vie un mot maladroit, un coup de poing, ou l'infortune d'arriver au mauvais moment. C'était une chaise pliante, une montre en argent, un fusil anglais que l'on remarquait tout à coup parmi les possessions d'un cheikh dans le territoire duquel un Anglais avait disparu. Le châtiment était sévère. Tous avaient été témoins de bastonnades, beaucoup avaient vu exécuter des indigènes ou leur crever les yeux ; Vambéry avait vu, dans la cour d'un château de Tatarie, le bourreau se pencher sur ses victimes pour leur arracher les yeux au couteau, certain que le même sort l'attendait pour peu qu'ils découvrent son déguisement.

Ces conditions amenaient les voyageurs à cultiver un certain sang-froid. Voici ce que nous dit le sieur G. Fowler alors que les choses risquent de mal tourner pour lui au Kurdistan : "Notre situation était devenue critique, mais je ne sais pourquoi, je n'arrive jamais à me représenter le danger, si bien que je m'étendis sur ma paillasse et dormis comme un loir." Doit-on vraiment le croire ? Du point de vue qui m'intéresse, celui de la construction d'un personnage, il n'est pas indifférent que Fowler ait revendiqué un sang-froid tel qu'on n'en trouve que dans les romans de chevalerie ou dans la poésie de Newbolt. Le narrateur a beau s'abriter derrière la "pression de [ses] amis" qui l'auraient obligé à jeter "ces quelques notes d'un voyageur à la dure", il n'en demeure pas moins conscient du public. James Fraser (auteur par ailleurs de plusieurs "romans orientaux", ou plus précisément de romans victoriens en costume oriental) écrit dans l'un de ses livres de voyages : "Imaginez maintenant la même péripétie [la nuit tombe et il vient de se perdre dans les montagnes perses], dans un conte bien fait, et imaginez-vous dans votre parloir, confortablement installé devant une belle flambée, un pied sur chaque plaque et une carafe de vieux porto ou de madère à portée de la main, eh bien, je dis qu'elle ne manquerait pas de vous divertir."

Ce genre de comportement, en tout cas celui dont se vantent jusqu'au ridicule les "cœurs vaillants et les têtes froides", était imposé au voyageur par l'attente du public. Il est évident qu'un Alexander Burnes voyageant à Boukhara faisait preuve au moins autant de prudence et de ruse que de bravoure (ne serait-ce qu'en obéissant à l'ordre de l'émir interdisant aux infidèles de traverser la ville à cheval), mais je me demande si la réputation de héros que lui forgèrent ses lecteurs, notamment après l'immense succès de ses *Voyages*, n'encouragea pas chez lui une arrogance et une témérité qui lui valurent au bout du compte d'être détesté des habitants de Kaboul. Sur le point d'être capturé par une tribu qu'il soupçonne d'avoir trucidé un autre voyageur quelque temps auparavant, il déclare : "Je ne cacherai pas que j'éprouvai à cet instant un sentiment à la fois de vexation et d'irritation." Si tels étaient vraiment ses sentiments, le moins qu'on puisse dire est qu'ils n'étaient pas de mise. Les restes de son corps, après que la foule de Kaboul l'eut mis en pièces en 1841, restèrent suspendus aux arbres de son jardin aussi longtemps qu'il en tomba encore des lambeaux de chair.

Le musée archéologique de Kayseri, que je finis par trouver perdu au milieu de baraquements d'allure militaire gardés par du fil de fer, n'avait rien d'un sanctuaire. Les responsables ne s'attendaient manifestement pas à une visite. Ma venue provoqua un éparpillement parmi les employés qui, tout en cachant leur cigarette derrière le dos et en rajustant leurs képis, regagnèrent leurs postes respectifs – jusqu'à ce qu'ils se rendent compte qu'ils n'avaient pas affaire à quelque inspecteur venu leur chercher querelle mais simplement à un touriste étranger. Je me fis délivrer mon billet par l'un d'eux, me le fis déchirer par un autre, me laissai guider dans le sens des flèches par un troisième pour déboucher en bout de course (bureaucratique) dans les deux petites pièces qui composaient le musée. Des fragments de marbre défigurés en provenance de l'Ouest, quelques sceaux cylindriques assyriens en provenance de l'Est : ces pauvres vestiges des empires qui se sont de tout temps disputé Kayseri prouvaient, si besoin était, qu'une ville de cette importance stratégique peut toujours compter sur l'acharnement de ses envahisseurs successifs à la détruire. Il n'y a que les villes construites au mauvais endroit, comme Palmyre ou Fatehpur Sikri, qui s'en sortent indemnes. Tout le temps que je demeurai dans ces deux pièces minuscules et pratiquement vides, je fus suivi et épié par l'ensemble du personnel, aussi, cédant à ces regards inquisiteurs, je ne tardai pas à sortir pour affronter le kilomètre et demi de marche dans la chaleur et la poussière qui m'attendait.

Il suffit de se sentir regardé pour attirer effectivement les regards. Me voyant passer de leur fenêtre, des gamins descendirent dans la rue pour me voir de plus près, dévalant les marches quatre à quatre. Ils allèrent même jusqu'à traverser la rue à reculons sous mon nez, en me toisant de leurs yeux noirs et durs. En forçant un peu le pas, je réussis à rattraper une femme qui poussait quatre veaux devant elle sur la route, un long bâton dans une main, un sac à main dans l'autre. La femme, je la dépassai sans trop de mal, mais impossible de passer entre ses satanés veaux qui se mirent à ruer à qui mieux mieux et à partir dans toutes les directions à la fois, si bien qu'une course folle commença : la bergère se lançait à la poursuite des veaux errants et les rassemblait à coups de bâton et de sac à main, mais bientôt ils apercevaient un trou dans le mur et voulaient voir ce qu'il y avait derrière et comme je ne pouvais faire autrement que de les rattraper, le ballet reprenait bien sûr de plus belle. J'essayai l'autre côté de la route, mais ils m'y suivirent et, croyez-moi, les coups de naseaux qu'ils me donnaient dans le dos ne valaient guère mieux que le regard des gamins. Ce petit jeu dura jusqu'au *meidan*, où le vendeur d'eau faisait tinter sa clochette au milieu de la foule de midi.

Je me mis en quête d'un endroit où manger. Tout à fait au centre de la ville se trouve un petit quartier en ruine, à peine une allée, quelques bouges infâmes dont les portes pourrissent sur place, dont les fenêtres n'ont plus de vitres et dont les murs ne tiennent que grâce à des poteaux plantés dans les tas d'ordures à leurs pieds. C'est là que je finis par dénicher une gargote où des hommes en casquette faisaient parvenir de la viande et du jus jusqu'à leur bouche à l'aide de morceaux de pain. Et toujours les mêmes regards de glace, le même manque de civilité. J'allai choisir un plat aux fourneaux, qu'on me servit à la louche après qu'on m'eut trouvé un bout de table maculé de taches.

Je ne tardai pas à me retrouver à la rue, avec quatre heures à meubler avant mon départ. Fort heureusement, il me restait les bazars dont j'avais repoussé la visite depuis le matin.

En 1856, un consul britannique, l'une des figures controversées dont abondait l'Orient de l'époque, entra dans "kaiseriah" à la tête d'une cavalcade de chevaux et de bêtes de somme achetés par les Britanniques pour leur servir dans la guerre de Crimée et qui faisaient à présent l'objet d'une vente aux enchères péripatétique à travers l'Asie Mineure. Emporté, susceptible, H. J. Ross (c'était son nom) s'abritait derrière le mur d'arrogance que les gentilshommes mettaient entre eux et les commerçants ou les Levantins mâtinés qui s'arrogeaient le titre de consul et jouaient les grands seigneurs dans les ports du Pont-Euxin comme dans les capitales provinciales de l'Empire turc. "Les voyageurs, écrit-il, ignorent tout de l'Orient et des habitants : Il est étonnant que les Anglais mettent si longtemps à voir de quels abîmes de fourberie le tempérament oriental est capable." Comme tout Anglais qui se respecte, Ross aime son jardin, son épagneul, chasser le faisan, mais il se montre tout aussi fier de sa férocité orientale : "J'ai appris à devenir cruel et j'assiste, aussi imperturbable qu'un pacha, à la bastonnade que j'ai décrétée." Il avait aussi un faible pour l'apparat que lui conférait le pouvoir dans ces lointaines villes d'Anatolie. Voici comment il décrit son entrée dans Kayseri :

Notre entrée fut des plus grandioses. Trois paires de tambours, privilège des pachas, me précédaient... Des Tufenkjis [mousquetaires] m'escortèrent à travers l'enfilade des bazars. Je fus surpris par leur étendue, sans compter qu'ils étaient tous couverts. Ils me rappelèrent Le Caire : même lumière tamisée tout orientale, mêmes odeurs entêtantes de drogues. Quand j'avais quitté la ville quelque douze ans plus tôt, je n'étais rien et voilà qu'à mon retour elle me rendait les honneurs dus à un pacha.

Avec un telle grandiloquence (et le fait qu'il soit né à Malte) on imagine qu'il devait passer lui-même aux yeux des voyageurs anglais pour plus que mâtiné et moins qu'un gentilhomme.

Pour ce qui est des bazars cependant, on peut le croire sur parole. Ils sont tout à fait extraordinaires aujourd'hui encore. On y pénètre par de longs tunnels de pierre traversés çà et là par quelques rayons de soleil qui forment des mouchetures brillantes sur les amoncellements de denrées de toutes les couleurs entassées devant des échoppes aussi sombres que des grottes, tout cela sous des arcades qui débordent du bruit, de l'animation, de l'éclat de la vie même. Ici, tout le monde était bien trop occupé pour me prêter attention ; je redevenais une paire d'yeux anonymes, avides de tout. Le bazar débouche sur la cour d'un vieux caravansérail, lieu de passage obligé du voyage à l'ancienne où les marchands faisaient relâche, vendaient ou troquaient des marchandises portées par des bêtes de somme, assis devant la porte de leur alvéole et fumant le narguilé ou le chibouk. Toute l'activité de Kayseri s'y concentrait. Les pavés résonnaient du bruit des pas, des tombereaux, des sabots de moutons affolés parmi lesquels passaient et repassaient des charrettes à bras aux roues cerclées de fer où s'entassaient les peaux encore fumantes de leurs congénères. La cour dallée empestait le sang et le fumier. Dans les quelques recoins tranquilles, le soleil dardait ses rayons sur des balles de laine au milieu desquelles de vieux hommes coiffés de calots travaillaient accroupis à trier et à curer les peaux.

A la seule vue de ce spectacle, j'eus l'impression d'avoir mis la main sur ce que je cherchais depuis toujours. Je m'y croyais. Les détails vestimentaires, les petits anachronismes du tableau – fil de fer, moteurs, etc. – n'ont aucune importance dès lors que votre imagination a vu la lumière. C'était donc cela qu'ils voyaient. Raccroche-toi à cette image, ne la laisse pas t'échapper, c'est elle qui te donnera le *la*. Tu tiens l'essence même de ce que tu cherches. De l'ardeur de ce foyer de vie emporte un charbon ardent.

Je parcourus à nouveau les arcades grisâtres du *bedestan* sous le regard grave des marchands de tapis qui buvaient solennellement le thé devant leurs boutiques, puis je traversai une place, des rues animées, pour trouver enfin dans un petit square verdoyant près de la mosquée Kursunlu un petit banc de la même couleur verte où je pus m'asseoir et sortir mon livre.

Mais c'était sans compter avec la curiosité des Turcs. Il en vint de tous les côtés à la fois. Ils assaillirent mon banc, inspectèrent le contenu de mon sac, me donnèrent des tapes sur le bras pour que je regarde, allèrent même jusqu'à m'arracher le livre des mains pour voir dans quelle langue il était écrit. Aucune inhibition ne les retenait ; toutes sortes d'inhibitions au contraire me paralysaient.

Là encore, comme dans leur goût immodéré pour les sucreries et le vacarme, les Orientaux nous semblent infantiles, à nous Européens. Je me souviens qu'à Lindos deux enfants anglais, âgés de cinq ans tout au plus, venaient tous les matins se poster devant ma table pendant que je prenais mon petit déjeuner et me lançaient "Bouffe ta merde" et "Enculé" à la figure, histoire de voir quelle serait ma réaction. Je secouais tristement la tête et mangeais mes tartines de miel. Eh bien, les jeunes Turcs qui me harcelaient à présent semblaient vouloir me narguer de la même manière. Or, dès qu'il s'agit de patience, un Européen ne fait pas le poids devant un Oriental. Ils se rapprochèrent encore et bientôt mes possessions quittèrent le premier rang pour être montrées à la foule qui grossissait à vue d'œil. De même, les habitants du village de Feridun étaient à ce point curieux de voir le *Feringhee* (l'Anglais) que non contents d'envahir la cour de la maison où Layard séjournait, ils montèrent sur le toit afin de l'épier par la cheminée ! Cela fait partie du tempérament asiatique. Dévisager autrui n'est pas considéré comme grossier ; ce qui l'est en revanche, c'est de refuser de se prêter au jeu. Je me levai et tendis la main pour qu'on me rende mon sac, ce qui fut fait aussitôt. Je remis le livre dans le sac et partis. Aussitôt tous se dispersèrent et s'en allèrent, seuls ou par deux, comme ils étaient venus.

Je réussis à tirer parti des piliers et des ombres de la cour de la mosquée voisine et ainsi à observer les Fidèles en train de se gargariser et de cracher, de se laver les pieds et les mains à la fontaine et d'étendre au soleil le mouchoir avec lequel ils s'étaient séchés. Cet aspect domestique de la vie d'une mosquée ne laisse pas de séduire. Le terme de "Fidèles" décrit à la perfection le va-et-vient incessant de ces gens qui entrent dans le lieu sacré et en ressortent le plus simplement du monde, intégrant la foi dans la vie de tous les jours de telle sorte que la terre semble tout à coup plus proche du ciel. En cela aussi ils sont comme des enfants, mais au sens que donne à ce mot le *Nouveau Testament* : "Si vous ne changez et ne devenez comme les enfants…" Je me gardai de les suivre à l'intérieur de la mosquée.

Je préférai retourner vers les bazars où j'avais l'avantage de passer, sinon complètement inaperçu, du moins plus que partout ailleurs. Chemin faisant, je me mis à songer à l'attitude ambiguë des auteurs de livres de voyages victoriens envers l'Islam. Ils condamnaient avec la plus grande vigueur Mohamet et ses œuvres, et en particulier l'aspiration des mahométans à un paradis de "luxure", mais surtout pour se dédouaner auprès des bibliothèques de prêt. Leurs véritables sentiments, qui filtrent à la faveur d'apartés, sont bien plus complexes. Tout d'abord, l'Anglais qui voyageait à travers l'Islam se sentait par nature attiré par les puissants plus que par les traîne-misère – par le pacha et le cheikh plus que par le domestique et le prêteur sur gages – et en cela il était amené à s'associer plus aux musulmans qu'aux chrétiens. Les chrétiens, grecs ou syriens, étaient de tous les habitants de l'Empire ottoman, les plus misérables et les plus méprisés. Certes le Christ en personne avait été misérable et méprisé dans ces contrées au temps de l'Empire romain, mais le regard que le gentilhomme anglais portait sur le monde était déterminé par la confiance qu'il avait dans son propre ascendant, lequel n'était nullement en contradiction avec les vertus chrétiennes telles qu'elles s'étaient affirmées en Angleterre. Qu'il dût avoir pour partenaires naturels ses coreligionnaires, des mendiants et des domestiques, ne faisait ni son affaire ni celle de ses lecteurs. C'est ainsi que Rich déplore l'état dans lequel il trouve un village du Turkestan "qui serait un endroit convenable sans l'extrême saleté qui est, avec les relents d'alcool, je suis au regret de le dire, le trait distinctif des villages chrétiens de la région". En consignant simplement les faits, le voyageur s'éloigne insensiblement de sa défense inconditionnelle du christianisme contre l'Islam.

Sans doute à cause des mauvais traitements que lui avaient infligés les curieux, mon second sac, celui que j'avais acheté à Belgrade, avait besoin de voir le cordonnier si je ne voulais pas perdre la poignée en route. Aussi, dès mon retour dans les bazars, je me mis à chercher l'allée des savetiers. Après que j'eus montré au premier d'une longue rangée ce qu'il y avait à faire, je fus envoyé d'échoppe en échoppe pour me retrouver – après avoir descendu quelques marches et pénétré dans une minuscule boutique qu'on eût dite le terrier de quelque animal collectionneur de peaux – nez à nez avec un petit homme vif en tablier de cuir qui possédait la machine capable de recoudre mon sac. Toute la famille était au travail. Dans la pénombre où se pressaient les clients, trois de ses fils l'aidaient à couper, à coudre, à clouter devant leurs établis croulant sous l'ouvrage. Il est étonnant que la Turquie n'ait pas son odeur distinctive à l'instar de la senteur sucrée qui vous suit partout en Inde et qui serait particulièrement tenace dans la même boutique à l'intérieur d'un bazar indien. La boutique du cordonnier turc, elle, sentait le cuir, rien de plus.

Tandis que j'attendais, heureux d'échapper aux regards dans la maigre lumière du bazar couvert, qui filtrait par la fenêtre encombrée de chaussures, un marchand de pastèques qui passait par là descendit les marches. Le travail s'arrêta et un fruit fut acheté, débarrassé de son impressionnante peau verte, découpé en tranches et distribué à la ronde au bout d'un ciseau de cordonnier. Très gentiment, on m'en donna une part, fondante à souhait et pleine de pépins comme je les aime. Puis mon sac fut enfin recousu.

Le moment était aussi enfin venu de chercher un *dolmus* dans le *meidan* – où le vendeur d'eau toujours en faction voyait défiler la foule du soir dans la douce lumière du soleil qui peu à peu passait à l'ouest – et de regagner l'*otogar*. Ce n'est pas que je fusse las ni même fatigué, mais plutôt repu des constantes sollicitations du voyage, aussi je ne fus pas mécontent de retrouver le calme et le confort d'un autocar.

2

Le car prit la route à cinq heures et demie. Nous avions un voyage de douze heures devant nous mais je préférais me dire que nous en avions pour treize heures, sachant que c'est toujours l'heure qui suit l'heure d'arrivée prévue qui est la plus dure à passer. Je vis défiler derrière la vitre des collines sablonneuses et des champs de tournesols fanés, tout au moins pendant les trente kilomètres de jour qu'il restait avant que la nuit ne vienne me refermer au nez le livre de la nature. En l'absence de tout divertissement, je me mis à songer à Carlyle tançant Trollope parce que celui-ci lisait et écrivait en voyageant : "Vous devriez rester tranquille, lui avait-il dit, et en profiter pour étiqueter vos pensées." Par conséquent, je me lançai (timidement) dans l'étiquetage des pensées que m'avaient inspirées Kayseri et (allégrement) dans des rêveries entrecoupées de périodes de somnolence. Même dans mes meilleurs moments, il ne m'arrive guère de penser plus méthodiquement que cela.

Quelque part dans les ténèbres, nous nous arrêtâmes pour manger dans une cafétéria innommable mais la vue des passagers voraces lapant leur soupe et déchirant leur viande avec les doigts me coupa à ce point l'appétit que je dus me contenter d'un repas de pain et de fruits secs suivi d'une promenade sous l'éclairage qui dégoulinait de l'endroit jusqu'à ce que le car se décide à repartir et que la nuit, la vitesse et le roulis réunis déroulent une fois de plus dans ma tête des pensées en quête d'étiquettes. Les foules dans les mosquées de Kayseri, le charme discret de leur foi m'avaient fortement impressionné. La foi est une chose enviable, quelle que soit la religion. Il est troublant de penser, même pour moi, dans quel mépris ces âmes fidèles nous tiennent, moi et tous les chrétiens : tous des mécréants, des mangeurs de porc, des infidèles, des giaours, des chiens. La coupe dans laquelle vous avez bu s'est brisée et l'Islam vous donne une nouvelle image de vous-même : tout ce que vous touchez, vous le souillez.

S'il nous est difficile à nous d'accepter cette image, que dire des Anglais de l'époque victorienne ! La religion était, bien plus qu'elle ne l'est aujourd'hui, un pilier de la vie de la nation, au sens où tous les gens instruits étaient au fait du dogme protestant aussi bien que des écrits des hommes d'Eglise et de l'état de l'Eglise. La classe cultivée était déchirée par le tractarianisme, divisée par la querelle des "Essais et Revues" et partagée quant à l'attitude qu'il convenait d'adopter devant la suppression des évêchés irlandais ou encore du siège épiscopal de Jérusalem, et ce à un point dont on n'a pas idée aujourd'hui. Ecrivant pour cette classe, le voyageur était tenu de porter sur ce qu'il voyait le regard d'un chrétien ayant une solide connaissance de la Bible, de l'archéologie qui s'y rattachait comme de l'histoire de l'Eglise. Le lecteur attendait des attaques en bonne et due forme contre le mahométisme et ses effets pervers sur l'organisation politique, économique et sociale des pays islamiques, et rares étaient les livres de voyages qui le laissaient sur sa faim. Une citation de Rich s'adressant à son public anglais résume fort bien tout ceci : "La religion mahométane est un obstacle à tout progrès. Il est impossible qu'une nation devienne civilisée sans renoncer au Mahométisme."

Une autre attitude, qui tient plus du non-dit, apparaît cependant en filigrane. On peut imaginer que le voyageur de l'époque, qui était le plus souvent un homme, disons, affranchi, ait été dans un premier temps surpris de trouver ses coreligionnaires en Orient dans un tel état d'abjection tandis que les riches et les puissants dont il se sentait plus proche embrassaient des croyances qu'il tenait *a priori* pour maléfiques et ridicules ; mais je le vois bien aussi puiser dans cette liberté donnée au voyageur loin de chez lui pour prendre ses distances avec les idées reçues de son éducation religieuse. Dans une salle de classe anglaise, il n'avait sans doute pas vu toute la difficulté qu'il y avait à concilier l'humilité, vertu judaïque inconnue des Grecs, avec les vertus classiques qui lui avaient été inculquées tout au long de ses études ; en Orient, confronté à l'humilité chrétienne telle qu'elle était mise en pratique dans une société gouvernée par des hommes pour qui l'humilité n'avait rien d'une vertu, il se rendait peut-être compte qu'il n'était pas, qu'il n'avait jamais été, ni de près ni de loin, humble au sens chrétien du terme. En mettant l'accent dans son récit sur la saleté, la fourberie, l'idolâtrie des chrétiens de l'Orient, en s'appesantissant sur les énormités et les absurdités du sectarisme chrétien en Terre sainte, il pouvait railler par la bande, en quelque sorte, le christianisme de bon aloi des couches supérieures de la société anglaise. C'est à Jérusalem, et dans le Saint-Sépulcre même, que la raillerie était la plus facile. Nos auteurs ont du mal à réprimer un rictus en décrivant l'accumulation de manifestations miraculeuses si opportunément mises à la portée des visiteurs et l'on sent leurs lèvres se crisper lorsqu'ils notent que deux factions rivales ont érigé des murs autour de deux jardins de Gethsémani. Ils ne manquent pas de relever le contraste entre les prêtres miteux et criards qui, dans l'enceinte du Saint-Sépulcre, hurlent à qui mieux mieux un ton au-dessus du service d'à côté, et la dignité des gardes musulmans (fumant gravement leurs narguilés sur leurs divans surélevés) que le pacha, qui craint pour l'ordre de sa ville, a postés là pour prévenir tout risque d'émeute. Et des émeutes, il y en avait, notamment à l'occasion des fêtes de Pâques où, comme on le verra dans la description très colorée qu'en fit Robert Curzon en 1834, plusieurs centaines de personnes étaient piétinées à mort. Vient enfin le moment, l'ultime relique, où il est trop demandé à la révérence – et à la bourse – du voyageur : "On n'avait cessé, écrit James Creagh dans la dernière phrase de *Sébastopol et Jérusalem au galop*, de tirer sur la corde de ma crédulité ; cette fois, elle finit par céder." On sent qu'il pose enfin sa plume pour rire aux éclats. Dans ses croyances religieuses, comme pour le reste, le voyageur s'efforçait dans toute la mesure du possible d'acquérir une connaissance de première main afin de voir où il se situait.

Plusieurs heures passèrent ainsi entre somnolence et méditation et toujours l'autocar filait vers l'est sur les routes défoncées d'un pays accidenté entrevu par bribes au clair de la lune, serpent de lumière bleuâtre orné de têtes de Turcs endormis, précipité à toute allure dans la nuit derrière les lances des projecteurs.

Bon nombre des autocars que j'avais pris jusque-là avaient été retenus par des barrages militaires. Dans l'Ouest, et en plein jour, ces contrôles d'identité se faisaient presque dans la bonne humeur ; de nuit et en plein désert oriental, ils changeaient de nature pour devenir non seulement plus fréquents, mais aussi menaçants. Un coup de frein aussi brutal qu'inattendu ralentissait la course folle de l'autocar à travers les ténèbres et nous savions à ce premier signe que nous approchions d'un poste militaire. Projetés en avant, tous les passagers se réveillaient ; le bus s'arrêtait et attendait, moteur coupé et feux éteints. Bruits de bottes sur la route, de voix braillant des ordres, torches braquées sur les visages qui regardaient par les vitres. Puis la porte s'ouvrait dans un bruit d'air comprimé, deux soldats casqués sautaient d'un bond dans le car, tenaient à eux deux l'ensemble des passagers en joue avec leurs armes automatiques tandis que l'un d'eux allait en courant se mettre au fond du car. Pause. Puis, en prenant tout son temps, un officier montait dans le car, une huile au milieu d'esclaves terrorisés : "Papiers !" Froufrou des mains qui cherchaient dans les poches avec, devant comme derrière, la danse des canons prêts à faire feu au cas où quelqu'un sortirait une arme de sa poche. De toute évidence, des terroristes utilisaient ces autocars pour fuir dans l'est du pays. Lentement et méthodiquement, l'officier inspectait un siège après l'autre, examinant les papiers et scrutant les visages à la lumière d'une puissante torche tenue par un troisième soldat armé. Cela jetait dans le car un froid épouvantable à vous glacer le cœur. Avec leurs crânes rasés et leurs casques teutons, les gardes semblaient, derrière leurs armes, d'une race différente de celle des passagers, des suzerains mongols écrasant des paysans sous leurs bottes. Il y avait des jeunes gens en âge d'accomplir leur service militaire dans le car ; comment s'y prend-on pour faire de cette race soumise des soldats ? Y a-t-il dans chacun de ces paysans écrasés un Attila qui sommeille ? L'un d'eux était assis devant moi. L'officier se dirigea vers lui. Il avait adopté, comme cela est sans doute inévitable sous une dictature militaire, le style très flamboyant que le cinéma prête au nazi d'avant la guerre et qui se reconnaît entre autres au porte-cigarettes et à l'écharpe de soie blanche négligemment jetée sur l'épaule, et, quand il eut parcouru des yeux les papiers du jeune homme, il tendit une main gantée et lui frotta la tête de cette manière vigoureuse et virile qui a cours entre joueurs de rugby. La tête de la victime se rétracta entre ses épaules comme une tortue dans sa carapace. Puis ce fut mon tour.

Je ne sais si d'autres nationalités – ou, à vrai dire, les autres Britanniques – ont dans leur passeport la confiance que j'ai dans le passeport britannique pour me protéger contre tous les dangers. Certain de l'effet qu'il ne pouvait manquer de produire, je plaçai dans sa main cet atout assorti de visas en plusieurs langues pour plusieurs pays. Manifestement, il n'appréciait guère qu'il fût écrit dans des langues qui lui étaient inconnues. Cela le rendait vulnérable. Le poste était un point sensible. Je vis dans le soin teinté de mélancolie qu'il mit à tourner les pages l'appréhension du fonctionnaire qui terrorise ses subalternes mais qui est lui-même terrorisé à l'idée de commettre une faute. La main tremblotante du soldat faisait danser un halo de lumière éblouissante sur son visage et sur la page blanche. J'aurais aimé pouvoir le rassurer mais il me sembla inopportun de me répandre en sourires lorsque son regard fit l'aller et retour entre ma photo et ma personne. Brusquement, il fit un pas en arrière, le passeport toujours dans sa main, et prit la décision. Un ordre fut donné. A l'avant, sous la mitrailleuse du soldat, les gens commencèrent à descendre du car dans la nuit et ceux qui essayaient d'emporter leurs bagages se les voyaient confisquer sur-le-champ.

Dehors, il faisait un froid glacial. Seule lueur dans les ténèbres, celle du feu de camp du poste, qui dansait sur toute la longueur du car et sur le dos des passagers que l'on avait fait s'aligner contre lui. Mais elle n'éclairait rien d'autre dans le paysage, pas un arbre, pas une haie, pas un mur, si bien qu'on avait l'impression d'être véritablement au diable vauvert. Notre contrôleur dut sortir les bagages des entrailles du car. Quand il eut fini, les passagers reçurent un coup dans le dos les uns après les autres et, les uns après les autres, se retournèrent et allèrent reconnaître, qui son sac, qui son ballot, dans le monticule de bagages éclairé par intermittence, comme leurs visages, par la pâle lueur des torches. J'avais trouvé l'inspection du train de paysans à la frontière entre l'Italie et la Yougoslavie assez rude pour parler de prisonniers et de leurs geôliers, mais ceci me faisait penser à des troupes d'occupation malmenant des suspects parmi la population indigène. Il n'y eut pas la moindre étincelle de courtoisie ni d'humour. Je sentis une tape dans mon dos qui me sembla plus hésitante que celle que j'avais vu administrer aux autres et allai à mon tour chercher mon sac dans le tas de bagages. J'ouvris le sac, un modèle compliqué avec je ne sais combien de compartiments entre lesquels l'officier plongea successivement la main pour n'en retirer finalement que l'ami du voyageur, à savoir mon rasoir à piles. Puis je repris ma place contre le car, sans hélas profiter de la chaleur du feu dont la lueur faisait briller le métal terni par la poussière et la boue accumulées depuis Kayseri. Qu'on ne m'ait pas rendu mon passeport ajoutait un petit frisson d'incertitude à une scène que sans cela je n'aurais pas manqué de savourer à sa juste valeur. La Turquie devait à l'époque être truffée de terroristes qui ne songeaient qu'à gagner les montagnes de l'Est ou les frontières russe ou irakienne et l'on pouvait aisément imaginer l'un d'entre eux, soudain identifié parmi nous, fuyant dans la nuit au milieu des cris et du crépitement des mitrailleuses. Je m'estimais heureux d'être aux premières loges et de ressentir toute la tension de la scène (même s'il fallait recourir à l'imagination pour y injecter l'idée de danger) car elle était de la même nature que les frayeurs éprouvées autrefois par mes prédécesseurs. Cela dit, j'aurais aimé, comme je commençais à trembler de froid, qu'on me rende mon passeport. Quoi de plus facile pour un officier dans le doute qui arrête un homme que d'arracher une page ou de faire un pâté sur un numéro et d'invoquer cette irrégularité devant des supérieurs s'il devait s'avérer par la suite qu'il n'aurait pas dû l'arrêter ? L'attente se prolongea encore un peu : rien. Alors on nous fit remonter dans le car. Au moment où je m'apprêtais à monter les marches, mon précieux talisman dans sa jaquette bleue frappée des armes de la royauté me fut rendu avec un hochement de tête contraint et bientôt l'autocar reprit la route.

Nous dûmes encore nous arrêter plusieurs fois au cours de la nuit, sans toutefois avoir à descendre. Entre deux arrêts, quand je ne dormais pas, je scrutais les ténèbres à m'en user les yeux pour essayer de deviner la forme du pays à la lueur des étoiles, la lune s'étant couchée depuis longtemps déjà. Je regrettais de traverser cette province sans voir ses paysages. C'était, pour autant que je pouvais en juger, une contrée sauvage qui ne connaissait pas le bitume car la poussière et l'odeur de poussière emplissaient le car. Au fond d'une profonde vallée, nous passâmes plus d'une fois un cours d'eau qui ne pouvait être que le Karasu : l'Euphrate enfant est de tous les fleuves l'un de ceux dont le nom évoque avec le plus de force la puissance à jamais perdue. Le scintillement de ses eaux noires sous un pont fut tout ce que j'en vis, mais un fleuve célèbre entrevu pour la première fois mérite toujours qu'on s'en souvienne.

Endormi ou éveillé, j'étais parfaitement à l'aise : mon sac de Belgrade sous mon siège, un pull-over me servant d'oreiller, ma veste de velours boutonnée jusqu'au menton, j'avais l'esprit et le corps plus reposés que souvent dans mon propre lit. Les péripéties du voyage – les arrêts et les départs, les villages traversés, les gens qui montaient et descendaient – avaient la qualité onirique d'un film que l'on regarde assoupi dans le confort moelleux d'un fauteuil.

A Erzincan, l'autocar fit halte devant la caserne, sous la lumière qui tombait crue et froide de trépieds hauts comme des pylônes sur un terrain vague parsemé de cabanes et défendu par des clôtures de béton et de barbelés. On ne peut imaginer pire représentation de la vie militaire. Devant moi, le jeune se leva de son siège et sortit son sac de sport tout neuf du filet à bagages. Maintenant je comprenais pourquoi l'officier lui avait frotté la tête : il avait vu sur ses papiers qu'il allait faire son service militaire à Erzincan. Je revis la tête du jeune appelé s'enfonçant entre ses épaules sous la main gantée de l'officier et compris le timide sourire qu'il eut quand même pour notre contrôleur en descendant les marches pour affronter l'avenir de désolation qui l'attendait sous les arcs électriques de l'autre côté de la clôture. Etais-je en train d'assister à la métamorphose de la victime d'un régime militaire en soldat de son armée ? Laminé bientôt le pauvre sourire – l'appréhension instinctive d'une sensibilité à fleur de peau – par le port du casque ; décuplée la force de ces mains par la seule présence d'une arme. J'eus à peine le temps de le voir se traîner avec son sac jusqu'à l'entrée où un garde vint le rejoindre que l'autocar repartit dans la nuit.

3

Le jour ne s'était pas encore levé quand nous atteignîmes Erzurum. L'autocar fit irruption dans des rues dépeuplées par le couvre-feu, glaciales, faiblement éclairées par endroits. Vue sous cet angle, la ville me parut parmi les plus laides que j'aie jamais vues. Si elle avait gardé quelques vieilles rues par-ci par-là, le béton crasseux de la modernité ne permettait pas de les voir ; quant à ses dômes, ses minarets, sa forteresse, si tant est qu'elle en eût, ils étaient masqués par des tours du même gris répugnant. Bientôt le car s'engagea dans une immense esplanade ouverte à tous les vents au pied de la ville : notre terminus. Il y faisait sombre et horriblement froid. Le temps de récupérer mes sacs, j'allai me réfugier dans le café de l'*otogar* où, au milieu d'un océan de ballots, des voyageurs emmaillotés jusqu'aux yeux attendaient silencieux, cloués à leurs tables à moitié éclairées. Que faire ?

Pourquoi m'arrêter à Erzurum ? Qu'est-ce qui pouvait m'intéresser dans un endroit pareil ?

En voyage, laisser ce genre de doutes s'insinuer en vous marque le début de la fin car pourquoi vous fatiguer à réfléchir à votre prochaine destination si vous vous demandez ce que vous faites là où vous êtes ? Vous avez fait la part trop belle à la bougeotte, ingrédient qui entre certes dans la motivation du voyage mais qui ne doit en aucun cas noyer les autres composants. Le voyageur a besoin de bougeotte comme le voilier de la brise qui le pousse d'un endroit à l'autre, pas de l'ouragan qui le force à carguer ses voiles et à condamner ses descentes.

Qu'est-ce que j'attendais d'Erzurum ? N'était-ce pas un peu tôt pour se dire déçu ? Comme toujours, j'avais en tête avant de venir une image nébuleuse tout au plus, résultante de quelques aquatintes anciennes et de témoignages enthousiastes. Il y a dans les livres de voyages tant de gravures d'Erzurum (qui se trouvait sur la route de la Perse et des Indes) que j'avais l'impression d'y être déjà venu. Le frontispice de *L'Arménie* de Curzon montre une cité orientale de minarets et de murs crénelés frappée par un rayon de lumière qui perce entre de formidables montagnes noires à l'arrière-plan. Le docteur Sandwith, qui participa aux fouilles de Layard à Ninive (et que l'on a vu courir à la rescousse de Carlisle lorsque ce dernier attrapa la petite vérole à Rhodes), raconte comment il arriva à Erzurum au terme d'un voyage particulièrement éprouvant et se trouva au petit déjeuner à la table d'un Anglais qui lui proposa sans autre forme de procès d'aller chasser la bécassine dans les marais des alentours où pullulaient ibis, spatules et autres grues cendrées. Sandwith ne se fait pas prier : il passe la journée jusqu'aux aisselles dans l'eau à tirer sur tout ce qui bouge avant de conclure ainsi son chapitre : "Nous arrivâmes au triple galop en vue des portes d'Erzurum au moment où le soleil se couchait."

Il est probable que le marais en question se trouvait très précisément à l'endroit où l'on a depuis construit la gare routière. La tête toujours pleine de vagues espérances, je suis sûr, me direz-vous, d'être déçu où que j'aille. Mais non. De ces vagues espérances l'on peut extraire un parfum qui dure là où les espoirs d'ordre matériel ou architectural fondent comme neige au soleil. Encore faut-il pour saisir ce parfum-là avoir traîné dans la ville, marché, fourré son nez dans la moindre ruelle et, par-dessus tout, fait preuve de patience. Il faut passer outre aux changements manifestes – la gare routière là où l'on est en droit d'espérer des spatules. Je risquais de rejeter Erzurum en bloc sans même lui laisser une chance de prouver que ses rues avaient gardé quelque chose de leur vieux parfum de capitale arménienne. Un tel empressement ne pouvait qu'être fatal au bon déroulement de mon plan de voyage, le premier souffle de l'ouragan qui pouvait me renvoyer séance tenante en Angleterre à mâts et à cordes.

A l'époque où je vivais à Rome, j'avais pour habitude de rentrer en Angleterre une ou deux fois l'an. J'en profitais pour rendre visite à des amis à Paris, à Genève ou dans le sud de la France, je m'arrêtais pour la nuit dans un village que je n'avais jamais vu, en France ou en Italie. J'adorais ces aller et retour et je me faisais toujours une joie de partir. Cependant, je finissais presque toujours par perdre patience et par achever le trajet jusqu'à Rome ou jusqu'à la Manche à toute allure, bêtement, d'une seule traite et de nuit. J'ai appris depuis à me méfier de la bougeotte : non maîtrisée, elle transforme le voyage en course folle vers… son point de départ.

L'affaire est entendue, je ne m'arrête pas à Erzurum, je prends le premier bus pour Kars. Mais à Kars je m'arrête, c'est promis, que son aspect corresponde à mes vagues espérances ou non. Sous la grande voûte centrale entourée de guichets et débordant de sacs, de ballots et de voyageurs armés de patience, je trouvai une compagnie de transport disposée à me conduire à Kars. L'affaire d'une heure. Mon ticket en poche, je dénichai un siège près de la fenêtre du café qui donnait sur la pénombre annonciatrice de l'aube. Kars avait été ma destination depuis le début, Kars que Turcs, Russes et Perses se sont de tout temps disputée et qui commande la frontière qui est pour moi de toutes les frontières du monde la plus chargée d'histoire et de mystique. Le mont Ararat, où l'arche vint s'échouer, surplombe la Perse, l'Irak, la Russie et la Turquie ; une légende islamique situe le jardin d'Eden sur une montagne quelque part entre Erzurum et Kars, dont les sources donnent naissance à l'Euphrate qui court jusqu'au golfe Persique, à l'Araxe qui se jette dans la mer Caspienne et au Çoruh en route vers la mer Noire. Bref, cet enchevêtrement de montagnes se situe à la source de l'humanité et à la frontière où pourrait se décider son avenir. Oui, j'allais m'arrêter à Kars quel que pût être son aspect actuel. Quand j'y pense, les pèlerins, eux, n'avaient aucun mal à reconnaître le Pays Lointain quand ils l'avaient sous le nez.

Aux tables tout autour de moi les silhouettes emmitouflées et quelque peu somnolentes attendaient, immuables. Dans la région, les valises avaient cédé la place aux sacs et aux ballots dont tous étaient amplement pourvus. Pour des raisons qui m'échappent, il n'y avait pas de thé mais je dégustai avec plaisir le pain et le lait de chèvre chaud et sucré dans mon coin près de la fenêtre. Bientôt les masses se détachèrent contre le ciel, plus sombres, plus denses que le ciel lui-même, une lueur escalada les toits, les pignons est des bâtiments s'illuminèrent, le ciel se creusa puis se dilata et emplit peu à peu les formes altières des montagnes de la première lumière du jour. L'air en sembla soudain plus acéré, le froid plus vif. Il faut dire que la ville se trouve à quelque deux mille mètres d'altitude et que les montagnes toutes proches dont la neige éternelle scintillait à présent dans la première lueur de l'aube culminent à près de trois mille mètres. Heureux, débordant de santé et d'énergie, je regardais la couleur pâle et mate propre à l'altitude envahir la scène et le soleil commencer à darder ses premiers rayons sur les sommets.

Je me dois d'insister sur le plaisir que j'éprouvais, que j'avais partout éprouvé. Trop de livres de voyages donnent l'impression que le voyageur déteste chaque nouvel endroit qu'il visite plus que le précédent et compte les jours qu'il devra supporter avant son retour. "J'atteignis enfin Téhéran, écrit le capitaine Wilbraham en 1839, et déjà aux portes de la ville je priai pour que mon séjour dans la ville fût le plus bref possible et que la prochaine fois que je mettrais le pied à l'étrier, mon cheval eût les yeux tournés vers l'Europe." On n'aurait aucune peine à trouver un écho à cet art de voyager sans joie dans les livres de voyages d'aujourd'hui. Cela est dû en partie à la difficulté qu'il y a à transmettre au lecteur dans le confort douillet de son fauteuil une idée juste des épreuves rencontrées, du danger, de la maladie, sans compromettre l'impression générale de plaisir et d'aventure. La conscience austère du Devoir vient constamment tarauder le récit et le remettre dans le droit chemin. L'authenticité de la tombe de Daniel, l'itinéraire exact de Xénophon à la tête des Dix Mille, la puissance stratégique des villes frontière, le tonnage de sangsues exportées de Trébizonde, autant de sujets sérieux dont il convient d'abreuver le lecteur alors que le seul souci du voyageur est de sortir indemne des congères ou du relais infesté de puces où il ne s'est aventuré que pour le servir lui, le lecteur, et, bien sûr, l'Angleterre. Il ne faudrait quand même pas donner l'impression qu'on fait tout cela pour le plaisir.

Outre qu'ils manquent d'appétit, les auteurs de livres de voyages tombent, me semble-t-il, dans le travers qui consiste à se moquer des choses et des gens un peu comme ces romanciers de seconde zone qui pour se faciliter la tâche ne créent que des personnages ridicules ; l'écrivain est persuadé que le ton du mépris condescendant qu'il adopte l'élèvera dans l'esprit du lecteur et qu'au contraire celui de l'enthousiasme le livrerait à la dérision des plus sophistiqués que lui. "Je suis, je l'avoue, déçu par l'Euphrate", écrit pompeusement James Fraser, mais nous savons aujourd'hui lequel des deux pâtit le plus de la rencontre. Dans les années 1840, une Autrichienne à chapeau de paille, une certaine Ida Pfeiffer, voyageuse infatigable devant l'Eternel, débarque en Terre sainte. Le ton réprobateur dont elle use pour décrire les lieux qu'elle inspecte ne laisse planer aucun doute sur sa déconvenue. A Bethléem elle chasse à coups de cravache des enfants qui réclament l'aumône (comme s'il n'y avait pas d'autres endroits où frapper les enfants !) ; elle trouve les petites filles de Nazareth "pauvrement vêtues, au point que certaines ne portaient rien sur la tête ; pis, leurs cheveux retombaient de la manière la plus inconvenante". On sent la gouvernante qui prend plaisir à se dire "déçue" afin de punir la faute encore plus durement. Laideur des oliviers – "les grands arbres couverts de feuilles tels qu'on en trouve dans mon pays sont ici chose rare" –, inélégance des femmes qui reviennent du puits une cruche sur la tête : rien de ce qui fait nos délices ne trouve grâce à ses yeux tandis qu'elle inspecte le pays du bout de son parapluie désapprobateur. Elle réussit même à chercher querelle à des pêcheurs de la mer de Galilée. (Cela dit, elle se rachète à mes yeux par cette phrase : "Le meilleur produit de l'Egypte et de la Syrie, presque plus savoureux encore que l'ananas, est la *banane*, un fruit si délicat qu'il fond presque dans la bouche.") Je vois comment on en vient à adopter le ton de la moquerie ou de la souffrance, mais je ne voudrais pas qu'il subsiste le moindre doute dans l'esprit du lecteur sur le réel plaisir que j'eus, après avoir voyagé toute la nuit, à déguster ce pain et ce lait de chèvre dans la gare routière d'Erzurum, ni sur mon impatience à vivre la journée qui s'annonçait.

A sept heures et demie, l'autocar prit la direction de Kars, distante de quatre heures. Dans un premier temps, la route serpente à travers un paysage austère de collines herbues et, ce matin-là, blêmes sous le gel, avant de rejoindre l'Araxe. Au fond d'une immense vallée, le fleuve roule, large et impétueux, sur son lit rocailleux. Paysage typiquement oriental : une vallée parfaitement plane, de rudes montagnes dans le lointain, un fleuve qui reprend son élan au gré des îlots d'alluvions, des arbres déracinés au tronc blanchi, une végétation de marécage, des troupeaux enfin. Surplombant la vallée non loin de Horasan, à l'endroit où la route se divise en deux branches qui mènent l'une en Perse, l'autre en Russie, se trouve un ancien pont aux arches de pierre fort belles. De ce pont, je vis, découpés contre le paysage – c'était clair comme le jour – mes Voyageurs imaginaires. Deux Anglais chevauchaient en tête, vêtus de costumes orientaux des plus seyants, laissant une distance respectable entre leurs chevaux au pas sûr et élégant et la pauvre bête de somme qui peinait derrière, montée par un domestique. Cette scène, comme celle du bazar de Kayseri, je la consignai dans ma mémoire comme l'aune de la réalité à laquelle j'allais pouvoir mesurer la légitimité de mes inventions. Elles devront avoir quelque chose de cette scène-là. Je fus quelque peu surpris qu'il y eût deux cavaliers, sans compter le domestique, mais il y avait sans doute une raison à cela.

L'autocar filait à une vitesse de casse-cou le long de la route étroite qui épousait le relief des collines. Peu avant Horasan nous vîmes foncer sur nous un convoi d'une bonne vingtaine de camions porte-conteneurs, qui déboulaient de Perse ou du moins de la frontière iranienne. On dit pourtant que tant la guerre qui oppose les mollahs de Téhéran aux Kurdes que celle qu'ils mènent contre l'Irak ont fermé cette frontière : d'où vient alors ce convoi ? Que fait-il sur cette route qui ne mène qu'en Iran ? Les camions étaient tous identiques, flambant neufs, gigantesques, avec "International Transport" écrit de chaque côté. J'eus le sentiment d'avoir soulevé un coin de rideau et d'avoir vu ce que je n'aurais pas dû voir : "Tourne la tête, mon petit, et laisse passer ces messieurs !" Les barrages de police étaient fréquents, les militaires omniprésents. Je n'aurais pas voulu être un espion ni un terroriste en fuite en train d'essayer de passer la frontière dans cet autocar.

Le vieux diable assis à côté de moi avait une moustache teinte au henné et un rhume telle-ment fort qu'il garda le nez plongé dans une espèce de chiffon trempé tout au long du voyage. Tout le monde dans le car – tout le monde en Turquie – paraissait enrhumé, mais ils avaient beau tousser, graillonner et cracher, rien ne les persuadait de s'arrêter ne serait-ce qu'une minute de fumer. Mon voisin portait une espèce de turban autour de la tête mais, quand le car s'arrêta à un barrage de police et qu'il vit des sol-dats armés monter à son bord, il s'empressa d'ôter ce foulard improvisé pour mettre à sa place sur son crâne rasé une casquette qu'il sortit de sa chemise. Pendant l'opération il me marmonna à travers son vieux linge un seul mot : *"Army !"* avec une grimace pleine de mépris. Les soldats partis, il reprit son turban, bien décidé à défier, sans risque désormais, la loi anticléricale d'Atatürk sur les couvre-chefs (qui interdit, si je ne m'abuse, le port des coif-fures sans bords, si pratiques pour la prière musulmane). Il n'ouvrit plus la bouche après cela, peut-être parce que *army* était le seul mot d'anglais qu'il connaissait. Il était assez âgé pour l'avoir appris alors qu'il se battait contre nous aux Dardanelles et pour avoir appris par la même occasion à se méfier des "Jeunes-Turcs" car soixante-dix-huit mille de ses contemporains périrent au cours de l'expédition menée par Enver Pacha en 1915 contre la Russie, expédi-tion grandiloquente qui se donnait pour objectif, outre la défaite de la Russie, l'invasion de l'Inde par l'Afghanistan*.

Passé l'Araxe, la route se mit à grimper vers le col de Sarikamis entre des collines aux flancs escarpés, auxquels s'accrochaient les premiers pins que je voyais depuis la Carie. Puis vinrent des régions de pâturages et de hautes vallées, de routes défoncées et de ruisseaux au lit pierreux, avec partout cet aspect livide que donne aux choses le froid extrême quand le soleil ne parvient même pas à y mettre un peu de couleur.

C'est ici, dit-on, que Dieu aurait disposé le jardin d'Eden. De même que la notion d'éden refait constamment surface dans l'histoire humaine, de même la quête d'un paradis terrestre, quête le plus souvent déçue, court en filigrane dans les récits de voyages en Orient. Le rêve comprend toujours un certain nombre d'invariants : un paysage de montagnes, de préférence boisé, forme l'arrière-plan tandis qu'au premier plan court une eau vive ; des montagnards intrépides, qui acceptent le voyageur en leur sein et lui apprennent la fierté et l'indépendance de leur race, doivent habiter ces montagnes et planter leurs tentes près du ruisseau. En leur compagnie, tandis qu'il écoute leurs chants passionnés ou qu'il se joint à leurs simulacres de combats, le voyageur trouve la paix et le repos qui lui font oublier un instant les affres du voyage. Cette idylle n'est pas le but du voyage mais un intermède au cours duquel, comme jadis le chevalier dans la douceur de quelque château, le voyageur peut secouer sa torpeur, rendre son exil plus doux, laisser des mains expertes soigner ses blessures.

Pour décrire de manière imagée ce paradis terrestre, les auteurs puisent dans deux sources bien

* La défaite des Turcs est, comme on le sait, tout entière due à Richard Hannay, le héros du roman de John Buchan intitulé *Greenmantle*. (N.d.A.)

distinctes : l'antiquité païenne d'une part (la vallée de Tempé, Daphné fuyant Apollon, l'Ida aux montagnes sans nombre), et, d'autre part, l'éden miltonien. La résultante est une espèce de jardin paradisiaque mi-italianisant, mi-gothique jalousement gardé à l'abri des regards dans les replis d'une montagne impénétrable.

Pour touchants et romantiques qu'ils soient, ces tableaux ont surtout le mérite de nous renseigner sur les penchants, y compris politiques, de leurs auteurs. Comment ne pas être frappé par la similitude entre ces hautes terres et la haute Ecosse des romans de Walter Scott ? En croyant, du fait d'une ingénuité qui leur fait honneur, aux promesses des politiciens des basses terres, le chef bakhtiyari évoqué par Layard comme le Kurde du Sulaiman de Rich, tombent sous le joug d'un Matamet d'Ispahan pour l'un, d'un Vali de Sinna pour l'autre, deux hommes au tempérament manifestement hanovrien qui pourchassent, massacrent et mutilent les hommes des "clans" de montagnards avec une férocité digne d'un Cumberland. Le voyageur anglais se rangeait du côté de ces montagnards : partisan des Stuart par instinct, exilé par la force des circonstances, il "soupire au bord de l'Arno après la Tees si douce", or la rivière qui se frayait un chemin entre ces collines avait tout pour serrer le cœur du plus endurci des Highlanders en exil.

L'immense plateau herbu qui s'ouvrait maintenant devant nous avait de quoi surprendre à cette altitude. D'un vert tendre d'aquarelle, l'herbe s'étendait à perte de vue, drue sous les quelques nuages qui moutonnaient dans un ciel d'azur. C'était la plaine de Kars.

Je craignais presque de regarder au loin, certain que j'étais d'apercevoir l'habituelle invasion du béton là où mon imagination avait édifié une tour austère pour veiller sur cette arène ensanglantée par la rencontre de trois empires, celui du schah, celui du sultan et celui du tsar. Je regardai quand même et du fond de la plaine surgit peu à peu une forme aussi revêche que lugubre, une chose carrée, trapue, sombre : des murailles de pierre sur tout le pourtour d'une colline rocailleuse, une forteresse assez impressionnante pour garder la plus romantique des frontières de l'imagination. J'étais déjà pleinement satisfait de la borne orientale de mon voyage.

Nous nous frayâmes un chemin à travers les rues escarpées, la boue et les pavés, pour déboucher sur un terrain vague qui faisait office tout à la fois de gare routière et de place du marché où gens, choses et bêtes furent déchargés dans la plus grande confusion. Des boutiques misérables et quelques maisons basses formaient un semblant d'alignement dans cet espace ouvert. Parmi eux, je finis par repérer un hôtel. Dans l'entrée, des soldats et des policiers écoutaient vaguement la radio, assis sur des chaises de bois. Si quelqu'un avait essayé d'égayer l'endroit à grand renfort de peinture et de fleurs en plastique, il n'était pas allé jusqu'au bout de son entreprise. Un homme vint à ma rencontre et me montra une chambre à l'étage que je pris en dépit du fait qu'elle était si épouvantablement sale que je dus demander qu'on enlève toutes les ordures et toute la crasse accumulées du sol au plafond. Je ressortis aussitôt pour voir la ville et, si possible, visiter la forteresse.

Malgré le délabrement des rues et les nombreux terrains vagues, il se dégage de Kars une impression d'animation qui rend la ville extraordinairement sympathique. Cela tient peut-être au nombre de bêtes dans les rues. En effet on ne peut pas y faire un pas sans se heurter à des moutons, à des chèvres, à des vaches que des bergers poussent à travers la ville par petites bandes pressées au milieu du va-et-vient incessant des charrettes et des cabriolets tirés par des chevaux. L'imminence de l'hiver était sans doute pour quelque chose dans ce redoublement d'activité, octobre étant la onzième heure avant la venue des grands froids. En me rendant à la citadelle, je songeai à ce matin d'octobre 1855 où une armée russe attaqua la ville. Ce jour-là ils furent repoussés et perdirent huit mille neuf cents hommes (que la garnison turque, sous le commandement du général Williams assisté d'un ou deux autres officiers anglais, mit quatre jours à enterrer), mais Mouvarieff mit le siège devant la ville et, au bout de deux mois, après avoir subi toutes les affres du froid, de la famine et du choléra, après avoir mangé tout ce qui pouvait l'être (la soupe de cheval, délicatesse ultime, était secrètement réservée aux mourants), la garnison capitula. Le docteur Sandwith, médecin en chef des armées, assure ses lecteurs que la magnanimité, la courtoisie, l'esprit chevaleresque, toutes vertus prônées par le roman gothique, prévalurent entre les deux armées. Un livre qui lui était destiné (il s'agissait du *Journal écrit dans les eaux turques et grecques* de lord Carlisle) fut intercepté par les Russes le temps que Mouvarieff le lise avant de le faire parvenir dans la ville assiégée accompagné d'un mot d'excuse. Et voici les paroles que l'on met dans la bouche du même Mouvarieff dans la scène de la capitulation :

"«Général, vous vous êtes forgé un nom dans l'histoire, et je ne doute pas que la postérité s'émerveillera de l'endurance, du courage et de la discipline que ce siège aura révélés dans ce qu'il reste de votre armée. Entendons-nous sur une forme de capitulation qui réponde aux exigences de la guerre sans outrager l'humanité.» Que le lecteur imagine s'il le peut, poursuit Sandwith, scène plus touchante que la rencontre entre ces deux valeureux chefs d'armée, aux yeux remplis de larmes, au cœur débordant du sentiment élevé de l'honneur et de gracieuse magnanimité."

La scène en question vient tout droit de guerres plus anciennes – on pense aux menées chevaleresques de Richard Cœur de Lion contre le sultan Saladin – dont le XIXᵉ siècle était persuadé qu'elles avaient ajouté au charme de l'ère des troubadours et de l'Angleterre du roi Arthur. Cela dit, la reconnaissance officielle vint confirmer cette vision romantique du "héros de Kars". Le général Williams fut fait chevalier de l'ordre du Bain, citoyen de la ville de Londres et le Parlement lui accorda une rente à vie de mille livres. La noblesse de la défaite exerçait sans doute un trop grand pouvoir sur les Anglais de l'ère victorienne. Combler un général vaincu de tant d'honneurs extravagants pouvait être perçu comme proche de ces célébrations de causes perdues et ainsi la *Colline de Majuba*, – *Le docteur Brydon fuyant une armée massacrée par des Afghans* que Mme Butler peignait pour le profit moral des écoliers et qui, en 1916, devaient avoir de sinistres répercussions dans l'empressement des soldats à aller au-devant d'une mort certaine. De tous les attributs magnifiques que la destinée a jugé bon de conférer aux victoriens, leur admiration excessive pour la défaite héroïque peut être considérée *a posteriori* comme le cadeau empoisonné de la mauvaise fée qui allait causer la ruine de l'ensemble*.

Je m'étais frayé un chemin entre des cabanes blanchies par le soleil jusqu'au chemin de ronde de la forteresse. Il me conduisit à une voûte entre

---

* Les Turcs ne se réjouirent pas tant de la perte de Kars. Un attaché de l'ambassadeur britannique demanda à "l'un des plus intelligents et des plus européanisés des pachas militaires" s'il était d'avis que les services du général Williams avaient été de quelque utilité à Kars. Il lui répondit qu'un officier, un envoyé de la reine d'Angleterre, n'avait pas à interférer avec le commandement légitime sur place, où la Turquie possédait une armée de valeur et une ville d'importance. En maintenant celle-là dans celle-ci contre l'avis général, il avait perdu l'une et l'autre, ce qui, ajouta-t-il, "ne peut que remplir tout Turc digne de ce nom de colère et d'indignation." L'une des raisons de l'enthousiasme des Anglais pour le siège de Kars tient à ce qu'il ne fut pas terni par la mort de nos hommes, chose qui donna un goût d'amertume même à nos succès en Crimée proprement dite. Car on ne poussait

194

deux bastions que fermaient deux lourdes portes hautes de près de cinq mètres. Je frappai à ces portes, mais n'en tirai qu'un son dérisoire. Je me mis alors à pousser, mais elles grincèrent sans céder pour autant. Je fis un pas en arrière. L'altitude et le vent aidant, j'avais l'impression de me trouver égaré sur la saillie de quelque falaise. Devant moi, la porte du château, qui se dressait entre les ombres lugubres des bastions, derrière, la fruste bourgade éparpillée à flanc de coteau. J'avais un peu vite oublié que la région était placée sous haute surveillance militaire. Décidé à entrer coûte que coûte, je ramassai un caillou au bord du sentier et me mis à marteler la porte si fort que l'écho fit s'envoler les corneilles nichées dans les tours. Un bruit de chaînes se fit enfin entendre de l'autre côté.

Un jeune soldat peu sûr de lui mit le nez dehors. Il retenait sa ceinture d'une main, son arme automatique de l'autre. Partagé entre deux devoirs, il finit par poser son arme à terre pour remonter sa ceinture, plus habitué malgré tout aux remontrances de son adjudant qu'aux incursions d'une armée adverse. Je lui demandai s'il m'était possible de visiter la forteresse. Son visage s'illumina et il me laissa entrer. Non sans avoir préalablement refermé la porte avec une chaîne, il m'accompagna jusqu'à une butte tapissée d'herbe

pas l'esprit chevaleresque jusqu'à y inclure les Turcs. La vie d'un allié turc (comme il apparaît dans le compte rendu de l'attaché déjà cité) comptait bien moins que celle d'un Russe, tout ennemi qu'il fut : "Au plus fort de la bataille, trois soldats turcs poussèrent un officier russe blessé par-dessus le parapet et descendirent jusqu'à lui, décidés à le transpercer de leurs baïonnettes. Voyant cet acte de barbarie, le major Teesdale enjamba le parapet, passa le premier des assaillants par le fil de son épée et demanda, en français, à l'officier de se rendre. Le Russe se rendit et fut confié au docteur Sandwith qui soigna ses blessures. Pour cet exploit, le major reçut en toute justice la croix de Victoria et, après la capitulation, l'hommage public du général Mouravieff *(sic)* pour sa courtoisie envers un blessé de l'armée ennemie." *(N.d.A.)*

où une paire de bottes dépassaient de sous une couverture au milieu de moutons qui paissaient tranquillement au soleil. Là, il se souvint de son fusil laissé près de la porte et partit le chercher en courant. Un coin de la couverture se souleva, une jeune tête endormie me dévisagea un instant, puis la couverture retomba comme avant, recouvrant tout sauf les bottes. Les moutons broutaient, le soleil tapait dur dans l'enceinte qui retenait la chaleur. Ainsi donc j'étais dans la forteresse de Kars !

Elle est en ruine. La base des tours sans toit, aux poutres calcinées, est jonchée de pierres éboulées. La pierre des marches menant d'un niveau à l'autre du système de défense élaboré dont était doté le château s'effrite à vue d'œil, mise à nu par les moutons qui montent et descendent sans arrêt les marches à la queue leu leu de cette manière si particulière aux bêtes affamées. C'est une bâtisse comme vidée de l'intérieur, même si, vue du dehors, elle continue à impressionner, que le soldat me fit visiter.

Marchant derrière lui (crâne rasé, casque kaki, bottes, fusil à l'épaule), je me disais que j'avais sous les yeux l'étape qui suit immédiatement, dans le processus qui fait d'un civil un militaire, celle que j'avais vue s'opérer chez le jeune homme descendu du car à Erzincan. Son arme mise à part, il n'était pas encore tout à fait un soldat. Il sautillait comme un adolescent, courait ici et là pour attirer mon attention sur telle ou telle pièce couverte de rouille, me confiait son fusil, ou alors l'oubliait contre un parapet, le temps de faire fonctionner un ingénieux système de poulies qui servait à hisser la nourriture du bas. Il connaissait le moindre recoin de la forteresse déserte comme le fond de sa poche, à quoi l'on devinait d'ailleurs à quel point il s'y ennuyait. C'était son terrain de jeu à lui. Il sauta dans une tour et me montra comment les Russes avaient tiré à la mitrailleuse sur la foule (dans quelle guerre, il ne le savait pas et ne voulait pas le savoir) en menaçant le mur de son arme et en hurlant si fort : "D-d-d-d-d !" qu'il réussit à faire fuir un pigeon d'un blanc quelque peu délavé d'une poutre au-dessus de sa tête. Il reposa alors son arme et se mit à lapider la pauvre colombe qui essayait en vain d'esquiver ses projectiles et de trouver un perchoir dont elle fut aussitôt délogée. Un Russe à ma place, à condition qu'il eût le goût de l'allégorie, aurait trouvé du piquant à la scène : UN AGENT DES U.S.A. CHASSE A COUPS DE PIERRE LA COLOMBE DE LA PAIX DES VESTIGES DE L'ARCHE. Tout en priant pour que le mont Ararat soit encore visible, je me débarrassai de mon guide et montai seul jusqu'au sommet de la tour afin d'admirer le mélange de plaines et de montagnes qui composaient le paysage.

La citadelle donne au sud et à l'est. De la ville, une plaine herbeuse s'étire à perte de vue jusqu'à des collines qui semblent avoir été poussées dans le lointain pour faire place nette autour du rocher où se dresse la forteresse, comme on dégage l'excédent de sable une fois le château bâti. Deux sentiers filent au loin vers les montagnes. Une trouée s'ouvre du côté de la Russie, une autre du côté de la Perse. Leur béance est celle de l'espace nécessaire aux foules sans nombre des invasions venues de l'est : on imagine sans peine les nuages de poussière, l'éclat des lances, les roulements de tambour, la terreur de celui qui voit ces hordes déferler sur la plaine et fondre sur lui. Kars, selon le mot du colonel Lake qui fut chargé par le général Williams de la fortifier, est "la clé de l'Asie Mineure".

Mon périple à travers le vaste domaine turc avait commencé par un dernier coup d'œil jeté sur la chrétienté des murs sombres de Belgrade au-dessus des eaux mêlées du Danube et de la Save ; tout aussi pittoresques étaient les collines embrumées de la Russie fermant la plaine de Kars à l'extrême limite orientale de ma route.

Des rochers aussi hauts qu'elle dominent la forteresse au nord et c'est entre ceux-ci et le château de Kars, dans une faille, que coule le fleuve du même nom. Ce torrent verdâtre qu'on dirait couvert d'écailles serpente autour de la forteresse avant de pénétrer dans la ville à l'entrée de laquelle un pont en voûte relie ses berges jonchées d'immondices. Dans ses hauts-fonds, des chevaux attelés vinrent s'abreuver et rêvasser, les naseaux à fleur d'écume. Dans les rapides en aval du pont des lavandières battaient leur linge contre la pierre tout en chahutant celles qui avaient fini et qui se soulageaient un instant de leurs lourds fardeaux sur le parapet du pont au-dessus d'elles. Des bâtiments miteux, de sordides maisons basses occupent l'espace sans plan aucun : tout n'est que poussière et rocaille entre des murs effondrés et la colline elle-même est envahie de part et d'autre du fleuve par des cabanes qui finissent par se confondre avec les grottes creusées dans la roche. Un hammam au toit bosselé, près du pont, et la mosquée Kümbet sont les deux seuls bâtiments anciens que l'on voit de la citadelle.

Mais l'après-midi, à ma grande stupéfaction, je devais tomber sur un quartier tout à fait différent. En 1877, une armée russe revint à la charge et cette fois s'empara sans mal de la ville (redevenue turque à la suite de la guerre de Crimée), véritable désastre pour les forces turques qui parlèrent (à la manière française) de "traîtrise". Kars devint russe et l'entreprise de russification commença. C'est cela que je découvris après un déjeuner épouvantable suivi d'une heure de lecture dans mon lit.

L'héritage architectural russe – c'est si peu turc que ça doit être russe – ressort comme l'héritage britannique en Inde : queue-de-pie et haut-de-forme perdus au milieu d'un bazar. Je remontai une rue nette et pavée bordée de maisons cossues, tout à fait typique des lointaines villes de province qui servaient de toile de fond à cette société d'exilés dont le roman russe nous rebat constamment les oreilles, pour déboucher sur une place délimitée par d'imposantes résidences dont les façades austères donnaient sur un jardin de conifères contenu en son centre par des grilles. Cette place, bien plus qu'Athènes, me rappela Edimbourg : elle se donnait un air respectable qui n'avait rien d'oriental. Comme cela s'est produit dans des villes autrement plus jolies que Kars, ces belles demeures, trop grandes pour servir d'habitations, sont aujourd'hui un repaire de fonctionnaires où je montrai le bout de mon nez dans l'espoir d'obtenir l'autorisation de visiter Ani, la ville fantôme sur la frontière russe. On me fit courir de bureau en bureau, personne ne semblant en mesure de prendre une quelconque décision, la bureaucratie finissant par vous ôter tout désir de faire quoi que ce soit qui sorte de l'ordinaire, à défaut de vous l'interdire. La chose leur paraissait suspecte et ils m'en ôtèrent le désir. Pour le profane, très peu d'endroits valent la peine qu'on s'attire des ennuis à vouloir les visiter à tout prix. Le touriste moyen dans mon genre a toutes les chances de tirer plus de plaisir du petit village perdu entrevu au hasard du voyage que du point sensible auquel il n'accède qu'au terme d'interminables tracasseries. Mon désir de voir Ani avait au moins eu le mérite de me conduire à ce vieux quartier fleurant bon Tchekhov et cela me suffisait.

Il faisait froid et sombre à mon retour. Sur les trottoirs, du bois de chauffage déversé là par des camions se vendait au poids. La forte odeur du hêtre fendu dans le froid glacial me héla du fond de mes bois du Dorset. Les marchands de marrons comme les lumières fuyantes des boutiques dans le crépuscule me rappelèrent le nord de l'Angleterre. J'eus cette impression d'isolement qui fait le charme du voyage en solitaire, lorsque vous prenez conscience que personne au monde sauf vous-même ne sait où vous êtes et que loin de vous en alarmer vous vous en réjouissez. *Me voilà seul au milieu de toute cette étrangeté*. Mais je crois que ce plaisir n'est donné qu'à celui qui, à un moment ou à un autre, a éprouvé le mal du pays, car l'état que je viens de décrire survient dans les mêmes circonstances, à savoir lorsque l'on est coupé de son univers familier, à cette différence près que de cette nostalgie qui frappe au détour du chemin on perçoit la douceur et non l'amertume. Le crépuscule en hiver, le givre aux fenêtres, la fumée d'un feu de bois ont sur moi le plus puissant effet, mais ce qui ôta de leur amertume enfantine à ces choses et m'en fit voir toute la volupté, c'est l'hiver que je passai en France entre l'école et l'université. J'appris au cours de cet hiver à Nanteuil qu'il m'était possible d'être absolument heureux loin de chez moi et, je le répète, aujourd'hui encore l'impression d'isolement que je peux éprouver à l'étranger fait partie pour moi des charmes du voyage.

Je ne parle pas ici de la redoutable solitude qui, dans certains endroits désolés, remplit parfois les esprits de terreur, cette terreur contre laquelle le pauvre capitaine Abbott dans les déserts de Khiva et Vambéry sous les étoiles du Kizil Kum furent bien obligés de s'armer pour la bonne et simple raison qu'ils l'avaient constamment à l'esprit. Le 19 février 1838, à cinq heures du soir, le lieutenant Wood atteignit, à quelque cinq mille mètres d'altitude, les rives du lac Siri-kol, dans le Pamir, certain d'avoir enfin localisé l'endroit où l'Oxus prenait sa source : "Pas un souffle à la surface des eaux, pas une bête, pas un oiseau… il régnait un silence si profond que le cœur en était oppressé et, comme je levais les yeux vers les sommets immortels où jamais homme n'avait mis le pied et que recouvrait la neige des siècles, ma patrie, ma douce patrie, traversa un instant mon esprit." On comprend que des hommes qui avaient été cruellement privés de leur famille et de leur maison dans leur enfance aient été tentés de se mesurer à l'isolement extrême que leur offrait le voyage en Orient dans la mesure où, devenus adultes, ils pouvaient ainsi se prouver qu'ils avaient surmonté cette privation. La souffrance est telle chez l'enfant que l'adulte ne peut pas se sentir armé pour la vie tant qu'il n'a pas regardé cette peur en face, tant qu'il ne l'a pas domptée*.

En écrivant cela, ce n'est pas à moi que je pense mais, comme toujours, au personnage du Voyageur que j'espère pouvoir créer à partir de ces quelques observations et réflexions. Dans mon cas, l'isolement n'a pas besoin d'être complet, ni le cadre absolument étranger ; je tire mon plaisir d'une certaine idée que je me fais de mon autosuffisance et aussi en partie, je l'avoue, de l'autosatisfaction du marcheur en goguette qui contemple du haut de la Grande Orme de Llandudno au pays de Galles sa petite famille, visible sans plus, sur la plage en contrebas.

Cela dit, dans une ville aussi déroutante que Kars, mon plaisir est d'autant plus vif qu'il s'est fait attendre. Rien n'aurait pu me combler plus que la promenade que je fis ce soir-là à travers les rues sombres de la ville pour retrouver un *locanda* qui m'avait paru amusant dans son genre. Il faisait un froid de canard et je parcourus à grands pas des ruelles sans éclairage pleines de flaques et d'énormes chiens qui se disputaient des tas d'ordures. De temps à autre, la lueur furtive d'une lampe dévoilait un bout de mur, de porte, de rue. Volets fermés, portes des magasins cadenassées : la ville ne livrait rien de son secret. A l'angle des rues, je voyais passer sous mon nez des charrettes qui fendaient la nuit au milieu des cris et des claquements du fouet ou trotiner une flotte

---

* Souffrant atrocement de piqûres de scorpions, Vambéry raconte qu'il resta allongé à contempler les Pléiades "qui se déplaçaient lentement vers l'Occident, l'Occident tant aimé que je désespérais de jamais revoir". *(N.d.A.)*

201

de moutons qui roulait telle une houle sur les talons de ses bergers kurdes. Mon seul souci concernait mon départ le lendemain car j'avais fini par apprendre, à défaut d'autre chose, qu'il n'y avait plus de place dans le car de Trébizonde. Les employés au teint basané et au verbe haut dans leurs espèces de clapiers tout autour du *meidan* ne semblaient pas apprécier particulièrement les étrangers, non plus, il faut le dire, que les charretiers et les bergers qui me dévisageaient d'une manière éhontée. J'aperçus enfin la lumière jaunâtre du *locanda* derrière ses vitres embuées et bientôt j'étais assis sur une chaise de bois à une table de bois avec mon repas qui attendait dans des bassines fumantes à un bout de la pièce et, contre le mur au-dessus de ma tête, une reproduction de *La Charrette de foin* de Constable.

Le choix des images que l'on voit accrochées aux murs de ces gargotes éclaire l'une des facettes les plus curieuses de la mentalité orientale. D'un côté *La Charrette de foin* et, sur le mur d'en face, un paysage très coloré de montagnes suisses, or quoi de plus éloigné de la Turquie que la plantureuse campagne anglaise de l'un et la propreté helvétique de l'autre ? Leur pouvoir de séduction tiendrait-il aux formes idéalisées de l'ombre et de l'eau, ces éléments essentiels du paradis musulman ? Ne me parlez pas de ce que je vois tous les jours, ces charrettes embourbées dans l'écume verdâtre, entre les berges arides de la Kars, montrez-moi cette charrette divine dans ce ruisseau à l'onde pure, sous ce ciel nuageux au pays des coucous. Ces images sentimentales, comme les cartes postales représentant des jeunes filles en chemise de nuit, le visage baigné de grosses larmes bien brillantes, que l'on voit partout en Orient, soulignent l'importance de l'exil dans la sensibilité musulmane. Le puissant envoyé loin de son Bosphore natal, le montagnard séparé de sa tribu et jusqu'au plus humble des mendiants à mille lieues du paradis, tous savent que l'exil est leur destin. Il y a toujours un ailleurs auquel il vous suffit de penser pour verser une larme d'attendrissement. Qui sait si le mal du pays n'est pas un trait de l'âme nomade ?

On a vu que l'Anglais, bien que hanté par le mal du pays, du fait, sans doute, qu'il était mis en pension à l'âge de sept ou huit ans, y voyait une faiblesse de l'enfance qu'il convenait de surmonter ou de tenir secrète. Sa sentimentalité, il la réservait au sort de ceux (je pense une fois de plus à Layard et à son chef bakhtiyari) dont il pouvait évoquer l'exil sans paraître avouer une faiblesse. Il n'y a pas d'équivalent dans la littérature anglaise du personnage de l'exilé malheureux rêvant de Moscou qu'on trouve dans le roman russe. On imagine les soupirs poussés dans une ville comme Kars par ces Russes qui durent y subir les affronts de l'exil. Des Anglais au contraire auraient donné à la ville la mondanité joviale d'un poste indien ou africain, où il n'était pas jugé convenable de se morfondre et où, de toute façon, l'administrateur issu des classes moyennes menait une vie suffisamment flatteuse et confortable, calquée sur le modèle d'une classe supérieure à la sienne, pour la préférer à celle qu'il aurait pu avoir en Angleterre.

Je ne sais quel effet au juste *La Charrette de foin* produisait sur les Turcs qui aspiraient du jus de viande à leurs tables graisseuses ; toujours est-il qu'elle ne me fit pas regretter la campagne anglaise. Je me trouvais bien là où j'étais. J'allai choisir mon repas au comptoir, une louchée par-ci, une louchée par-là, et un serveur me suivit jusqu'à ma table avec mon choix. C'est drôle, je pensais aux exilés de Kars et voilà que la première personne sur qui je tombe en est un. En plus, dans le genre exilé de la grande ville on ne fait pas beaucoup mieux : soigné et raide, la soixantaine peut-être, en veste de toile grise, il se déplaçait avec l'économie de gestes et servait avec la courtoisie discrète d'un serveur de grand restaurant. Etait-il le propriétaire ? Etait-il rentré de Paris ou de Rome pour monter cette petite affaire au pays ? J'en doutais car il semblait exécuter les ordres du cuisinier couvert de graisse qui officiait aux bassines ou lisait le journal dans son coin quand il n'avait rien d'autre à faire. En réalité, ils n'avaient que faire d'un serveur, et d'ailleurs, je n'en ai jamais vu dans les établissements comparables où j'ai pu manger, à part un petit garçon peut-être, si bien que je suis porté à croire qu'il y était employé, ou plutôt toléré, par pure charité envers un membre de la famille dans le besoin. Le cuisinier livide et adipeux avait dû épouser sa nièce, quelque chose dans ce genre-là, et la fille avait dû s'engager à prendre soin de son oncle une fois mariée, l'oncle en question, un Arménien probablement, étant grillé politiquement ou ayant succombé à la passion du jeu dans une lointaine capitale. C'est sa façon de mettre un pied devant un autre, avec une espèce de tendre empressement – un peu comme un charretier qui craint de trop pousser ses vieux chevaux, les seuls qu'il lui reste – qui me portait à lui imaginer une aussi triste histoire.

Je ne pouvais pas rêver d'être mieux servi à Kars, moi qui pensais que tout dans la ville méritait d'être marqué d'une pierre blanche. J'avais espéré trouver des montagnes que l'on puisse visiter sans danger, mais aussi et surtout qui vaillent la peine de l'être. Comme je rentrais par les rues mal éclairées, au milieu de ces murs écroulés et de ces terrains vagues (jonchés d'ordures elles-mêmes infestées de rats) qui, pour une raison que je ne m'explique toujours pas, se voient dans toutes les villes turques, sous les étoiles de givre qui contemplaient la noire silhouette de la citadelle, je me dis que de toute ma vie jamais je n'avais été moins déçu en atteignant un objectif.

V

1

Je ne désespère pas de me débarrasser un jour de ces mille petits tracas qui me trottent dans la tête chaque fois que j'ai à penser à l'étape suivante, c'est-à-dire, le plus souvent, à un moyen de quitter l'endroit où je me trouve. Je sais pourtant que dans mon cas cet état d'esprit est indissociablement lié au fait d'être en voyage. Mais cela m'irrite comme m'irritent tous ces thèmes mineurs – songer à ce qu'il y a à faire au jardin en est un autre – qui viennent sans cesse me remplir la tête de leur inutile vacarme au moment où des questions plus nobles devraient retenir toute mon attention.

Je me levai de bonne heure à Kars et pris mon petit déjeuner dans le noir, dans une chambre glaciale, décidé que j'étais à embarquer dans le premier car pour Erzurum et ainsi à mettre toutes les chances de mon côté de trouver une correspondance pour Trébizonde le jour même. Je n'avais pas été en mesure de me procurer les horaires des autocars, mais il m'était venu une idée. Je descendis au rez-de-chaussée et demandai à l'hôtelier, le seul dans tout Kars qui ait compris un mot de ce que je disais, d'envoyer un garçon de courses m'acheter un billet dans le premier car pour Erzurum.

J'avais été bien inspiré. A sept heures, j'attendais dans le froid glacial le départ d'un vieil autocar au milieu d'une foule de passagers. Les tracas m'accordaient un répit, je pouvais regarder au-dehors plutôt qu'au-dedans : l'aube n'avait aucunement mis la ville en branle, mais la lumière grandissante révélait l'agitation frénétique des hommes et des bêtes dans les rues défoncées et aux abords des cabanes. Là où il y avait le moindre carré d'herbe, il y avait aussi des moutons en train de brouter ; des gamins menaient dans un bruit d'enfer des charrettes tirées par des poneys dans lesquelles un veau bringuebalait sur ses jambes mal assurées ; un homme vêtu de lambeaux de fourrure et coiffé d'un bonnet de peau de mouton attacha ses deux chèvres à un lampadaire le temps de faire un saut dans une boutique ; un enfant menant une vache par son licou déboucha d'une rue adjacente. Le soleil apparut tout à coup, inondant la ville d'une merveilleuse lumière. En l'espace de quelques minutes, nous laissions Kars derrière nous.

Mon Dieu, que les Turcs peuvent tousser et cracher le matin ! Tout en fumant comme des malades avant que ça les reprenne ! Le car était beaucoup plus vieux et plus déglingué, et les passagers de condition bien plus modeste que lors des précédentes étapes. Ils me dévisageaient sans relâche : des sièges de devant, de l'autre côté de l'allée centrale, des yeux noirs me fixaient encore et encore, non pas vraiment par curiosité, car leurs regards étaient dépourvus du vif intérêt que cela implique, mais de cet air bovin qu'ont des enfants qui regardent une émission de télévision qui les ennuie. J'étais leur mauvaise émission.

De même qu'il faut se faire au silence qui pèse sur les repas formels en Orient là où nous sommes habitués aux propos de table, de même il faut bien se résigner à ces regards, même s'ils ne sont pas tous aussi terrifiants que ceux que dut soutenir Edmond O'Donovan prisonnier des Türkmènes à Merv :

A la façon dont ils me scrutaient sans relâche
on eût dit qu'ils n'en revenaient pas de l'aspect

extérieur du Feringhee. *C'était le regard de l'hyp-
notiseur qui essaie d'endormir sa victime. Ne
supporte absolument pas qu'on leur ait interdit
de se mettre devant l'entrée et de m'épier par le
judas, les spectateurs tentèrent de soulever les
parois de la tente et de passer la tête à l'intérieur... Tous les piquets ayant été arrachés les
uns après les autres, ladite tente me tomba sur la
tête et manqua nous étouffer, moi et les dignitaires qui me tenaient compagnie... Je demandai
au vieux mollah s'il y avait un moyen de faire
cesser cette persécution. Il secoua gravement la
tête en me disant qu'il était sûr que je ne voyais
aucun mal à ce qu'on me regardât.*

C'est là l'une des différences entre nos manières
et celles de l'Orient. Comme le docteur Sandwith
put le constater lors d'une traversée de la mer
Noire en vapeur, aussi longtemps qu'un pacha reste
assis, ses serviteurs se tiendront devant lui, "guettant le moindre signe sur son visage imperturbable.
Nous n'avons rien en Occident qui ressemble à
cette étrange adoration qui semble remonter ici à
la nuit des temps". Pour les Européens cette façon
de regarder avec insistance dénote l'hostilité et peut
en effet y mener pour peu que la victime s'en
montre par trop outrée. Les regards que les Orientaux jettent à une Européenne, par exemple,
peuvent provoquer chez l'homme qui l'accompagne une réaction si vive qu'elle peut mettre leur
vie à tous les deux en danger.

Quant à nous, nous sommes habitués à meubler le silence par des banalités et à découvrir ce
qui nous intéresse le plus chez notre prochain du
coin de l'œil en quelque sorte. C'est de cette
façon que j'observais un couple à quelques
sièges de moi. J'étais intrigué par la relation entre
l'homme, un vrai bandit de trente-cinq ou quarante ans, et la très jeune fille auprès de qui il
semblait monter la garde et qui promenait autour
d'elle des regards implorants de captive. Les

cheveux ramassés dans un voile brodé, les mains dissimulées dans des gants de laine, elle était emmitouflée dans de lourds vêtements recouverts d'une espèce de manteau, mais il y avait de l'inquiétude dans son regard et je crus lire de la terreur dans ses yeux sombres et fuyants. Venait-elle d'être vendue en vue d'un mariage forcé ? L'homme était-il un Laze qui la menait contre son gré dans un village perdu du Pont d'où il lui serait à jamais impossible de s'évader ? Son côté sordide et grivois, combiné à la timidité toute virginale de la fille, rendait leur union brutale et faisait penser au soldat qui fuit avec son butin une ville saccagée. C'est en tout cas ce que je me disais tandis que je les observais du coin de l'œil sous les regards scrutateurs des autres passagers, jusqu'au moment où le car s'arrêta dans un village et où je le vis enjamber sa compagne et sortir pour revenir l'instant d'après avec un sac de bonbons qu'ils se partagèrent en plongeant tendrement la main dans le sac à l'unisson. Aucun narcotique n'aurait pu la soulager plus efficacement. Bientôt, elle se mit en boule sur le siège à côté de lui et posa la tête sur ses genoux pour dormir : ils étaient la tendresse même. Tant pis pour mon nid de voleurs dans le Lazistan.

Les villages que je voyais défiler derrière la vitre n'avaient rien de folichon même si, au milieu de ces entassements de boue n'offrant aucune résistance au vent, la fumée bleue qui s'élevait au-dessus des maisons et les quelques touches de vie et de couleur qu'y mettaient les pintades, les oies et les enfants, donnaient à la scène un semblant de gaieté matinale. James Fraser explique qu'il dut faire relâche dans l'un de ces villages alors qu'il se rendait en *tata* (un train de poste) à Téhéran, porteur d'un message du gouvernement :

Des sortes de trous noirs dans lesquels nous dûmes plonger leur servaient d'entrée [aux maisons]... *Nous nous frayâmes un chemin à travers*

*la foule d'hommes et de brutes jusqu'à une pièce
pleine de gens assis et de fumeurs où nous fûmes
accueillis par un vieil homme et où le café nous
fut immédiatement servi... Les murs de pierre et
de bois, de construction très grossière, ressemblaient fort aux cabanes des Highlands que tu as
pu voir dans les montagnes au-dessus de Bade-
noch ou de Stratherrick, ou même chez nous, à
Caploch* [car, faut-il le préciser, Fraser était origi-
naire du comté d'Inverness].

Je regardais ces espèces de pâtés de boue
oblongs, habités à l'époque par des Arméniens
que les Russes aussi bien que les Turcs ont
chassés depuis, en me demandant si, aujourd'hui
encore, le voyageur, à pied ou à cheval, pourrait
trouver à s'y loger. Beaucoup de hippies en route
pour l'Inde le font, ou plutôt le feraient si l'Iran
comme l'Afghanistan n'étaient pas devenus infran-
chissables. Si par extraordinaire vous rencontrez
l'un des nôtres dans l'une de ces cabanes, ce ne
sera assurément pas un messager de la reine
comme Fraser mais l'un de ces doux pèlerins
hépatiques aux poches bourrées de haschich qui
sont loin de m'inspirer autant que les voyageurs
du temps jadis.

Ce qui me fit penser à Fraser et à son parallèle
avec les Highlands, c'est la charmante rivière à
truites qui longe la route au fond du défilé de
Sarikamis où nous venions tout juste de pénétrer,
car il adorait la pêche et pêchait la truite à la
mouche, ce qui impressionnait les Turcs. Je pouvais l'imaginer, lui ou le Voyageur que je voudrais
mettre en scène, s'enfonçant jusqu'au milieu de la
rivière. Entre deux cascades, il trouvait une certaine paix à pêcher dans les eaux rapides de ces
torrents de montagne, leur tumulte chassant de
son esprit la peur et les tracas pour n'y laisser que
ceux, délicieux, de la pêche. L'eau qui coule est
le nirvana du pêcheur. Pour vaincre la solitude et
les ennuis, il lui suffit de voir l'eau s'infiltrer au

milieu des rochers, la bergeronnette sautiller sur un galet : le monde cesse d'exister tant est grande sa concentration au moment où il lance la mouche – maintenant ! – à l'endroit précis où la truite, toute musulmane qu'elle est, viendra à coup sûr la gober. Une tendresse pour les Highlands va de pair avec l'amour de la pêche et il me semble qu'un attachement pour l'Ecosse, voire un penchant pour les Stuarts hérité d'une enfance écossaise, irait tout à fait avec le personnage que j'ai en tête. On trouve en outre chez la plupart des voyageurs des traces de la hardiesse batailleuse que les Ecossais possèdent de manière innée et qui se traduit, au mieux, par l'indifférence au froid et à un certain inconfort et, au pis, par le plaisir calviniste qu'ils trouvent à infliger ces désagréments à autrui. La tendance à passer à gué des rivières qu'on pourrait traverser tout aussi facilement en sautant d'un caillou à l'autre est un trait typiquement écossais qu'on rencontre fréquemment dans les livres de voyages.

Comme nous sortions du défilé, apparut à la fenêtre de l'autocar un sommet enneigé, une éminence aux formes parfaites, plus haute et plus grandiose que toutes les autres, que nous vîmes par intermittence scintiller au-dessus de la chaîne au sud-est. Je voulais croire qu'il s'agissait du mont Ararat. Le défilé était à une altitude de deux mille, deux mille mètres tout au plus ; l'Ararat culmine à cinq mille mètres à environ cent vingt kilomètres de là, si bien qu'on devait pouvoir le voir de la route, d'autant qu'il n'y a aucune autre montagne dans la région capable de rivaliser avec lui. Quoi qu'il en soit, en mon for intérieur, j'estime avoir vu le mont Ararat.

A onze heures nous fîmes notre entrée en gare routière d'Erzurum, où un jeune tiré à quatre épingles sauta dans l'autocar avant l'arrêt complet pour racoler des clients pour Trébizonde, ce qui faisait un tracas de moins. J'avais deux heures à attendre, mais je ne descendis pas dans la ville, trop loin de la gare routière. Maintenant que j'avais vu Kars, je pouvais garder d'Erzurum le souvenir qu'en ont laissé dans mon esprit les évocations de Robert Curzon. Au dire de Curzon (qui vint ici en tant que membre de l'état-major du général Williams, le futur "héros de Kars"), il y avait dans la citadelle un donjon où le pacha, tel un roi de conte de fées, jetait tous ceux qui tentaient, sans succès, de réparer sa montre. Le dernier à connaître ce triste sort avait été un docteur franc, italien ou français, l'un de ces renégats en mal d'aventure sans la moindre formation médicale qui comptaient sur la crédulité des musulmans pour mener une vie aussi périlleuse que picaresque en Orient. Arthur Conolly croisa l'un d'eux à Asterabad au moment où il noyait deux vipères dans une bouteille afin d'obtenir une décoction "façon Galien". Ils étaient certes ignorants, mais en pays islamique *monoculus inter caecos* comme le dit Palgrave, qui lui-même traversa l'Arabie jusqu'à Riyad puis jusqu'au Golfe dans la peau d'un *hakkim* syrien, armé de cinquante mallettes contenant assez de médicaments "pour guérir ou achever la moitié des malades d'Arabie", ainsi que d'un traité d'Esculape en langue arabe. Un livre de voyages qui se donnerait pour les mémoires de l'un de ces médecins francs serait sans doute aussi divertissant, et aussi révélateur des mœurs orientales, que l'*Hadji Baba* de Morier. Le seul récit de voyages d'un médecin que je connaisse est celui d'un Anglais tout ce qu'il y a de respectable, du nom de Madden, au frontispice duquel on voit dans l'entrebâillement du rideau d'un harem une mystérieuse main blanche tendue vers le représentant de la médecine, le pouls étant, en théorie du moins, tout ce qu'il était en droit d'examiner de la personne d'une dame avant d'établir son diagnostic.

J'eus tout le loisir de flâner dans la gare routière ventée et baignée de soleil, d'observer un vieux tortillard à vapeur qui traversait la plaine sous un panache de fumée, de boire du thé et d'écrire des cartes postales à ceux qui, comme moi, apprécieraient de recevoir une carte d'un endroit aussi éloigné et aussi romantique.

Comme j'écrivais mes cartes sur un banc, un étudiant turc, parlant à grand-peine un anglais cousu de fautes ("ma matière principale"), s'assit près de moi. D'emblée, il me demanda mon âge et lorsque je lui eus dit que j'avais quarante-trois ans, il se mit à rire à gorge déployée : "Mais c'est vieux, ça ! Vous êtes très vieux ! Oui, vous avez l'air très vieux !" Il me dit cela sans mépris, sans pitié, comme un fait qu'il trouvait drôle et qu'il estimait devoir m'intéresser, sans l'intention, j'en suis sûr, de me blesser, mais avec la franchise des zyeuteurs impénitents de l'autocar. Il me demanda de lui parler de mes études, je lui dis que j'avais fait Cambridge, ce qui le fit s'écrier : "Mais c'est célèbre ! C'est un endroit célèbre ! Je veux aller là !" D'autres étudiants qui traînaient dans les parages arrivaient, se présentaient, des jeunes à la mine patibulaire qui usent leurs souliers du côté de la gare routière à la recherche de quelque chose, n'importe quoi, sur quoi ils puissent fixer leur regard bovin. Je me souvins du manque total d'intérêt des conversations que l'on peut avoir avec des étrangers qui ne parlent pas les mêmes langues que soi et retournai à mes cartes postales.

Le car partit à une heure, plein à craquer comme d'habitude, avec votre serviteur sur un strapontin, ce qui est toujours une déception, mais enfin en route pour Trébizonde, nom qui n'a sans doute pas son pareil dans le monde pour évoquer grandeur passée, dépaysement et romantisme. Magnifiques effets de tempête dans la vallée qui mène à Aşkale : jeu de l'ombre et de la lumière, nuages poussés par le vent contre les collines dénudées, spirales blanches de la neige qui s'abat en tourbillonnant sur les cimes, panaches de poussière soulevés dans les villages comme après une explosion, paquets de pluie cinglant la vitre par rafales. Il n'avait pas plu depuis Belgrade, j'avais eu cette chance de rencontrer partout, semaine après semaine, ce très beau temps si rare ici, où l'automne n'est souvent que boue et tristesse infinie. Passé Aşkale, nous laissâmes derrière nous la route que j'avais empruntée en venant de Kayseri, et avec elle la vallée de l'Euphrate, et prîmes brusquement de l'altitude au milieu de massifs érodés parsemés de chênes nains. Une fois franchi le col de Kopdaği Geçidi, dernière chance d'admirer, au sud, une vue panoramique de la Turquie centrale, nous plongeâmes à tombeau ouvert – et avec force soubresauts – vers des vallées baignées par de nombreux ruisseaux qu'illuminait l'or des peupliers.

Etrange pays que celui-ci. Les déboires que faillit y rencontrer le docteur Sandwith et le récit qu'il en fait illustrent à la fois les dangers du voyage et le style emprunté par le narrateur pour se décrire tel qu'il se voit les affrontant. Comme il se reposait dans un relais (dont il compare le gardien, de manière on ne peut plus significative, aux "vieux aubergistes de la Forêt-Noire, tels qu'ils sont dépeints dans *Les Mystères d'Udolphe*), le brave docteur remarqua deux ou trois hommes

qui complotaient à voix basse tels des bravi de tragédie. Des mots lourds de menaces arrivèrent jusqu'à mes oreilles. "Le giaour sera tué, si cela n'est pas déjà fait", marmonna l'un des ruffians. Je me levai aussitôt de mon siège et allai leur demander "ce qu'ils voulaient dire ; qui est-ce qui avait été tué, ou allait l'être ?" Plus tard, le gardien devait me confier qu'un homme avait été assassiné par des voleurs à la porte de cette même étable.

C'était un giaour, c'est tout ce qu'on voulut savoir : il fut enterré à moins d'une portée de fusil de là. Une heure auparavant ils avaient vu arriver au galop un homme couvert de sang, du sang plein la bouche, qui à peine entré dans le *khan* était tombé de son cheval. Ses poursuivants, quatre ou cinq bandits de la montagne, ne tardèrent pas à arriver : ils se jetèrent sur lui, finirent de l'achever en le rouant de coups avant de repartir non sans avoir criblé son cadavre de balles. Son serviteur turc arriva sur ces entrefaites et expliqua qu'ils avaient été attaqués par une bande de Lazes, que son maître, un officier français du nom de Belliot, en avait abattu un ou deux mais qu'il avait reçu une balle en essayant de passer en force entre les autres. Pauvre homme ! soupire le docteur Sandwith,

j'éprouve pour lui la plus grande pitié, et la plus grande admiration pour son acte de bravoure ; certes, il avait succombé à la force du nombre, mais il avait vendu sa vie au prix fort et montré à ces meutes païennes que le giaour de l'Occident n'est pas ce chrétien de l'Orient apeuré et veule, abâtardi par des siècles d'oppression... Je fis changer mes chevaux et partis au galop, bouillant de colère envers les assassins qui peuplent ce pays.

Bayburt, où nous venions de débouler, servit de quartier général à la chasse à l'homme qui s'ensuivit. Menée par le consul de France à Erzurum à la tête d'une armée de *zaptiehs* et de bachibouzouks, elle se heurta à l'indifférence et à la roublardise des Ottomans car s'il est une chose qui exaspérait un pacha plus que toute autre, c'était l'émoi que causait chez les Européens le meurtre de l'un des leurs. Comme le dit l'émir de Boukhara au docteur Wolff : "Comme c'est étrange ! J'ai dans mon empire deux cent mille esclaves qu'aucun Persan n'est jamais venu chercher et voilà que le docteur Wolff vient, Bible en main, me réclamer deux Anglais que j'ai tués !" Pendant que le car se reposait sous les arbres au bord de l'unique rue de Bayburt, j'allai respirer l'air vif de la montagne et boire du thé à une buvette. La carcasse d'un château coiffe la crête et une courtine en fort piteux état suit les contours de la colline au-dessus des toits. Etonnant comme les villes de montagne, quel que soit le pays, ont en commun une matérialité, une solidité, une "suissité", pourrait-on dire, qu'on ne trouve pas toujours à faible altitude. Je suppose que leur agencement est dicté par la nécessité de se protéger du froid et de la neige. D'où cet air de famille que n'ont pas les villes de plaine, qui sont, elles, d'une variété infinie. D'où, également, la ressemblance entre les montagnards de tous les pays. Le chauffeur fit beugler son klaxon et nous reprîmes la route des montagnes.

La vitesse du car conjuguée à la sinuosité de la route commençait à faire son effet. Etaient montés à l'*otogar* d'Erzurum les seuls vrais bourgeois, d'ailleurs déposés là par une voiture avec chauffeur, que j'aie jamais vus dans un car turc : un homme sec en costume et cravate qui affichait un air supérieur, un dentiste très probablement, accompagné de sa fille de quinze ans, habillée à l'ancienne comme lui. Je l'avais vu épousseter son siège de sa main blanche avant d'y poser sa personne, attaché-case sur les genoux, regard froidement braqué vers le dehors. Depuis le début, il n'avait pas adressé la parole à l'enfant, pas une seule fois il ne l'avait regardée, son mépris pour nous tous l'isolant de sa propre fille.

Son dédain contrit pour le voyage en autocar vira à la consternation lorsque sa fille fut soudain prise de nausées. A plusieurs reprises, elle vomit dans des sacs en plastique qu'il dut tenir devant elle. Chaque fois qu'il sentait venir un haut-le-cœur, il appelait nerveusement le contrôleur en faisant claquer ses doigts. Celui-ci apportait les sacs et les jetait dehors par la porte entrouverte une fois qu'ils étaient pleins. La vitesse était vraiment phénoménale, la route étroite et raide, une succession d'épingles à cheveux. Devant moi, un

Turc gros et gras, flanqué d'une famille nombreuse disséminée d'un bout à l'autre de l'autocar en folie, les insultait copieusement et talochait tous ceux qui avaient le malheur de passer en titubant dans son orbite avant de rouler par terre et de vomir sur mes pieds avec des gémissements proprement déchirants. Derrière, un soldat gargantuesque bâfrait la bouche ouverte. Plus les montagnes devenaient insensées, plus les virages étaient raides, et plus on allait vite. Insensible aux drames qui se jouaient dans son dos, notre chauffeur allait de l'avant tels les héros du temps jadis et rien, ni l'angle mort, ni le bord du précipice, ni le nuage de poussière, n'aurait pu entamer son courage dès lors qu'il s'agissait de dépasser les camions.

J'ai toujours été malade en voiture. Je commence à me sentir mal au bout d'un kilomètre de route de campagne sur la banquette arrière, mais là je ne permis pas au mal de prendre le dessus. Je respirai un bon coup et regardai dehors. Le risque de nausée s'éloignant, il ne me resta plus qu'à m'abandonner au vertige de la vitesse comme on s'abandonne au toboggan dont on ne peut plus sortir.

Peu de paysages de montagne égalent celui-ci par leur beauté. A Kale, c'est un vieux château tout calciné dans un défilé impossible, avec un torrent comprimé entre deux véritables murailles de pierre et des montagnes follement dressées contre le ciel. Sur les hauteurs au-dessus de Torut, au cœur même du massif montagneux, c'est une débauche de pics et de vallées sinueuses comme je n'en ai jamais vu, où serpentent des rivières étincelantes dans la lumière du soir tamisée par la fumée et les nuages. C'est un paysage qui invite la main de l'illustrateur et le vocabulaire du narrateur à s'unir pour produire un volume qui comble les rêves les plus romantiques du voyageur en chambre. Ici, pas de doute, les rochers "plongent" véritablement dans le vide, les à-pic ont un air "tourmenté", les hauteurs sont "vertigineuses", les gouffres "béants" et les rivières sont toutes des "cataractes". Il vous suffit de grossir légèrement le trait et vous obtenez une gravure de Bartlett, Allom ou Edward Lear, l'une de ces illustrations qui donnaient à voir au lecteur ce qu'il voulait voir (et faire endurer à son narrateur !) dans ces contrées sauvages. Bizarrerie du goût victorien : quelques années plus tôt, Gay, le poète, avait tiré le rideau de sa diligence en traversant le Cumberland car la vue d'une simple colline constituait un outrage à sa foi en un monde ordonné. Les montagnes, comme les tremblements de terre, étaient tenues en horreur par le Siècle des lumières. Puis vinrent *Les Mystères d'Udolphe* et *Le Château d'Otrante*, mystères gothiques faisant largement appel aux à-pic et aux gouffres béants pour souligner l'horreur. Horace Walpole est, à ma connaissance, le premier à parler des Alpes en termes flatteurs. Bientôt, l'excursion à la montagne marquera les débuts du tourisme tel que nous le connaissons. Je suppose que ces régions redoutables, comme la fréquentation de tribus sauvages, flattait cet instinct qui porte l'homme à vénérer le contraire de ce que son époque s'efforce d'engendrer. Ainsi les victoriens soupiraient-ils après des rochers plongeant dans le vide et des à-pic à l'air tourmenté. Edward Lear se souvient quelque part d'un Italien lui décrivant un paysage qu'il s'apprêtait à voir comme *un luogo tutto orrido, ed al modo vostro, pittoresco*. Et, en effet, le pittoresque de l'horrible constituait le fonds de commerce du voyageur.

Ce sont ces défilés de gravures que les hommes comme les marchandises du Pont empruntaient pour se rendre en Perse et en Orient *via* Trébizonde. Je distinguais çà et là le tracé de l'ancienne piste qui coupait à travers les précipices, comme une égratignure contre la paroi qui tantôt ressortait à la verticale des profondeurs de la gorge, tantôt plongeait jusqu'au bord du torrent déchaîné. C'était un voyage échevelé, mais à quel point ? Difficile à dire : certains auteurs, impatients de conter des épreuves encore plus terribles rencontrées plus loin, lui consacrent à peine deux lignes ("je ne vais pas ennuyer mon lecteur avec la description d'un itinéraire désormais connu de tous"), d'autres, si le récit l'exige, s'appesantissent au contraire sur la terreur que leur inspire une piste surplombant un abîme et "pas plus large qu'un parapet". C'est selon. Robert Curzon, qu'une fièvre cérébrale avait cloué au lit à Erzurum pendant vingt-sept jours et qui n'avait recouvré ses esprits que grâce à un tremblement de terre qui décima la moitié de la population de la ville – "le séisme avait accompli sa mission : dans toute cette terreur et cette désolation, il avait rendu la vie à une pauvre créature" –, Robert Curzon, dis-je, a besoin de dix pages pour décrire par le menu comment il franchit ces montagnes sur une civière en plein hiver. Il explique qu'il leur fallut dégager la glace des saillies empruntées par la piste, hisser les poneys et les mulets incapables de négocier des tournants trop brusques pour eux, qu'ils croisèrent un jour une rangée de Persans assis sur le bord d'un précipice au fond duquel gisaient toutes les bêtes de somme de leur caravane ; il parle d'un endroit précis, une fente dans la saillie, où un serviteur dut lui servir de pont à lui-même sur sa civière, mais aussi aux mulets et aux poneys. Pourtant, Arminius Vambéry dit le plaisir qu'il eut à voyager "de Tabriz à Trébizonde, sur une route de malle-poste en bon état". Quant au bon docteur Wolff, tout ce qu'il trouve à dire à propos de son voyage d'Erzurum à Trébizonde en hiver, c'est que "la route était encombrée d'une telle couche de neige que Wolff dut avoir recours aux services de deux Arméniens pour lui frayer un chemin, et c'est à peine si ces sauvages ne le laissèrent pas mourir de faim." Je me demandais, dans le car qui roulait à tombeau ouvert dans la brume et les nuages et croisait dans des angles morts des camions chargés de bois de hêtre qui fondaient sur nous entre montagne et précipice, si autant de gens périssaient en ce temps-là en chemin qu'il en périt aujourd'hui dans les accidents d'autocar.

Il y eut un autre arrêt, cette fois à Gümüsane, où se trouvaient à l'époque des mines d'argent si mal exploitées qu'elles s'attiraient les vives critiques de voyageurs soucieux d'instruire le Turc dans l'art de gérer une affaire commerciale sur le modèle britannique. Ceux des passagers qui ne se sentaient pas trop mal prirent leur repas dans un café ; beaucoup avaient maintenant l'air franchement malades, la fille du dentiste semblait dans un état comateux, tellement elle était épuisée, d'autres, comme elle, étaient piteusement affalés aux quatre coins du car. Je m'achetai des biscuits et des abricots secs dans une épicerie restée ouverte et les mangeai dans la rue tout en marchant dans la nuit qu'emplissait le mugissement d'une rivière en crue. Puis nous repartîmes.

Les scènes de désespoir faisaient penser à celles qui se produisent sur les ponts d'un négrier dont le capitaine fait force de voiles pour échapper au bâtiment de guerre qui l'a pris en chasse. Enfin, à travers la brume et les ténèbres, je vis, éclairés par nos phares, des pins, des arbustes agrippés à la roche, des églantiers. Bientôt, les hêtres se firent plus gros, les bois plus denses et nous commençâmes notre descente vers la mer Noire.

Je n'ai jamais trouvé *L'Anabase* de Xénophon particulièrement passionnant, mais je reconnais volontiers l'intensité dramatique de la scène où tous ces Grecs, perdus dans ces montagnes inhospitalières, s'écrient : "La mer ! la mer !" et s'embrassent, le visage baigné de larmes. Trouvaille de génie qui illumine toute l'œuvre, à tel point que la scène est connue de milliers de gens qui n'ont jamais ouvert un livre de Xénophon. Ce qui explique d'ailleurs qu'elle ait donné lieu au genre d'exégèse des classiques qui permettait à l'auteur du XIXe siècle – je pense entre autres au *Dictionnaire classique des noms propres* de Lemprière et à la *Géographie antique* de Butler (le prédicateur) – d'étaler son érudition et de flatter celle de ses lecteurs. Je le vois défendant la thèse selon laquelle c'est de cette montagne, et non, comme on le prétend, du mont Thechès, que les Dix Mille virent la mer, et retraçant, arguments à l'appui, l'itinéraire suivi par les mercenaires grecs depuis la Mésopotamie, et ce, pour le grand plaisir des lecteurs, ravis de prendre part à une querelle scolastique, les oreilles encore bourdonnantes de ce cri du cœur et leurs yeux emplis de la vision de soldats accourant vers les cris de jubilation des premières lignes.

J'étais moi-même très heureux d'atteindre la mer Noire après un voyage de sept heures trois quarts, pour être précis. A Trébizonde, les passagers, comme toujours, se dispersèrent dans la nature comme par magie. Il n'y avait apparemment pas de *dolmus* pour la ville située sur les hauteurs au-dessus de la gare routière ; je pris un taxi, le premier depuis la gare d'Athènes, et demandai au chauffeur de me conduire à un hôtel qui figurait dans mon guide avec ce commentaire : "Confort limité, mais intéressante survivance du XIXe siècle." Je me méfiais de cette prose, mais ne pus néanmoins y résister. Les guides touristiques étant écrits par des gens gagnés à la cause du pays, les horreurs qui frappent l'étranger à son arrivée n'y sont jamais mentionnées car l'œil amoureux de leurs auteurs s'y est trop habitué pour s'en souvenir. De plus, je tombais encore dans le panneau de fausses appellations du genre "restaurant sobre", "charmant hôtel" ou "agréable salon de thé" car je les prenais dans leur sens anglais et non turc : pour moi, salon de thé signifie – et signifiera toujours – pain de mie et *cup-cakes*. C'est dire si le fait que le guide reconnaissait lui-même que le confort pourrait y être "limité" me faisait craindre le pire.

Mais en fait d'hôtel, il n'y en avait pas, ou alors parfaitement introuvable. On me conduisit à la place à l'Otel Usta, le meilleur de la ville, où les tapis et les plantes vertes de rigueur au rez-de-chaussée finissaient en eau de boudin à l'étage par un confort spartiate dans des chambres exiguës. J'en sortis en courant pour chercher sans attendre quelque chose à manger et fus ravi de découvrir des rues escarpées éclairées par des lampadaires, des pavés, un *meidan* plein de verdure et de beaux arbres. La douce lumière qui baignait les arbres et les maisons peintes de toutes les couleurs, mais aussi la douceur de la nuit, surprenante après les hauts plateaux arméniens rendaient la ville chaude et paisible. Ainsi j'étais à Trébizonde !

Je finis par entrer dans un *kebabci*. Clients et membres du personnel étaient massés autour du poste de télévision, les fourchettes figées entre bouche et assiette, la spatule du cuisinier inutile dans sa main, les yeux rivés sur l'écran. Un putsch ? L'entrée de la Turquie dans la guerre Iran-Irak ? J'allai voir de plus près : sur l'écran, en direct de Cardiff, la Turquie disputait un match de football contre le pays de Galles.

2

Je ne crois pas me tromper en disant que chacun porte en lui depuis l'enfance, dans les recoins de son imagination, une carte secrète qui lui indique un trésor caché là où le commun des mortels ne voit qu'un nom de ville comme un autre et que voyager ne consiste en rien d'autre qu'à atteindre ces lieux secrets dans le fol espoir d'entendre le bruit de sa pioche contre la cassette enfouie dans la terre. Debout dès la première heure tel un petit garçon le jour de son anniversaire, j'ouvris mes rideaux et vis, au-delà des toits de la ville, miroiter les eaux du Pont-Euxin. Trébizonde ! Ma pioche avait trouvé de l'or.

Après un petit déjeuner dans un café sous les platanes, je sortis de la place en prenant, à l'est, une rue pavée d'où l'on apercevait, au détour d'un pâté de maisons, au bout d'un escalier ou d'une allée, par-delà les jardins ou les toits de brique rouge, le bleu de la baie en contrebas. Un pur enchantement. De chaque côté de la rue, de vieilles demeures, sans doute celles que les marchands et les consuls de maintes nations se firent construire, joue contre joue, dans tous les styles possibles et imaginables, quand Trébizonde retrouva sa vocation de port de la Perse dans les années 1830. Des balcons de bois à la manière russe côtoyaient des constructions branlantes faites de planches superposées qui rappelaient les *yalis* du Bosphore et des villas de pierre bien bâties comme on en voit au bord de l'eau en

France ; leur seul point commun était d'être presque toutes surmontées au niveau de la toiture d'une espèce de loggia ouverte à tous les vents de terre comme de mer. Aucune de ces maisons cependant n'égalait en dignité le palace italien entrevu en passant derrière sa grille de fer forgé, une noble bâtisse tout en pierre de taille et en immenses fenêtres dont le portique à colonnade contemplait rêveusement la mer.

Tous ces bâtiments étaient bien entendu dans un état de délabrement avancé ou soumis aux usages les plus dégradants. Les uns avaient été divisés en appartements, les autres convertis en garages ou laissés à l'abandon, fenêtres cassées et portes condamnées. Pourtant, au milieu de toute cette décrépitude, je découvris un endroit dégagé où des blocs de pierre entassés annonçaient la construction prochaine d'une mosquée. Un vieil homme coiffé du calot les taillait au marteau et au burin. Ce bruit du burin sur la pierre que j'entendais maintenant parmi les ruines, comme il a dû résonner sur ce rivage à l'époque ! Entre 1830 et 1840, la valeur des marchandises qui transitaient par cette rade (opium et arsenic, sangsues et rhubarbe, calicots de Manchester et couteaux en toc de Birmingham) passa de dix mille à un million de livres.

Ce jour-là, à l'exception d'un caboteur russe amarré à quai, la rade était déserte, mais les docks, où je descendis, croulaient sous des montagnes de marchandises et des falaises de caisses et de conteneurs. La frontière iranienne étant fermée, le fret en souffrance s'entassait ici, à Trébizonde. Sauf le caboteur russe, qui chargeait du blé, c'est un port endormi, ou plutôt un labyrinthe silencieux de gorges profondes entre des montagnes de marchandises, que je traversai pour me rendre au bureau de la Compagnie maritime turque. Conformément à la promesse des horaires que j'avais vus à Londres quelques mois plus tôt, le bateau pour Istanbul était attendu à midi le lendemain. Les tarifs n'étaient pas élevés (rien à voir avec les prix pratiqués entre Le Pirée et Rhodes, que j'avais déjà trouvés très bon marché) mais à présent que j'étais habitué aux tarifs dérisoires des autocars, ils me parurent prohibitifs, si bien que je réservai chichement une cabine en deuxième classe pour la traversée jusqu'au Bosphore en deux jours, chassant de mon esprit l'adage du voyageur bourgeois : "En bateau, choisis la première ; en train, voyage en seconde."

J'avais un jour et demi devant moi ; le soleil brillait, la ville m'enchantait, et j'avais pris toutes mes dispositions pour l'étape suivante. Bien qu'ayant mis le cap sur l'Angleterre, j'avais encore devant moi toute l'incertitude et, pour moi en tout cas, l'étrangeté du voyage d'Istanbul à Vienne à travers l'Europe de l'Est, de sorte que je n'avais nullement cette impression quelque peu déprimante de rentrer chez soi en se laissant glisser sur son erre, que l'on a en achetant un billet d'avion dans l'aéroport le plus proche, un peu comme lorsque vous perdez votre tour au cricket et qu'il ne vous reste plus qu'à rentrer aux vestiaires. Ce n'est pas la mort ; au contraire la vie, la vraie, il faut bien l'avouer, commence lorsque vous quittez le terrain, mais c'est la mort du batteur que vous êtes à ce moment-là.

Comme je voulais aller à pied jusqu'à l'église Sainte-Sophie, à deux ou trois kilomètres à l'ouest de la ville, je sortis du *meidan* en prenant le pont qui enjambe la gorge cernant la citadelle. Sous ce pont, on peut voir, dans une profonde crevasse, des toits de cabanes près d'une eau verte et des festons de vigne accrochés aux murs de la vieille cité. Sous les frondaisons d'un café, je bus un verre de thé, entouré de vieillards jouant au triquet. L'impression créée par les maisons de pierre, les rues étroites, les vieillards sur leurs chaises de paille devant la porte du café, avait la solidité d'un tableau en Europe, disons dans le sud de l'Italie ; rien à voir avec les villes anatoliennes tellement faites de bric et de broc qu'on se demande si elles ne sont pas tombées aux mains de gens de passage. L'instabilité des Orientaux, ce manque d'attaches qui saute aux yeux de l'étranger frappé par le peu d'intérêt qu'ils ont pour l'architecture, a toujours mis les peuples sédentaires de l'Europe mal à l'aise. "Là où le Turc passe, plus rien ne pousse" est un dicton inventé par des Européens inquiets de le voir aux portes de Vienne.

Je ne mis pas longtemps, moi non plus, à sortir de cette enclave d'immuabilité sous la citadelle et les tours de Trébizonde, pour refaire surface sur une route tracée au cordeau dans la poussière de décombres s'étendant à perte de vue. D'un côté, des tours de béton qui cachaient la mer ; de l'autre, des coteaux truffés de constructions. Je laissai successivement derrière moi une université, un terrain de football et un hôpital. De ce dernier sortit un double chapelet d'infirmières marchant deux par deux à la queue leu leu, dont certaines partirent d'un tel fou rire en me croisant qu'elles durent s'agripper à leur compagne pour ne pas tomber. Malgré cela, je continuais à marcher, de la poussière plein mes yeux éblouis, dans le bruit assourdissant des voitures qui roulaient à toute berzingue en faisant valser les gravillons de la route défoncée.

Dommage qu'il y ait tant à redire à la "modernisation" de la Turquie. Malheureusement, la modernisation, sauf dans un nombre infime de pays assez riches pour s'offrir le luxe de la nostalgie, consiste à détruire à peu près tout ce que le touriste de ces quelques pays riches aimerait voir, pour mettre à la place tout ce qui l'intéresse le moins dans les villes de province de son propre pays. En vérité, rares sont ceux qui, à l'époque moderne, ont voyagé pour voir à quoi ressemblent les pays étrangers de nos jours ; en général, on voyage dans l'espoir de découvrir des traces d'époques révolues, ce qui explique

que l'on soit presque toujours déçu. (Les voyageurs européens, au moins depuis Thévenot au
XVIIᵉ siècle, ont, par exemple, toujours fait grise
mine devant l'état de délabrement de la Turquie,
ce qui a donné, entre autres, le ton réprobateur et,
disons-le, injurieux sur lequel on a pu traiter les
nomades et que l'on retrouve encore aujourd'hui
dans les livres pour enfants mettant en scène des
gitans.) J'imagine qu'on a toujours eu en Turquie l'impression d'arriver vingt ans trop tard. La
déception vient de ce que l'esprit ne s'est pas
bien préparé à la réalité du pays ; pourtant, c'est
ce manque de préparation – le trésor caché dès le
plus jeune âge sous certains noms de lieux – qui
nous pousse précisément à entreprendre le
voyage. Si j'avais su à quoi ressemblait la majeure
partie de Trébizonde aujourd'hui, peut-être n'y
serais-je jamais venu. Seul celui qui ne sait pas,
qui refuse d'entendre ce qu'on lui dit, qui est
décidé à partir coûte que coûte avec sa pioche et
sa carte secrète, peut espérer trouver Trébizonde.

Non seulement il n'était pas facile de trouver
l'église Sainte-Sophie parmi toutes ces tours mais,
quand j'eus enfin déniché la grille de son cimetière, ce fut pour m'entendre dire que l'église
était fermée indéfiniment. Pourtant, sortant tout à
coup de tout ce béton tentaculaire, je fus ébloui
par le magnifique emplacement de l'église et du
cimetière sur leur promontoire, comme on l'est
par la lumière à la sortie d'un tunnel. Au-dessus
de la vieille bâtisse, le bleu immense du ciel ;
derrière, le brasillement de la mer, et dans l'herbe
couchée par les vents contre ses murs, des fleurs
dont le bleu n'avait rien à envier à celui de l'un
ou de l'autre. Je ne pouvais pas y entrer, mais
même vu de derrière la grille, l'endroit était un
régal pour les yeux. Ce qui étonne, ce sont les
solennelles figures d'angelots peintes dans des
tons pastel, qui ornent les voûtes du porche et
que je dirais importées de Toscane au XIIIᵉ siècle.
Voici ce que Robert Curzon écrit à propos de

ces fresques (atteignant par la même occasion un sommet de condescendance rare y compris parmi les bibliophiles) : "Elles n'ont pas leurs pareilles, sauf les enluminures d'un volume des Μηνολογία à la Bibliothèque vaticane, et *quelques-unes dans celui que j'ai en ma possession.*"

Je cueillis dans l'herbe une fleur bleue qui semblait la quintessence du ciel, de la mer et des angelots réunis. Je m'assis sur le mur du promontoire chauffé par le soleil pour scruter l'air du large : du mirage de la lumière sur la mer sortit la forme blanche et lointaine d'un navire venu de l'occident, sans doute le bateau que je devais prendre le lendemain après qu'il aurait atteint l'extrême limite orientale de sa course, à la frontière russe, et qu'il ne lui resterait plus qu'à remettre le cap à l'ouest. De voir ainsi se matérialiser ce bateau blanc sorti des profondeurs de la mer, de voir cette chose réelle là où n'avait existé jusqu'alors qu'une pure abstraction – les horaires –, j'eus le sentiment qu'on me mettait brusquement sous le nez la preuve irréfutable de la validité de la théorie maritime. Je ne pus m'empêcher de regarder vers l'orient, sa destination présente, où les montagnes de Circassie, ces portes de la Russie asiatique au-dessus de l'embouchure du Phase, formaient un frêle alignement de pics enneigés peints en blanc de Chine contre le bleu de la mer à l'est, comme autant d'allusions au monde évoqué par Tennyson, "ce monde où nul n'a voyagé, qui recule toujours un peu plus à chacun de mes pas"…

Je tournai à nouveau les yeux vers le bateau qui approchait lentement mais sûrement, tel un héraut de l'Occident, comme si sa matérialisation n'avait d'autre but que de me rappeler qu'il avait tenu, lui, la promesse des horaires. Tant pis pour les pics enneigés de Circassie : il leur faudrait attendre un prochain voyage pour être plus que ces quelques taches de peinture à l'horizon.

Rentré à pied dans la ville, je parcourus les bazars à la recherche d'idées de cadeaux en songeant au mot que Robert Curzon eut à leur propos dans les années 1840 : "Les bazars de Trébizonde renferment pas mal de camelote, y compris humaine." Puis il en profite pour se livrer à l'un de ces exposés dans le genre condescendant qui permettent au voyageur d'étaler sa science incomparable des choses de l'Orient : "Je ne sais pourquoi les Européens s'obstinent à appeler ces endroits des bazars : ce que nous appelons bazar se dit *charchi* en turc... Le mot bazar signifie marché, ce qui n'a absolument rien à voir." Je fus pour ma part contraint d'acheter une casquette irlandaise turque, qui plus est beaucoup trop grande pour moi, ayant commis l'imprudence de l'admirer. Le marchand, résolu à satisfaire les désirs des clients, envoya chercher du fil et une aiguille afin d'en réduire la taille, ainsi que du thé pour me faire prendre mon mal en patience. Il avait été en Allemagne mais ne parlait pas plus l'allemand que moi, si bien que notre conversation, tandis qu'il rétrécissait le ruban à grands points inégaux, fut des plus limitées. Sans doute, si j'avais parlé le turc, aurais-je beaucoup appris de gens comme lui, mais aurais-je encore été capable de voir le pays sous l'angle qui me le rend à la fois hostile et mystérieux et qui parle le plus à mon imagination avide de ressusciter la Turquie de l'Empire ottoman ?

A Trébizonde aussi je sentis la présence de ce sentiment de gêne dont j'ai parlé, mais diffuse, comme à fleur de pavé. Non, on ne peut pas dire que j'aie été déçu de ce côté-là. Ainsi, en rentrant de l'église Sainte-Sophie, j'avais croisé un peloton d'écoliers de cinq à onze ou douze ans qui marchaient au pas derrière une fanfare militaire dont les accents martiaux semblaient faire obéir leurs petits pieds au doigt et à l'œil, comme leurs aînés armés font régner l'ordre dans une foule à coups de pied et de matraque. Le souffle glacial du tyran se faisait sentir sur leur passage. Puis, dans la soirée, alors que j'allais manger, ce fut une panne de courant qui plongea la ville dans l'obscurité et, dans ce noir aussi inquiétant que soudain qui me tombait sur la tête comme un sac, je sentis la tension reprendre le dessus. Bruit de quelqu'un qui court, silhouette d'un homme entrevue au moment où il passe tête baissée devant la lanterne d'une boutique : j'ai cherché ses poursuivants, j'ai tendu l'oreille, certain d'entendre des coups de feu. Il me semblait que j'étais seul dans la rue.

Puis le courant est revenu et les gens se sont mis à marcher comme avant. Disparus, le fugitif et ses ténèbres. Il ne me restait plus qu'à trouver mon restaurant à Trébizonde. C'était la première fois depuis Rhodes que j'allais dans un restaurant qui se proclamait tel : cela valait bien une cravate. Le décor se composait de nappes rouges, de lumières tamisées et de filets de pêche suspendus au plafond, autant d'emprunts à l'Occident qui rendaient encore plus flagrante l'absence totale de femmes et me firent soudain prendre conscience du fait que je n'en avais pas vu une seule manger au restaurant dans toute la Turquie.

Il devait y avoir deux autres pannes de courant avant mon retour à l'Otel Usta. Certes, elles ne me prirent pas au dépourvu comme la première, mais comme je m'attardais dans les rues après le dîner afin d'observer l'effet de l'éclairage sur la ville, j'eus l'impression que les ruelles tortueuses avaient le pouvoir de sécréter les ténèbres. J'admirais la citadelle flanquée de tours sur son entablement rocheux de l'autre côté de la gorge quand un crépitement de haut-parleur me fit sursauter. Je m'attendais au *"Dikkat ! Dikkat !"* que j'avais entendu à Ürgüp, mais non, les crachotements, qu'on eût dits les raclements d'une gorge d'airain quelque part dans les ténèbres au-dessus de ma tête, provenaient de la guirlande de haut-parleurs autour du minaret tout proche. Ces bouches noires qui vomissaient feu et flammes sur les têtes des passants me firent penser aux crânes suspendus au cou de la déesse Kali qui, dans un temple indien, semblent proférer leurs malédictions à travers la fumée et l'encens.

Encore une fois, cette vision des choses et cette gêne, je les devais au choix que j'avais fait de voir la Turquie sous l'angle qui permettait à mon imagination de prendre son envol, comme d'autres ont besoin de flammes vacillantes et d'un feu moribond pour se mettre à écrire une histoire pleine d'horreur et d'épouvante. La Turquie n'était pas l'Iran, où des voix d'airain tombant de minarets auraient en effet le pouvoir de faire sursauter les misérables victimes de la théocratie, ni l'Irak, où un observateur aurait tout lieu de trembler en voyant des enfants marcher au pas derrière une fanfare ; même l'homme qui courait dans le noir appartenait à la Turquie d'avant le putsch. J'avais beau être sensible à tout ce qui pouvait créer une atmosphère, je ne tenais pas à me laisser effrayer par des ombres. Reste qu'avant de quitter Trébizonde je commis précisément la faute dont doivent se garder ceux qui n'ont aucune envie de connaître les prisons turques de l'intérieur.

Le lendemain, parti avec l'intention de visiter un magasin d'antiquités, le premier que j'avais vu depuis que j'avais mis les pieds en Turquie, devant la vitrine (bondée de curiosités) duquel j'étais passé la veille, j'entrai dans une banque qui arborait un écriteau CHANGE, banque que j'avais également repérée lors de mes pérégrinations dans la ville. (Ayant anticipé les difficultés que je pourrais avoir à changer des traveller's chèques dans l'est du pays, j'avais changé assez d'argent à Konya pour voir venir jusqu'à Istanbul ; je ne voulais donc qu'un petit supplément au cas où je me laisserais tenter par une babiole quelconque chez cet antiquaire qui semblait avoir ramassé tout ce qui traînait en Turquie, comme ces minuscules patins de cuivre que j'imaginais portés jadis par une jeune Circassienne pour protéger ses pieds de la boue des rues.) Je me laissai engloutir par le marbre et le verre de l'établissement. On me dirigea, parmi des bureaux agencés à la façon moderne, c'est-à-dire sans cloisons entre eux, vers celui d'un sous-directeur qui étudia mon traveller's chèque de vingt livres sous toutes les coutures. Des sourcils circonflexes et une moustache démesurément grande lui donnaient un air de Groucho Marx ratatiné. Il consulta un prospectus de la Barclay's où il trouva la réplique exacte de mon traveller's chèque. Il étudia celle-ci avec la même minutie, tantôt à travers ses lunettes, tantôt à l'œil nu, les sourcils en points d'interrogation et en faisant claquer ses doigts chaque fois qu'il voulait élargir son champ d'étude à mon chéquier ou à mon passeport. M'attendant à des lenteurs, je ne montrai aucun signe d'impatience. On lui apporta du thé, qui eut le temps de refroidir sur son bureau, devant lequel je commençais pour ma part à bouillir. D'autant qu'on ne m'en proposa pas, à moi. Il sollicita ensuite l'assistance d'une femme au physique de camionneuse avec qui il tint un conciliabule tout en sucrant son thé et en apposant machinalement son paraphe sur divers documents qui lui arrivaient des quatre coins de la pièce. Enfin, il m'indiqua du doigt l'endroit où je devais contresigner. Ce que je m'empressai de faire.

Ils se mirent alors à inspecter ma signature, en la comparant, d'abord à la signature originale gribouillée à la hâte et à quarante exemplaires dans une banque de Bridport, puis à celle qui figurait sur mon passeport. Groucho tomba d'accord avec la camionneuse (qui, soit dit en passant, empestait la crevette) : le z dans Glazebrook n'était jamais le même. Je sortis mon certificat de vaccination contre la variole : encore un autre z ; mon permis de conduire international, idem. Pour moi, ces divergences constituaient la meilleure preuve de leur authenticité ; il était plutôt porté à croire, au contraire, que tous ces documents étaient dus à des faussaires différents, tous incapables de recopier correctement un z. Pour preuve de ce qu'il avançait, il s'empara d'un morceau de papier sur lequel, avec une rapidité déconcertante, il reproduisit exactement le même hiéroglyphe plusieurs fois de suite. Pour preuve de ma bonne foi, je pris moi aussi du papier et un stylo et me mis à lui gribouiller mon nom une bonne dizaine de fois. Je ne sais quelle conclusion il en tira, mais elle n'était certainement pas à mon avantage, car il sortit carrément de la banque en courant, emportant avec lui et mes traveller's chèques et mon passeport.

A travers la fenêtre, je le vis traverser la rue en évitant de se faire écraser et escalader les marches d'une autre banque encore plus récente et plus grandiose que la sienne (les banques turques faisant exception à la décrépitude générale). Sachant que pratiquement partout hors de nos frontières la plus élémentaire opération bancaire peut prendre un temps interminable, je pris mon mal en patience pendant les vingt premières minutes que notre homme gaspilla de la sorte. En Italie, à l'époque où j'y vivais, toucher un chèque me prenait presque toujours toute la matinée, bien que j'eusse un compte sur place, et je dois dire que je perdais chaque fois mon sang-froid. Là, quoique contrarié, je gardai mon calme pendant le quart d'heure où Groucho, parti avec mes biens les plus précieux, se fit encore attendre. Je bus son thé en me disant que Trébizonde, l'un des plus grands ports de l'Histoire, était tombée bien bas : deux banques et toute une matinée pour encaisser un misérable chèque de vingt livres dans l'une des monnaies les plus fortes du monde ! Ce n'est pas tout.

Car voilà qu'il entre en coup de vent – du pur Groucho Marx mimant un fonctionnaire grotesque – et me tend mon traveller's chèque : il refuse de l'encaisser. Cette fois je perds mon sang-froid. D'une voix fâchée mais ferme (et en mélangeant sans doute un peu les langues en cherchant mes mots), je lui fais observer que le chèque, maintenant que je l'ai daté et signé sur sa demande, sera sans valeur à moins qu'il ne l'encaisse aujourd'hui même. Il me tourne le dos, ce qui ne m'étonne pas outre mesure, et se met à farfouiller dans ses papiers. Sur son bureau, il y a toute une collection de verres à thé vides ou à moitié vides : je les envoie valser par terre avec perte et fracas et me sauve avec mes traveller's chèques et mon passeport.

Je me rendis dans la banque d'en face, où je tombai sur un directeur à l'air mélancolique aussi distingué que l'autre avait été pitoyable et qui parlait quelques mots de français. Tremblant de rage, je lui expliquai ce qui m'était arrivé. En guise de réponse, il me mit sous les yeux de sa manière lasse et triste un chèque de deux cents livres que leur avait fait un certain Macmillan et que la banque anglaise de ce dernier n'avait pas honoré. La défiance des milieux financiers de Trébizonde à l'égard des chèques anglais n'avait pas d'autre explication. J'eus beau lui expliquer la différence entre mon traveller's chèque, que j'avais moi-même dû acheter, et un chèque normal, qu'une banque peut toujours refuser, dans son esprit je restais indissolublement lié à ce Macmillan. Il ne voyait pas comment il allait pouvoir récupérer la somme en question ni la raison qui avait pu pousser ma banque à écrire "A remettre au porteur" en toutes lettres en travers du traveller's chèque.

Il hésitait, ne savait trop que penser : c'était le moment ou jamais d'agir. Si l'on voulait bien me donner de quoi écrire, j'étais prêt, lui dis-je, à faire une lettre à notre ambassade à Ankara sur-le-champ et à demander qu'on l'aide à retrouver Macmillan. "Connaissez-vous l'ambassadeur ?"

demanda-t-il. Sans trop me mouiller, je lui répondis que mon nom ne lui était pas inconnu et qu'il me savait en Turquie (ce qui était le cas, je l'espère) pour avoir appris de la bouche d'un ami commun que j'avais l'intention de voyager seul d'un bout à l'autre du pays. C'était à mettre à mon crédit. Pendant que j'écrivais la lettre, une liasse de billets tout neufs (l'équivalent turc de mon traveller's chèque) fut discrètement posée à portée de ma main. Après que nous eûmes échangé moult courbettes et poignées de main par-dessus le comptoir – "je vous en prie, je n'ai fait que mon métier", dit-il fort à propos –, je sortis de la banque en dévalant ses marches quatre à quatre.

A peine avais-je posé le pied dans la rue que je sentis une main sur mon épaule. Je me retournai. J'étais cerné par la police. Je mentirais en disant que je ne perdis pas courage. Ils étaient cinq à former un cordon entre le mur et moi, dont seulement un en uniforme, les autres composant une image plutôt floue, un mélange de fouines en chemise bleue et chaussures pointues et d'armoires à glace bardées de cuir. L'un d'eux me demanda mon passeport et me l'arracha des mains. Si je voulais bien le suivre jusqu'au poste de police où l'on avait quelques questions à me poser ? Non. Je fis un pas en arrière et réussis non seulement à briser le cordon de police mais encore à subtiliser mon passeport au passage avant de trouver refuge dans la banque. Là, je demandai à voir le directeur. Il ne tarda pas à arriver : me voyant entouré de policiers, le pauvre homme perdit toutes ses couleurs. Il posa son stylo, s'approcha lentement de nous et traduisit en français à mon intention la question : "Voulez-vous suivre ces messieurs jusqu'au poste de police afin de répondre d'une accusation pesant contre vous selon laquelle vous auriez attenté à la propriété d'un autre établissement bancaire ?" Les fouines et les apaches me jaugeaient. Moi de même. Comme une église au Moyen Age, la banque faisait fonction de sanctuaire ; il me semblait qu'ils n'oseraient pas me traiter avec la même brutalité ici, devant plus de dix témoins, qu'en pleine rue ou au poste. Aussi je refusai de sortir de la banque tant qu'on ne m'aurait pas trouvé quelqu'un qui parlait l'anglais. On s'empressa de m'expliquer qu'il y aurait un interprète au poste. J'implorai alors le banquier d'appeler l'ambassade à Ankara (en lui rappelant que je venais de plaider par courrier en sa faveur auprès du chef de ladite ambassade). Tristement mais noblement, il prit mon parti et annonça qu'il allait de ce pas de l'autre côté de la rue intercéder auprès de son collègue, l'homme qui avait porté plainte contre moi.

Escorté par des policiers comme peut l'être par ses terriers un homme qui part à la chasse aux rats, mon bienfaiteur sortit de la banque. Deux hommes restèrent monter la garde. L'architecture des lieux consistait en un hall d'accueil, une sinistre forêt de piliers entourée de comptoirs derrière lesquels les employés attendaient les clients. Je faisais les cent pas dans le hall comme si de rien n'était. Les employés ne firent même pas semblant de travailler. Ils me zyeutaient avec gourmandise et ne désespéraient pas de voir les choses tourner au vinaigre.

Le banquier revint enfin, accompagné du seul policier en uniforme, qui fit signe aux deux policiers en faction devant la porte de nous laisser. Mon mentor me dit que tout était réglé, qu'il avait fait comprendre à ces messieurs d'en face qu'encaisser mon chèque était une opération bancaire des plus banales dont ils n'avaient malheureusement pas su s'acquitter. Il ajouta que lui aussi était contrarié mais qu'il me saurait néanmoins gré de présenter mes excuses à ses collègues pour avoir mis leur service à thé en miettes. Son visage raffiné, son port élégant lui donnaient un air d'indifférence à tout cela : il me fit penser à un diplomate français obligé d'intervenir dans une dispute entre guerriers soudanais. Je traversai la rue entre le policier et lui pour être présenté, non pas au Groucho pitoyable, mais à l'un de ses supérieurs, un homme fort courtois qui avait son bureau à lui et qui balaya d'un revers de main mes excuses et mes offres de dédommagement. En sortant, je vis que Groucho n'était plus à son poste, que ses papiers étaient répandus tout autour de son bureau. Conduit au poste peut-être ? Sous bonne escorte des fouines et des armoires à glace ?

Je n'étais quand même pas tout à fait rassuré. Et si mes sbires ne voulaient pas en rester là ? Et s'ils m'attendaient à l'angle d'une rue, sous un porche ? Je renonçai à mon antiquaire. Je filai à l'Otel Usta en me gardant bien de raser les murs, entrai dans ma chambre en catimini, fermai la porte à clé et fis aussitôt ma valise, le départ du bateau étant prévu dans l'heure qui suivait. L'impression de précarité, que j'avais appréciée et même cultivée en Turquie, s'était brisée comme la glace sur laquelle on accélère pour le plaisir de déraper. La veille, en voyant le bateau blanc arriver par l'ouest avec, à l'est, les montagnes de Circassie dessinées sur l'horizon, j'avais ressenti un peu ce que ressent l'enfant quand sa nounou vient le chercher au milieu d'une fête ; aujourd'hui, ralliant le bord en trimbalant mes sacs sur le pavé des bazars, j'étais content de savoir le bateau fermement amarré à quai et tenue la promesse des horaires.

Je comprends que l'expression "Je désire parler au consul de Grande-Bretagne" figure en bonne place dans le petit lexique de poche que tout Anglais en voyage est censé porter sur lui. Comme la foi dans les vertus protectrices du passeport aussi bien que de la police britanniques en cas de difficulté, ce recours instinctif à l'autorité révèle la confiance que fait *a priori* l'Anglais des classes moyennes aux institutions de son pays et la conscience qu'il a de pouvoir à tout moment prétendre à leur protection. L'affaire Pacifico en est la parfaite illustration. (Don Pacifico est ce juif de nationalité britannique qui réclama des dommages-intérêts au gouvernement grec pour biens perdus à l'occasion d'une émeute et qui provoqua la décision de Palmerston d'envoyer la flotte au Pirée.) Dans un discours-fleuve qu'il prononça devant le Parlement une nuit de l'été 1850, véritable concentré de l'idée qu'il se faisait de la magnificence britannique, le ministre des Affaires étrangères compara le citoyen britannique au citoyen romain, à qui "il suffisait de prononcer les mots *civis romanus sum* pour se mettre à l'abri des affronts de toute sorte ; de la même manière, le citoyen britannique, dans quelque pays qu'il se trouve, sait pouvoir compter sur l'œil vigilant et le bras vigoureux de l'Angleterre pour le protéger contre l'injustice et l'iniquité". Voyez comme il passe allégrement des "affronts" à l'"injustice", comme si tout affront fait par un étranger à un Britannique était *ipso facto* une injustice : tout est là. On cite aussi le cas d'un certain M. Churchill, journaliste à Galata, qui fut arrêté et bastonné par la police du coin pour avoir mitraillé un jeune garçon en chassant la caille. L'ambassadeur de Grande-Bretagne (soutenu par Palmerston) monta tellement l'affaire en épingle que les policiers furent eux-mêmes roués de coups et le favori du sultan en personne congédié pour un temps. Personne ne prétendait que Churchill n'eût pas tué l'enfant : c'est qu'il n'était pas question de "justice", mais de "l'affront" subi par un Anglais. Il y a de cela dans le réflexe du touriste qui veut "parler au consul de Grande-Bretagne". Si j'ai moi-même invoqué l'ambassade, c'est en partie par "palmerstonisme" et en partie parce que j'ai travaillé en tant qu'attaché pour le ministère des Affaires étrangères à titre gracieux pendant plusieurs années et que de ce fait j'estime avoir mérité une faveur, ne serait-ce que celle de toucher l'ourlet de l'habit d'apparat de la chancellerie si cela peut m'aider à me tirer d'une mauvaise passe.

3

L'*Ege*, c'était son nom, un navire vraiment superbe, prit le large avec trois heures de retard car il dut prendre un chargement, du blé essentiellement. J'eus le loisir d'arpenter les coursives formées par les marchandises qui encombraient le pont et d'observer, appuyé au bastingage, les marins russes qui se tournaient les pouces dans leur caboteur pourri tout près de nous. La grue à chariot proclamait par une plaque qu'elle avait été offerte par le gouvernement britannique et l'*Ege* lui-même était sorti d'un chantier naval britannique car tous les panonceaux à bord étaient en langue anglaise. Voilà qui met du baume au cœur d'un palmerstonien.

A cinq heures enfin nous levions l'ancre : tressaillement des boulons dans chaque planche, chaque rivet du navire, éclaboussement des chènevottes dans l'eau noire qui s'évase et nous voilà emportés vers le large et la nuit tandis que le jour déclinant dore les façades des maisons étagées depuis le rivage jusqu'à la citadelle et que la scène tout entière s'éloigne vivement de la poupe du navire. Bientôt, nous mîmes le cap sur l'ouest et, d'espacées, les maisons de Trébizonde se firent rares avant de disparaître tout à fait d'une côte devenue sauvage, au pied de montagnes désertiques. Des gorges bleutées plongeaient de la côte dans les flancs de la montagne tandis que s'élevaient au loin les cimes redoutables de Cappadoce. Je restai sur le pont tant qu'il y eut assez de lumière pour voir luire le sillage sur la mer d'encre.

Je demandai à un membre de l'équipage de m'indiquer le chemin des cabines de deuxième classe et vis par la même occasion dans quel mépris étaient tenus les passagers de seconde. Ma couchette (dans une cabine pour quatre plutôt spacieuse) eut beau me sembler convenable, je m'attendais au pis comme un petit garçon qui va à l'école pour la première fois et me mis à guetter les avanies. Celles-ci ne tardèrent pas à se manifester. La liberté partout proclamée de prendre son repas à n'importe quel moment entre sept et huit heures fut sauvagement assommée lorsqu'un coup de gong retentit à six heures quarante-cinq tapantes et qu'une armada de serveurs aimables comme des portes de prison mena la deuxième classe manger à des tables communes dans les soutes. Je sortis mon livre, n'ouvris pas la bouche, ni pour parler ni pour manger. Dans le salon de seconde (*recreation room*, disait en anglais l'écriteau sur la porte) des familles entières de gens simples étaient clouées à leurs fauteuils par le bruit conjugué de la télévision et de la radio qui leur tapait dans les oreilles.

A mesure que je prenais conscience de l'oppression à laquelle la deuxième classe était vouée, je sentais se multiplier en moi dans la même proportion les griefs contre les passagers de première. Je lus leur menu, vis à la faveur de la porte battante de leur salle à manger de petites tables individuelles habillées de nappes d'un blanc immaculé et la simple convoitise que j'éprouvai d'abord pour cet éden se changea vite en franche hostilité envers ses occupants. Installé avec mon livre dans leur bar, j'assassinai en pensée les épouses qui tricotaient, les enfants qui braillaient et les maris qui jouaient bruyamment aux cartes.

Il y avait pourtant au-dessus d'eux une classe encore plus enviable. Avant même le départ, j'avais pu constater la présence d'une aristocratie à bord. Une échelle m'avait conduit jusqu'au pont supérieur – une simple plate-forme, en fait, aménagée autour de la cheminée – où j'eus la surprise de voir une table, et sur cette table, des verres de vin et un seau à glace et autour de la table, un homme et une femme assis sur des chaises pliantes. Je les avais à peine vus que je redescendis l'échelle car j'avais un peu l'impression de violer leur jardin secret. Mais je savais qu'ils étaient là-haut.

Le lendemain, à terre, je tombai nez à nez avec eux. Ayant trouvé le bateau à quai dans le port de Samsun à mon réveil, j'étais descendu à terre afin d'explorer les environs pendant l'heure que devait durer l'escale. Pour voir de plus près les quelques maisons de négociants couleur abricot aux grandes baies vitrées et aux toits rouges qu'il reste sur les coteaux, je dus longer les docks déserts, envahis par les herbes, les machines de manœuvre couvertes de rouille, franchir la grande grille à l'entrée du port, pour finir dans un dédale de ruelles à flanc de coteau. Sur les collines les plus hautes trônaient, au fond de jardins tout en fouillis, des maisons à portique dont les façades autant que les piliers perdaient leur badigeon. Je furetai quelque temps alentour, dans la chaleur de routes encaissées et tranquilles, avant de redescendre vers les docks et le bateau et c'est à ce moment-là, comme je traversais une rue dans le quartier des docks, que je vis venir vers moi le couple de la plate-forme. L'homme, corpulent, chauve, le visage large et glabre, marchait comme sur des ressorts, sans bruit, en chaussures de crêpe, la chemisette hors du pantalon. Manifestement, il jouissait d'un certain pouvoir. La femme était plutôt insignifiante en tant que telle, bien qu'élégante, dans un genre tape-à-l'œil. Quand ils me croisèrent, il me lança un regard de lézard des plus désagréables qui ne fit que me conforter dans la mauvaise opinion que j'ai des chemisettes.

A bord, à peine le bateau reparti, je perdis encore de vue mes deux aristos. Ils n'étaient plus sur le pont supérieur où je croyais les trouver. J'en profitai quand même pour m'asseoir sur l'une de leurs chaises pliantes mais ce fut pour recevoir une pluie de suie sur la figure. Il n'y avait rien à faire, l'endroit n'était pas confortable, d'ailleurs aucun endroit ne l'était vraiment sauf bien sûr celui où je les imaginais. C'est toujours le hic en mer : comment se mettre à l'abri des courants d'air sans étouffer dans un siège sans confort, même si en l'occurrence le soleil faisait de son mieux pour rendre la traversée aussi agréable que possible ? J'allai comme une âme en peine de pont en pont, de bâbord à tribord, de la lumière à l'ombre, du côté sous le vent à celui qui était à l'abri. Pour couronner le tout il y avait à bord une ribambelle d'enfants, de petits Turcs bruyants habillés comme des adultes en miniature – nœud papillon pour les garçons, talons hauts et boucles d'oreilles pour les filles – qui vous empoisonnaient l'existence à force de brailler et de courir dans tous les sens sur les planches. Si vous croyez qu'il serait venu à l'idée de leurs mères d'emporter des jouets, des jeux ou des cahiers de dessin pour les occuper, pas du tout, ces dames – talons incroyablement hauts, pull-overs épouvantablement moulants – buvaient tranquillement leur café (c'était la première fois que je voyais des Turcs en boire), et tricotaient sans vergogne. Les hommes, vautrés non loin de là, discutaient vaguement entre eux tout en commandant des boissons gazeuses chaque fois que l'envie leur prenait. (Je ne pus m'empêcher de penser en les voyant au récit que fait Creagh d'une traversée à bord d'un bac turc où il est question d'un harem d'Aga enfermé dans une cage sur le pont sous la garde d'un eunuque noir qui leur donnait à manger en soulevant les lamelles qui les tenaient à l'abri des regards. Les passagers pouvaient fort bien être les petits-enfants de ces femmes, quand on sait de quand date "l'émancipation" en Turquie.) Pendant ce temps, les enfants, tant par ennui que par dépit, usaient leurs souliers neufs sur les échelles de fer ou trépignaient à qui mieux mieux sur les ponts de bois. Gâtés au point de n'en faire qu'à leur tête, ils étaient aussi privés de toute attention, de toute marque d'intérêt. Je vis une fillette d'une dizaine d'années penchée sur le bastingage observer les remous de la mer à s'en user les yeux avant de se retourner, manifestement à bout de nerfs, pour frapper son frère à coups de pied et de poing. Mais qui sait ? plus tard peut-être ces enfants diront que leurs parents les emmenaient partout avec eux, y compris sur la mer Noire, et qu'ils adoraient ça, tandis que les miens, tout ce qu'ils pourront dire, c'est que leur père jurait ses grands dieux qu'il les aimait mais ne les abandonnait pas moins pour des mois entiers.

La journée fut ternie par toutes sortes de récriminations et d'idées noires dès l'instant où je sus que je n'étais pas dans mon assiette. A mon réveil déjà je m'étais senti très mal en point mais j'avais cru pouvoir mettre cela sur le compte du Turc de la couchette du dessus qui n'avait pas cessé de ronfler comme un forcené de toute la nuit, sauf un court instant, après que je lui eus assené des coups de poing dans les côtes. (Je ne fus pas autrement surpris de le voir cracher ses poumons dans le lavabo à son réveil.) A midi, je me sentais encore plus mal. Dur moment pour le voyageur solitaire que celui où il comprend en frissonnant que sa santé le lâche, et que personne à ma connaissance n'a décrit avec plus de justesse que Fraser lorsque, seul dans une ville perse dans les années 1830, il sentit venir les prémices de la maladie :

Jusque-là je m'étais senti en pleine santé, mais à mon réveil je crus éprouver comme une vague impression de tournis dans la tête ; dehors, une légère poussée de quelque chose entre le chaud et le froid suivie d'un élancement dans une jambe me mit la puce à l'oreille et me fit m'arrêter et lever le nez afin de m'assurer que tout cela était une séquelle de la nuit et non un désordre de ma constitution. Aurais-je pris froid ? me demandai-je. Lorsque je sortis des écuries, la question ne se posait plus. Des yeux brûlants qui ne sont plus en face des trous, un ou deux tressaillements dans la tête, quelques serrements dans la région précordiale finirent de m'ôter le doute : j'étais bon pour la fièvre. Je me mis aussitôt au travail, mis la dernière main à mes colis ; à dix heures j'étais au lit après avoir dîné d'une tasse de thé et avalé sept graines de calomel.

Il y va de la maladie comme des autres dangers de la route : le voyageur en use et en abuse pour rehausser l'aspect dramatique de son récit. Le plus difficile pour lui est d'éviter de passer pour un valétudinaire : il doit faire craindre le pire au lecteur sans jamais laisser paraître qu'il a eu peur lui-même, révéler des symptômes terrifiants, et dire qu'il en craint de pires, sans compromettre sa robustesse de corps et d'esprit. Kinglake, de passage dans la ville du Caire durement touchée par la peste, raconte qu'un jour, se sentant trop mal pour manger et craignant que ses domestiques ne l'abandonnent s'ils apprenaient la vérité, il emballa son dîner dans le *Times* et le jeta par la fenêtre la nuit tombée. Il s'avérera par la suite qu'il n'avait pas attrapé la peste, mais entre-temps le lecteur a pu admirer son extraordinaire sang-froid, d'autant qu'il décrit par le menu le sort qui attend le voyageur qui y succombe : "Dès la nuit suivante il fait les délices d'une meute de chacals braillards qui le traînent par les pieds hors de la fine couche de sable qui lui sert de tombe."

Il n'est pas trop difficile de se montrer stoïque devant la maladie quand on est en parfaite santé, mais quand elle est là, le moindre problème – de la vie quotidienne, je ne parle même pas du voyage – devient vite insurmontable, car on a l'impression de perdre toute prise, non seulement sur les événements, mais aussi sur ses propres affaires au point qu'on se laisse ballotter en tous sens. Une espèce de vulnérabilité générale du corps comme de l'esprit va en effet de pair avec la maladie et ce ne sont pas les passages que je viens de citer mais celui qui suit, de Fowler, qui me semble sonner le plus juste en tant que récit écrit sous l'emprise de la maladie et non remémoré longtemps après, une fois la santé revenue : "Seul sur mon tapis, abandonné de tous, j'eus tout le temps de ressasser mes aventures, de me voir perdu au milieu de cette immense terre d'Asie, en proie à la maladie, amaigri par la fatigue, avec des mahométans pour tout guide et des bandits pour toute compagnie, et habité par le lugubre pressentiment que je ne reverrais jamais plus mon pays." Malade dans un pays lointain il me semble que j'adopterais ce même ton plaintif. En l'espèce, j'étais à peu près sûr d'avoir seulement pris froid ; il ne me restait plus qu'à me bourrer de vitamine C, enfiler mon deuxième pull-over et toucher du bois.

A la tombée de la nuit, Sinope fut en vue. Cela me fit un drôle d'effet de voir le golfe où la flotte turque fut détruite au mouillage par une escadre russe qui sortit de la brume un beau soir de novembre 1853, envoyant par le fond tous les bateaux sauf un et faisant périr par le feu ou la noyade quelque trente mille marins turcs. Une péninsule sans relief, mouchetée d'une végétation rabougrie, abrite la baie immense, à peine troublée par quelques rides qui réfractaient la lumière du soir, et où quelques bateaux de pêche se berçaient doucement. L'*Ege* présenta sa cambrure au quai et la plupart des passagers se jetèrent sur le bastingage pour mieux voir la foule des marchands ambulants qui nous y attendaient de pied ferme. La scène ne manquait pas de piquant : le temps que dura la manœuvre, je vis un petit boulanger tout excité changer dix fois la disposition de ses pains tout plats sur sa baladeuse avant de se décider enfin à placer les plus cuits devant. Mais à la dernière minute, alors qu'on abaissait la passerelle, un solide gaillard débarqua avec une baladeuse pleine de fruits et prit la place du pauvre boulanger. J'imagine que la même chose se produit chaque fois qu'un bateau se met à quai.

Je m'achetai quelques marrons chauds que je mangeai en marchant vers la ville à l'extrémité du long môle. Il faisait un froid vif d'automne. La nuit commençait à tomber sur les rues et le rivage. Je distinguais des tours carrées taillées dans une pierre sombre, reliées par des fortifications et percées de portes. Non contente d'avoir fait sombrer la flotte, l'escadre russe bombarda également la ville. La servante du consul de Grande-Bretagne fut mise en charpie alors qu'elle traversait son jardin à toutes jambes et le patron d'un brick anglais dut même passer la nuit dans un arbre pour ne pas être volé ni trucidé par les rares marins turcs qui avaient réussi à gagner la côte à la nage. J'arpentai les rues en mangeant mes marrons sans rien voir de mémorable si ce n'est le feu de la vigne vierge qui montait à l'assaut des murs aussi noirs que des conduits de cheminée et l'opale des dômes et des minarets dans la dernière lueur du jour. Il ne m'arriva rien de spécial, rien qui aurait mérité d'être signalé, mais Sinope ira rejoindre tous ces endroits que j'ai vus et qui peuvent ressurgir à tout moment et raviver bien des années plus tard les idées auxquelles ils se sont associés dans mon souvenir. Ce sont les lieux célèbres qui nous décident à partir, mais c'est l'accumulation de tableaux pittoresques qui éclaire notre route. *Haec olim meminisse jubavit*, le jour viendra où il sera doux de se souvenir de cela : je me raccroche à ce fragment de la sagesse antique chaque fois que me rendent triste l'éphémère de toute chose, le gâchis du temps qui passe.

La sirène du bateau retentit, longue et solennelle, et me ramena vers le rivage et la nuit plus profonde de la baie. Sur le quai se tenait un drôle de comité : une bande de Turcs obséquieux – manifestement une délégation de menu fretin envoyée là en costume du dimanche pour rendre les honneurs à un gros poisson – faisait cercle autour du grand chauve à l'œil de lézard au bras de sa dame. J'entendis des rires flatteurs après qu'il eut daigné dire quelques mots en turc. Sa complaisance, ses gestes amples, tout indiquait qu'il avait l'habitude de ces flagorneries. Des passagers plus humbles passaient en courant devant eux et escaladaient à toutes jambes la passerelle du bateau rugissant. Le Lézard et madame montèrent les derniers, sans se donner la peine de répondre aux courbettes qu'on leur faisait, après quoi on remonta la passerelle.

Une fois à bord, ils se volatilisèrent une fois de plus. Etait-il le directeur de la compagnie ? Un négociant ? Ce dont j'étais sûr, c'est qu'il était d'origine anglaise, ou à moitié anglaise. C'est ça, ils avaient un salon à eux tout seuls. Qu'il pût exister, derrière le décor, le luxe que je prêtais à cet homme n'était pas fait pour me réconcilier avec la salle à manger de seconde classe dans les entrailles trépidantes du navire où il me fallut à nouveau descendre. Je me sentais maintenant trop mal pour espérer manger quoi que ce soit, ce qui fit le désarroi du gentil petit serveur et me valut la sympathie des deux vendeurs d'encyclopédies qui partageaient ma table. Ils étaient affables et l'un d'eux parlait bien le français. Ils gagnaient leur vie en vendant des encyclopédies dans les montagnes entre Trébizonde et Erzurum, ce qui ne devait pas être facile, mais leur grande consolation, c'était la photographie. Depuis le matin je les avais vus trimbaler des trépieds et des sacs entiers de matériel d'un bout à l'autre du bateau, s'installer à tel endroit pour s'apercevoir, avant qu'ils aient eu le temps de faire tous leurs réglages, que le bateau avait changé de route et modifié l'exposition au point qu'il fallait tout retrimbaler, y compris la fillette qu'ils avaient prise comme sujet, jusqu'à un autre pont où le soleil brillait comme ils voulaient. Ils étaient aimables, mais la nourriture était infâme et le restaurant un trou à rats. Quand on a tout bien préparé, qu'on n'a rien laissé au hasard, on peut supporter de voyager dans les pires conditions, à même les planches, seulement voilà, en voyageant en seconde classe sur l'*Ege*, j'avais fait tout le contraire. Là était le mal sur lequel étaient venus se greffer le mal de gorge, les douleurs dans les yeux et la tête et mille autres petites misères toutes plus horribles les unes que les autres.

En faisant un tour sur le bateau avant d'aller me coucher, je tombai une fois de plus sur le dessus du panier. Ils étaient six ou sept dans un coin abrité du pont des embarcations, autour d'une table éclairée par une lampe, sur laquelle traînaient les reliefs d'un repas princier (pinces de crabe, bouteilles vides, peaux de pêches), leurs visages hâlés inclinés vers la place en bout de table, la place de choix, là où, dans le halo de la lampe, trônait le Lézard. Il parlait en anglais mais avec un accent qui n'était pas celui d'un Anglais. Les autres écoutaient, penchés vers lui : un couple balourd d'un certain âge, des Américains (à en juger par la veste à carreaux du mari) que j'avais vus plus tôt sur le pont où ils étaient restés assis toute la journée avec une mine d'enterrement et une bouteille de whisky, et deux autres personnes un peu trop basanées pour passer pour des Européens, appartenant sans doute à l'une des races mêlées du Levant – Grecs, Arméniens, juifs – qui contrôlent le commerce dans la région depuis la chute de Troie. Le seul à ne pas écouter le ronron du Lézard était un homme d'une trentaine d'années, au visage dur et sombre, qui fumait rêveusement une cigarette, penché en arrière sur sa chaise. Je vis tout cela en passant. Si je décris aussi clairement le tableau, c'est tout bonnement parce que c'est ainsi que je le vis, clairement découpé sur fond de nuit et d'eau, comme on jette en passant un coup d'œil dans une maison de riches. J'aurais bien aimé voir se produire ce qui manquait au tableau, l'étincelle qui aurait révélé ce qu'il contenait en puissance, mais rien tel ne se produisit. Je passai mon chemin.

Celui qui voyage seul est plus réceptif qu'un autre aux potentialités d'une scène, à cette puissance évocatrice qui, pour peu qu'elle frappe avec force, l'invitera, sinon à inventer, du moins à embellir de manière à communiquer à autrui le choc qu'il a lui-même ressenti. Tout voyageur est, je crois, tenté par la fiction. Comme le dit fort bien Walter Houghton dans son analyse de l'*Apologia pro vita sua* de Newman, "il importe peu que les faits soient authentiques car l'autobiographie est un art". Tout ce que nous demandons au texte de Newman, c'est qu'il nous donne la clé du passé de l'auteur. S'il tient à ce que le lecteur perçoive les sentiments qu'il a éprouvés au moment des faits, le voyageur doit développer certains épisodes ou les mettre bout à bout, donner forme à tel ou tel événement, retoucher tel ou tel personnage, forcer un peu sur l'aspect dramatique, car du point de vue de la perception qu'aura le lecteur de la réalité du voyage, ce qui importe, bien plus que l'authenticité des faits relatés, c'est que l'auteur soit un écrivain-né. Sans compter qu'il suffit de décrire une anecdote de manière vivante pour en faire *ipso facto* une histoire. C'est ainsi qu'un événement donné, façonné par deux auteurs différents à des fins différentes, peut donner lieu à deux histoires différentes. Pourtant, aucun des deux ne ment. Voici le récit d'un incident survenu dans les montagnes du Luristan, d'abord par Layard qui y chevauchait en compagnie d'une bande de Bakhtiyaris en maraude :

Le jour venait à peine de se lever quand nous vîmes venir un petit groupe à cheval dans le lointain. Impossible à cette distance de dire s'il s'agissait de maraudeurs comme nous ou de braves marchands en route pour Manchester. Mes compagnons se mirent à préparer l'embuscade. Caché derrière un rocher, je les vis s'approcher et crus distinguer parmi eux un Européen coiffé d'une casquette ornée d'un ruban de dentelle dorée. J'implorai mes amis de rester cachés jusqu'à ce que j'en eusse le cœur net. Je fis quelques pas vers notre homme et lui lançai quelques mots en français. Quelle ne fut pas sa surprise de se voir interpellé de la sorte par un homme que, vu mon accoutrement, il prit d'abord pour un Bakhtiyari. Il s'avéra être le baron de Bode, dont j'avais fait la connaissance au campement du schah à Hamadan.

Layard persuada ses acolytes de l'inopportunité de détrousser un secrétaire de l'ambassade de Russie et ils laissèrent passer le baron. "Ce n'est que bien des années plus tard, conclut Layard, que l'occasion me fut donnée, dans un salon de Londres, de l'informer du sort qui l'aurait attendu si je n'étais parvenu à retenir Au Azeez et sa bande."

Voilà donc comment Layard narre l'incident tout en nous faisant savoir, non sans pittoresque, qu'il est dans l'intimité et des campements bakhtiyaris et des salons londoniens. Le hic, c'est que le baron de Bode aussi y alla de son livre. Et comme il n'est pas moins soucieux de dépeindre des scènes qui mettent en lumière son courage et sa hardiesse, l'incident tel que le rapporte Layard ne lui dit rien qui vaille, si bien qu'il se contente d'une parenthèse où il explique qu'il se trouva avec sa suite confronté en chemin à une bande de cavaliers pouilleux parmi lesquels il reconnut un Anglais qui lui avait été naguère présenté à la cour du schah. Non, non, non, pour les besoins de la cause et pour faire comprendre à quel point le voyage qu'il va entreprendre est périlleux, l'intrépide baron doit regarder ailleurs. C'est pourquoi son livre s'ouvre sur le passage le plus sinistre qu'il m'ait jamais été donné de lire (même en y incluant le roman russe), dans lequel il fait défiler sa suite, partie de l'ambassade de Russie à Téhéran, par l'endroit précis où un ou deux ans plus tôt, la mission diplomatique russe tout entière avait été assassinée.

Je n'y vois personnellement aucune objection. Le narrateur doit revêtir l'habit du Héros s'il veut tenir ses lecteurs en haleine et à cette fin il doit faire un tri, embellir, voire inventer, dès lors qu'il se donne la vraisemblance, qu'on peut aussi appeler "vérité dramatique", pour objectif. Vu sous cette lumière, le Héros est très exactement l'alter ego du narrateur, non pas lui-même mais un autre lui-même. L'auteur incorpore dans son histoire, à partir de sa propre expérience, les vertus héroïques que la société exalte et qu'elle attend de ses aventuriers.

Je me faisais ces réflexions, assis à la poupe du navire qui glissait doucement dans la nuit et laissait derrière lui un sillage dont le miroitement s'étirait jusqu'aux confins de la nuit orientale du Pont-Euxin, quand la lueur d'une cigarette me fit prendre conscience de la présence d'une ombre penchée sur le bastingage non loin de moi, celle d'un homme accoudé à la lisse de couronnement, qui fumait en regardant comme moi s'éloigner l'Orient. Il se dégageait une impression de puissance de sa veste de couleur claire trop étroite pour sa robuste physionomie et il y avait dans sa posture l'assurance, voire l'arrogance, d'un homme habitué à gagner des combats. Il alluma une autre cigarette et je reconnus l'individu qui, de toutes les huiles qui dînaient sur le pont, avait été le seul à ne pas lécher les bottes du Lézard.

Comme alter ego héroïque pour un livre de voyages, on ne pouvait pas rêver mieux. Là, contre les ténèbres de la mer Noire, il rayonnait littéralement d'héroïsme ; j'aurais pu l'inventer… Je songeais vaguement au parti que j'allais pouvoir tirer des idées qu'il me mettait en tête quand tout à coup je compris pourquoi le domestique sur le pont aux sept arches qui enjambe l'Araxe à Horasan était précédé de deux cavaliers au lieu d'un seul. C'est que l'un était le narrateur et l'autre son alter ego, le compagnon qu'il s'était inventé pour servir de Héros à son histoire.

Le recours à l'invention d'un tel compagnon de voyage me sembla une idée de génie, le moyen pour un auteur de galvaniser toute la matière qu'il a rassemblée en vue d'écrire son livre, mais aussi un subterfuge dont le lecteur ne peut saisir toute la force que dans l'œuvre achevée. D'autres ne la trouveront pas forcément géniale ; il n'empêche que j'étais aux anges, au point d'en oublier un instant mes ennuis de santé. L'impulsion du voyageur à donner forme aux événements, à forcer sur leur aspect dramatique – à écrire de la fiction tout en disant la vérité – y trouverait une échappatoire. Le décalage entre vérité des faits et vérité dramatique – ou, si l'on préfère, entre les deux hommes sur le pont de Horasan – serait le moyen qui me permettrait de cerner le Voyageur que je veux mettre en scène. Lorsque je revins à la réalité – vibrations du navire, bercement de la houle, mer de velours, nuit de velours –, je m'aperçus que j'étais seul. L'ombre avait disparu du bastingage. L'air était frisquet, j'avais les jambes un peu raides, il était temps que je descende à mon tour.

Nous n'entrâmes dans le détroit du Bosphore qu'à trois heures le lendemain après-midi après avoir navigué toute la matinée en vue du plat pays qui avait succédé aux montagnes de l'Est. Comme toujours lorsqu'on a un rhume, car c'était bien d'un rhume qu'il s'agissait, j'avais l'impression d'habiter sous une cloche humide et sourde au fond des océans.

Depuis au moins trente ans je brûlais d'impatience de voir les fameuses Roches Bleues censées garder l'entrée du détroit, dont nous approchions à présent, entre le Pont-Euxin et Byzance. Je me souviens d'une illustration dans un livre intitulé *Les Fables à la portée des enfants* où l'on voit Jason, en héros inquiet mais fier de ses voyages, debout à la proue de l'*Argo*, sa colombe dans la main, tandis que derrière lui les rameurs lèvent des yeux exorbités vers les récifs monstrueux et le ciel tourmenté qui menacent à tout instant de les anéantir et que tout autour d'eux une mer d'encre lèche des rochers d'une encre encore plus noire. Quant au texte, il disait ceci : *Si quid in medium spatium venerat, incredibile celeritate concurrebant.* Et on appelle cela mettre les fables à la portée des enfants ! Grandement intrigué depuis le plus jeune âge par ces écueils mouvants, je guettais des yeux à la proue de l'*Ege* l'apparition au milieu de la brume de hautes et noires falaises se déplaçant à la surface d'une mer en furie. Terriblement difficile à repérer malgré les châteaux trapus qui tiennent lieu d'amers sur ses promontoires, le détroit finit quand même par s'ouvrir devant nous. Malheureusement, les Roches Bleues ne sont qu'un banc de récifs, un pâté de roches, tirant certes sur le bleu noir, mais d'un plat, rien à voir avec des falaises, même si la mer en les recouvrant de ses embruns se donna la peine de montrer le bout de ses crocs blancs. Les fables m'avaient berné. Pourtant, je n'étais pas déçu car j'étais remonté jusqu'à la source du mythe, comme on découvre la source d'un grand fleuve dans la boue d'un fourré sans que cela diminue en rien le respect mêlé de crainte qu'inspirent en aval ses eaux tumultueuses.

Les méandres boisés du chenal par lequel on pénètre dans le Bosphore de la mer Noire dégénèrent vite, hélas, en rives hérissées de constructions ou en criques enlaidies de vieux sabots qui rouillent au mouillage. Trois ans auparavant, lors d'une retraite de six semaines à Saint David's en plein hiver gallois, je m'étais à ce point représenté ces rivages romantiques (j'écrivais un roman dont l'action se situait à Constantinople au siècle dernier) que cette image avait fini par éclipser le souvenir que j'avais gardé de l'endroit. Non, ce n'est pas au bord de ces eaux-là, mais au bord du Bosphore des gravures de Bartlett et d'Allom que j'ai fait évoluer mes personnages. Qu'à cela ne tienne, ce n'est pas la première fois que j'aurai brisé la magie d'une chose en écrivant à son propos : très peu de ce qui fait le mystère d'un lieu ou d'une idée survit à l'analyse requise pour tirer au clair et exprimer par les mots ce qui, dans ce mystère, vous a suffisamment intrigué pour vous forcer à prendre la plume. Décortiqué, le charme ne joue plus : "Avec les nues qui se dispersent, s'en va la gloire de l'arc-en-ciel." Connaissant mon Shelley, je ne m'attendais pas à trouver autre chose qu'Istanbul là où j'avais imaginé Constantinople.

Et pourtant, quand le Bosphore décrit un dernier arc devant les splendeurs marmoréennes des palais, des mosquées et des cascades en gradins de Stamboul, quand vous voyez s'élever audessus des toits étagés de Péra la vieille tour chenue de Galata et que la Corne d'Or, où des bacs s'activent en tous sens, s'ouvre devant vous sur fond de dômes et de minarets, le charme est là, entier. La ville a quelque chose d'onirique, elle intrigue et appelle et, comme un mirage, déçoit. Dès l'instant où vous mettez le pied à terre, il n'en reste plus rien. L'approche par voie d'eau est une pure fiction que vous chercherez en vain à retrouver pendant votre séjour. Tous les voyageurs occidentaux depuis Marco Polo se sont plaints de la façon dont cette magie de la ville orientale vue de loin se résorbe en ruelles crasseuses où, entre des murs dénudés, plane l'odeur de la charogne. "Quiconque voudrait dépeindre les horreurs d'un monde proche de la barbarie n'a qu'à débarquer ici et s'enfoncer dans les abominations de ce bouillon de culture", écrit Edmund Spencer. Leurre d'une ville voilée qui nous montre une fois ses charmes – pour ne plus jamais les dévoiler.

J'ai détesté Istanbul la première fois. En parfaits néophytes du voyage à l'étranger, nous avions retenu une chambre dans un hôtel sans connaître sa situation. A notre descente d'avion, un bus nous conduisit comme prévu dans Istanbul (c'était de nuit), traversa la ville et... ressortit de l'autre côté, nous laissant à la fois éberlués et écœurés, à croire que la ville était bel et bien un mirage. Seule réalité au milieu de toute cette illusion, celle, incontestable, du marbre et de l'acajou que nous aperçûmes derrière les portes massives de l'hôtel Péra Palas devant lequel le bus s'était arrêté en route. Nous étions bien décidés à nous y accrocher. Le lendemain matin, notre hôtel flottait dans la brume et mis à part une morne étendue d'eau, une jetée et, de temps à autre, une barque venue de nulle part, on n'y voyait goutte. Nous raccrochant plus que jamais au seul élément à peu près sûr que nous avions cru apercevoir dans ce monde en flux et naviguant dans le brouillard à l'aide du téléphone et du taxi, nous parvînmes à retrouver l'hôtel Péra Palas avant midi et à prendre pied sur ce roc inébranlable perdu au milieu des sables mouvants de l'Orient. L'hôtel avait beau être une consolation, la ville continua à nous paraître détestable. Elle ne semblait dotée d'aucune des attractions touristiques qui rendent le séjour agréable, ne serait-ce que de manière superficielle : impossible de trouver un restaurant ou un café dignes de ce nom, une rue ou même une seule boutique qui sortent un tant soit peu de l'ordinaire. De trottoir défoncé en trottoir assassin, abasourdis et mortifiés, nous ne vîmes que désordre et désolation de nos yeux remplis de poussière. Nous faillîmes repartir dégoûtés. Et puis un jour, sur un bac, un vieil homme en long manteau cachou vint se mettre à côté de moi contre le bastingage et entama la conversation en français. D'autres impressions suivirent : un vrai scélérat de cuisinier qui débitait ses *doner kebabs* dans le bazar égyptien et riait dans sa barbe chaque fois qu'il nous fourguait sa camelote ; la cour de l'*imaret* (cuisine populaire) de Muzezi ; quelques villages au bord du Bosphore à peine entr'aperçus, un rossignol qui chantait dans les cyprès d'un cimetière, d'agréables promenades nocturnes, la foule sur le pont de Galata… Peu à peu le chant de la sirène commença à percer derrière tout cela et dans l'avion du retour, je jetai les bases de ce qui allait devenir *Lune de miel à Byzance*. C'est en écrivant ce livre, dans la maison d'un ami à Saint David's, que je mis la main sur un exemplaire des *Premières aventures* de Layard. Mon véritable intérêt pour le voyage en Proche-Orient était né.

Pour moi, pas de doute : l'*Ege*, parti de Trébizonde, abordant à la Corne d'Or et s'amarrant à la façade couleur de miel de la douane au pied du pont de Galata, satisfaisait aux règles du roman d'aventures. Il ne me manquait que la certitude de pouvoir disposer d'une chambre au Péra Palas. Je savais qu'il avait été fermé pour cause de grève du personnel, mais mon ami le vendeur d'encyclopédies, non seulement m'affirma qu'il avait rouvert, mais m'offrit qui plus est de m'y conduire et de tout faire pour qu'on me donne une chambre (c'était l'hôtel qu'il avait choisi pour ses noces, aussi comptait-il sur un petit coup de pouce de la direction). Comme sa voiture se trouvait sur le bateau, je dus attendre qu'on la décharge au moyen d'une grue.

Du pont, je vis le bateau se vider de son contenu sur les pavés du quai grouillant d'activités individuelles. Les premiers à terre furent les huiles, les Américains paumés et les Levantins, suivis de *hammals* en veston bleu qui, sous le poids des valises, semblaient des esclaves tout droit sortis de sculptures assyriennes, leurs pauvres jambes décharnées allant et venant comme des pistons reliés par des courroies à d'énormes fardeaux. Des voitures les attendaient, où s'entassèrent d'abord les bagages, puis l'Américaine poudrée (sans le moindre regard pour le bateau, le quai ni Stamboul à quelques encablures), puis le mari en pantalon bleu ciel et veste de tartan : le temps pour lui de repousser violemment les mains tendues des porteurs, ils étaient partis. Il me tardait de descendre à terre, de me coltiner la vie sur la terre ferme. En comparaison du quai débordant d'activité, le bateau à l'arrêt paraissait abandonné et j'avais moi-même l'impression d'avoir été oublié là au milieu des stewards qui se tournaient les pouces dans les couloirs encombrés de linge sale. Le bruit des pas secouant la passerelle de fer se mêlait au vacarme de la grue, aux cris des caliers. La grue, elle, prenait les voitures dans ses griffes dans un ordre défiant à ce point toute logique qu'il aurait fallu soudoyer le grutier pour se le faire expliquer, chose que mon ami n'avait manifestement pas faite car tout donnait à penser qu'on allait voir sortir toutes les voitures avant la sienne.

Je regardais des familles de paysans décharger bout après bout, brassée après brassée, navette après navette, tout un ménage démonté une semaine plus tôt dans quelque village d'Anatolie. Les enfants trimbalaient des bois de lit, les hommes ployaient sous des fourneaux, les femmes traînaient des sacs derrière elles ou portaient, à deux, des jarres de nourriture, même les petites filles trimaient sans relâche, transportant des fardeaux bien trop lourds pour leurs épaules, faisant claquer leurs pas sur la passerelle métallique dressée contre le flanc étincelant de blancheur du bateau ; et pendant tout ce temps, voitures et marchandises données à la grue en pâture virevoltaient dans les airs la tête en bas jusqu'à ce qu'un cri lancé machinalement par des dockers en gants de travail les remettent dans le droit chemin. Les paysans déplaçaient leurs maigres possessions avec l'acharnement de fourmis sauvant leurs œufs d'une fourmilière ravagée. Ils s'étaient lancés dans une grande aventure et tous se jetaient à corps perdu dans ce travail d'émigration qui avait au moins le mérite de leur faire oublier leurs craintes et leur chagrin.

J'assistai à des retrouvailles auxquelles j'ai souvent repensé depuis, celles d'une femme d'une trentaine d'années, déjà installée à Istanbul, avec son fils de huit ou neuf ans arrivé avec le reste de la famille à bord de l'*Ege*. La force de leur amour les attirait l'un vers l'autre, il suffisait pour s'en convaincre de voir l'enfant s'élancer tête haute sur les pavés du quai pour se jeter dans la promesse tenue de ses bras ouverts. Pourtant, dès qu'il se fut assuré à son contact qu'il possédait tout son amour, je le vis refuser cet amour, détourner la tête de ses baisers et se dérober à son étreinte, à croire qu'il s'ennuyait déjà. Elle savait au fond d'elle-même, à la façon dont il était venu se jeter dans ses bras, combien elle lui avait manqué, cela lui suffisait. Il lui arracha des mains la revue qu'elle lui avait apportée et, juché sur un monceau de bagages, se mit sur-le-champ à en tourner les pages tandis qu'elle se tournait maintenant vers le reste de la famille. Il s'agissait de la revue *Stern* : ils allaient sans doute en Allemagne, Istanbul n'étant que leur premier pas vers l'inconnu. Quels qu'aient pu être leurs doutes, les efforts qu'ils avaient dû déployer, les larmes versées sur la maison qu'ils laissaient derrière eux, je savais qu'ils trouveraient dans son visage radieux, son visage rond et brûlé par le soleil, comme dans ses petites mains dodues à l'annulaire entamé par l'alliance en argent, la force de continuer encore et encore. Je bénissais le retard qui m'avait permis de les voir : il est normal d'éprouver de la pitié pour ceux qui sont dans l'épreuve, mais dès l'instant où l'on a compris qu'ils sont à la hauteur du défi, on ne peut que les admirer, les envier même.

Du coup, en les observant, j'avais manqué le déchargement de la voiture de mes amis. Ils me firent signe, je descendis de la passerelle en courant et sautai dans la vieille guimbarde qui se mit aussitôt à escalader les rues étroites et grises qui mènent au Péra Palas. J'étais paniqué à l'idée que les Américains avec leur taxi avaient probablement raflé la dernière chambre. A force d'avoir lorgné la première classe, je m'étais habitué à les voir obtenir ce que je voulais ; c'était oublier qu'à terre il y a, Dieu merci, le Hilton pour les gens comme eux et le Péra Palas pour les gens comme moi.

VI

1

Non seulement ils n'étaient pas plus d'une demi-douzaine au Péra Palas, mais la déception qui se lisait sur tous les visages était inversement proportionnelle à mon attente. Au dîner, servi sous d'immenses voûtes le long des halls lugubres, vinrent s'asseoir à des tables qu'un monde séparait trois soldats turcs parlant entre eux à voix basse et un Américain, un vieux célibataire qui, je dois dire, faisait la tête de quelqu'un qui va changer d'hôtel le lendemain à la première heure. Potage, poisson, mouton et dessert nous furent gravement portés dans cet ordre du fond d'un kilomètre de tapis par des serveurs contraints à tout instant de slalomer pour éviter le sentier de guerre d'une petite fille au teint basané qui déboulait sur eux en tricycle de derrière un pilier, pédales virevoltantes et tresses en l'air. Elle allait ainsi de table en table dévisager longuement et continûment chaque convive, tandis qu'à l'horizon de tapis et de colonnes on voyait déambuler en jeans son adolescente de sœur chaque fois que l'envie lui prenait de remplacer une cassette de rock par une autre cassette de rock. La musique n'était pas très forte, ou alors le volume en était diminué par les dimensions d'une salle à manger qui s'étendait jusque dans des zones si troubles qu'on avait vraiment l'impression qu'une brume s'était formée au-delà des lampes du réduit où nous mangions.

Si peu de gens, je m'en rends compte, partagent mon idéal de perfection en matière d'hôtellerie qu'il n'est guère surprenant qu'il ne reste plus qu'une poignée d'hôtels comme celui-ci de par le monde. Après tout, les hôtels sont faits de telle sorte que le touriste s'y sente chez lui, or cela aujourd'hui signifie que la maison de M. Tout-le-Monde et du représentant de commerce servent de modèle, alors qu'à l'époque où fut construit le Péra Palas (ou du reste n'importe lequel des somptueux monuments que la Belle Epoque nous a légués dans ce domaine), le "chez-soi" de l'immense majorité des résidents était un manoir victorien à la campagne, les autres n'étant de toute façon pas fâchés qu'on les croie habitués à un tel confort. C'est ainsi que vous vous retrouvez au Péra Palas, passé la porte d'acajou au bout d'un long couloir sombre, dans la chambre d'un manoir victorien flanquée d'une salle de bains dans le plus pur style edwardien. Lorsque le portier m'eut laissé et que je me retrouvai seul maître des solennelles armoires, des commodes, des rideaux de peluche, des tapis de Smyrne, de l'immense lit blanc et de tout l'espace non moins blanc de la salle de bains, la paix s'installa dans mon âme. Enfin chez moi !

L'élément comique fait bien sûr partie du plaisir, mais je dois dire que je ris jaune. Voilà une gravité, une dignité qui forment un sol sur lequel je sais pouvoir m'appuyer – tout en m'en moquant – et que je reconnais comme étant la réalité, non pas la "réalité" de tous les jours, mais celle recouverte de cuivre à la base. Je suppose que le manoir victorien n'est pas très éloigné de ma maison idéale, auquel cas en trouver la matrice ici à deux pas du Bosphore, dans cette parcelle de cette Réalité sertie dans cette douteuse ville d'ombres, est une chance inouïe. Je fis le tour du propriétaire des pièces communes pour mieux me pénétrer de l'obscur plaisir des lieux : faibles lueurs reflétées dans de gigantesques miroirs, tableaux immenses, immenses portraits, énormes palmiers dans des pots de cuivre, sofas tellement inconfortables, tellement pour l'œil, tellement grands que personne jamais ne s'y assoit. La redoutable lourdeur de l'ensemble ne m'empêcha pas de m'y sentir chez moi : l'idée qu'on se fait de son chez-soi transcende les canons terrestres du mauvais goût et de l'inconfort ; demandez à Adam, l'herbe et les feuilles du paradis lui furent certainement plus douces que le plus moelleux des matelas qu'il connut après. D'ascenseur baroque en escalier de marbre en couloir ténébreux, j'atteignis, heureux, les royaumes de la béatitude.

2

Cela dit, si belle qu'en fût l'enveloppe, ou plutôt en raison même de la splendeur de la carcasse, il me sembla de mon devoir le lendemain matin de déclarer la guerre tant au personnel qu'à la direction, ne fût-ce que pour les forcer à maintenir un certain standing à l'intérieur. Je ne voulus pas savoir qu'on ne pouvait pas prendre son petit déjeuner dans sa chambre ni se faire laver son linge : je vis le premier arriver à ma porte presque aussitôt, délicieux comme toujours ; quant à mon linge, en sortant, je le déposai dans le hall d'entrée, noué dans une chemise. J'étais décidé à m'appuyer sur le sol ferme que l'hôtel mettait à ma disposition comme sur une base pour connaître un peu mieux la ville, au moins jusqu'à ce que j'eusse affronté et surmonté l'impression d'hostilité, d'étrangeté, de confusion que j'en avais gardée. Je nourrissais l'espoir d'arriver un jour à m'y orienter aussi sûrement que dans les couloirs de l'hôtel.

Aussi, dès mon premier matin, je me lançai dans l'air chaud et embrumé à la conquête des rues escarpées qui descendent en zigzag jusqu'à la Corne d'Or. Deux facteurs inhabituels rendaient la ville un peu particulière. D'abord, le couvre-feu qui, de minuit à cinq heures du matin, faisait peser sur la ville un étrange silence qui avait pour effet, la nuit, de faire ressortir les hurlements tantôt proches, tantôt lointains de chiens en train de se battre ; ensuite, les festivités de

Kurban Bayrami qui, trois jours durant, allaient imposer en plein jour le silence à la ville fermée. Comme je n'avais pas l'intention de faire les magasins, je fus ravi de trouver les rues délicieusement vides de monde tandis que je passais le pont de Galata pour me rendre (bien évidemment) à la gare afin de préparer mon départ d'Istanbul par le train de Sofia ou de Bucarest.

Les rues aussi bien que les bâtiments de Péra me parurent magnifiques. Ces banques, ces façades de pierre, combien elles étaient imposantes et robustes, combien était européenne la sombre architecture qui masquait le ciel ! Se pouvait-il que ces rues fussent celles-là mêmes qui m'avaient semblé si misérables et si délabrées lors de ma première visite ? Celles où j'avais cru me perdre dans une ville orientale sans queue ni tête ? La différence venait de ce que, arrivé directement de Londres par avion, j'avais juxtaposé les deux villes. Cette fois, je comparais Istanbul à Trébizonde, Kars, Kayseri, Konya ; je la voyais comme on doit voir une capitale* : replacée dans le contexte de ses provinces. Le jugement que porte sur la capitale d'un pays quelqu'un dont l'œil et l'esprit n'ont pas été conditionnés par la vue et la vie des villages de ce pays ne vaut pas tripette. L'avion nous a fait oublier ce grand principe – on juge à présent une capitale d'après la précédente et toutes deux à l'aune de celle d'où l'on est parti –, ce qui ne veut pas dire qu'il l'ait rendu caduc. Allez directement en avion de Londres à New Delhi et l'endroit vous semblera risible, une pagaïe monstre, un assemblage de petits faubourgs tous plus ternes les uns que les autres éparpillés autour de la piteuse colonnade de Connaught Place ; maintenant, accédez à la même ville par les villages de Mysore, et vous resterez bouche bée devant l'agitation frénétique, l'éclat

---

* Officiellement, je le sais, Ankara est la capitale de la Turquie. (N.d.A.)

et la splendeur d'une vraie capitale, devant les grands magasins et les grands hôtels, les frondaisons des colonies et les voitures rutilantes. Voici ce que dit Vambéry de Téhéran :

> *La capitale perse m'apparut lorsque je la revis comme le creuset de la culture et de la civilisation, dispensant à l'envi tous les raffinements de la vie en Europe. Bien sûr, le voyageur venu de l'Occident et voyant la ville pour la première fois sera terriblement déçu par les bouges sordides et les rues aussi étroites que tortueuses entre lesquels il devra se frayer un chemin, mais à celui qui vient de Boukhara la ville semble méconnaissable. A peine étais-je entré dans le bazar que je me sentis redevenir enfant.*

Le voyage par voie de terre n'a pas de conséquence plus importante que ce simple fait qu'on accède de la sorte aux villes principales par leur arrière-pays, ce qui est encore la meilleure manière de leur rendre justice.

Comme je franchissais le pont menant à Stamboul, je sentis que ce nouveau jugement, plus humble et un peu moins extérieur que le premier, m'aidait déjà à me mettre au diapason de la ville. Une crainte mêlée de respect est l'émotion qui convient devant un siège du pouvoir aussi ancien que celui-ci. Dès ce jour-là, à peine mes craintes concernant la suite du voyage dissipées par la certitude (acquise dans une gare à la fois vide et paisible) qu'il partait un train direct pour Bucarest une fois par semaine, je pris la résolution de marcher dans la ville jusqu'à ce que je la connaisse comme ma poche.

Ma théorie, c'est qu'il faut s'enfoncer une ville dans la tête par la seule force des jambes. Il faut marcher, marcher jusqu'à se perdre, continuer quand même et retrouver son chemin, jusqu'à ce que le plan de la ville, le rapport des quartiers entre eux aussi bien que les distances et les dénivelés, mieux, l'angle où tel quartier se change en tel autre, s'impriment dans votre tête. Il fut un temps où je détestais m'arrêter à tous les coins de rue pour consulter un plan écorné de cet air de chien battu qu'ont les touristes ; plus maintenant. Je m'assois tranquillement sur un banc s'il se trouve que je traverse un parc, ou à la table d'un café si c'est devant un café que je passe, et je note les endroits où j'aimerais dîner, les rues où je me verrais bien faire du lèche-vitrines, mais je continue à marcher jusqu'à ce que mes pieds aient papillonné tout autour de la ville à la manière d'un serpent qui passe et repasse la langue autour de sa nourriture avant d'y toucher. Pour marcher, il faut être seul. Deux personnes marchant de front occupent un espace trop grand pour les trottoirs d'une vieille cité ; quant à la file indienne, elle fait naître l'impatience chez le meneur, le ressentiment chez le suiveur. Seul, on peut se faufiler à travers la foule, prendre des raccourcis sans avoir à s'expliquer et revenir sur ses pas quand on s'est égaré sans qu'il soit besoin de s'excuser. De plus, pour celui qui a l'habitude de la marche à la campagne, les distances en ville (si l'on excepte Los Angeles) ne sont jamais considérables : en cinq kilomètres vous traversez le centre de la plupart des villes de part en part, de sorte que si vous êtes disposés à en faire quinze, et à condition que vos pieds ne se lassent pas de battre le pavé, vous pouvez aisément vous enfoncer le plan d'une ville dans la tête en une seule journée.

Le tourisme de masse n'affecte pas Stamboul. La vieille ville, avec ses *khans* et ses venelles pavées, est trop déconcertante pour être mise à sac par les hordes de touristes. Des alignements d'autocars attendent devant le palais du Topkapi, d'autres devant Sainte-Sophie : c'est là que se concentrent les marchands de glaces et de souvenirs dont les éventaires bordent la seule et unique promenade recommandée aux groupes, les quelques centaines de mètres qui séparent

Sainte-Sophie de la mosquée bleue. Ailleurs, dans les environs d'une ou deux autres mosquées et dans le Grand Bazar, on trouve quelques touristes en petits groupes, mais dans les rues et les allées de Stamboul (je désigne cette partie de la ville sous ce nom pour mieux la distinguer de Péra, de l'autre côté de la Corne d'Or, qui a toujours été le quartier des Francs), c'est à peine si je rencontrai un seul touriste marchant seul comme moi.

Marcher prend du temps, or rares sont les touristes qui ont du temps à perdre ; la marche vous fait voir non pas les lieux célèbres mais une accumulation de détails qui vous appartient en propre, or c'est là sans doute le cadet de leurs soucis. Nul ne peut vous dire où vous trouverez l'illustration des idées qui sommeillent en vous : pour cela, vous devez chercher vous-même, dans la façade d'une vieille demeure, l'enfant assis sur une marche, la maison de bois noircie par le feu, autant de choses qui ne se visitent pas en autocar mais qui, à la manière de pilots dans un marécage, vous aident à consolider et à prolonger toujours un peu plus la route qui avec un peu de chance vous conduira au cœur de la cité. Vous tombez par hasard sur un incident qui acère votre regard, une scène ou un événement particulièrement parlants qui illustrent le texte constitué par les rues et les gens. Deux exemples au moins me viennent à l'esprit de saynètes que je vis ce jour-là et que j'aurais bien aimé avoir inventées, tellement elles exprimaient bien le génie du lieu.

Comme j'admirais l'une de ces vieilles maisons de bois aux sculptures fantastiques, aux planches faméliques blanchies par le sel et le soleil, qui continuent à donner ici et là un air de campagne à certains quartiers, je vis monter vers moi un jeune homme qui peinait sous un énorme chargement de cartons. Il en était bardé au moyen de sangles comme un âne qu'on distingue à peine sous le bât, des cartons de toutes les tailles, destinés sans doute à un étalage dans l'un des nombreux marchés de la ville spécialisés dans la chaussette, le jouet en plastique, la chemise de nylon et autres objets voyants. Au moment où il me croisa, son chargement s'effondra. Un nœud vital avait dû lâcher. Les cartons dégringolèrent les uns à la suite des autres, s'éventrèrent sur les pavés, essaimant plusieurs mètres à la ronde ; on vit notamment des jouets à roulettes se mettre à dévaler la pente à toute allure et jaillir de certains cartons des chemises blanches tels des cadavres de cercueils tombés d'un corbillard. Je contemplais la chose, horrifié. Son regard rencontra le mien et il sourit. Il eut un haussement d'épaules fataliste, un geste ample et résigné des mains, s'assit sur le pas d'une porte, sortit son paquet de cigarettes, ses allumettes : autant en griller une. Quelques personnes montaient ou descendaient par là, des jeunes gens pour la plupart qui, les mains dans les poches, donnaient un coup de pied dans le tas en passant et poursuivaient nonchalamment leur chemin après un vague coup d'œil en direction de la malheureuse victime. Non pas que la malheureuse victime en question leur en ait voulu de faire valser ses cartons : assis sur son tapis de résignation, il fumait le narguilé de la paix. Essayer, comme je l'aurais fait en pays chrétien, de sauver ce qui pouvait l'être eût été absurde. *Mashallah !* Ils pouvaient toujours, les passants et lui, murmurer ce mot (comme sans doute avant eux les passants qui virent un certain homme se faire voler sur la route de Jéricho), mot sans équivalent dans le christianisme de la rue, même si bon nombre de martyrs chrétiens ont dû prononcer quelque chose d'approchant sur le bûcher ou sur la croix. *Mashallah !* Je la vis à l'œuvre, cette idée, centrale dans la mentalité musulmane, qu'il faut se conformer à la volonté divine sans réserve et sans regret, avant de remonter la rue moi-même, sans toutefois pousser l'islamophilie jusqu'à taper dans un carton en passant.

Le seconde saynète du jour, qui me rappela à quel point Istanbul est éloigné de l'Europe moderne, se produisit sur le carré d'herbe devant la gargote où je m'étais arrêté pour me restaurer vers le milieu de la journée. Je mangeais dehors, les pieds dans la poussière à une table disposée à l'ombre d'un platane, autant dire dans un endroit où la vue d'un touriste pouvait plus surprendre que dans le plus petit village au bord de l'Egée. Entre ma table et la rue végétait un carré d'herbe entouré d'un grillage bas. Sur cette herbe serpentait un tuyau d'arrosage noir et percé relié à une colonne d'eau, dont l'autre extrémité finissait dans la bouche d'un gros ours brun. L'ours, une vieille chose toute pouilleuse, dormait sur le ventre, plutôt triste, attaché au grillage par la chaîne qu'il avait autour du cou, tout en essayant vaguement de dégager de ses pattes le tuyau qui lui dégoulinait dans le coin de la bouche comme la tige flexible d'un houka. Son maître mangeait sans doute à l'une des tables d'à côté. La demande en eau potable était forte parmi les badauds, d'autant qu'on s'éloignait de l'heure de midi, et il y avait tous ceux qui sortaient de table et qui avaient donc besoin, qui de se rincer la bouche et de cracher, qui de s'asperger les mains et le visage : tous arrachaient le tuyau des pattes du vieil ours grincheux et le lui renvoyaient à la figure quand ils avaient fini. Je revois la scène en esprit chaque fois qu'on se plaint devant moi d'Istanbul car, encore une fois, elle illustre la distance tout orientale qui sépare la ville de l'endroit sur nos cartes modernes où le touriste occidental croit pouvoir la situer.

La ville est moins hospitalière qu'elle ne l'a été. Certains facteurs, la montée de l'intégrisme, un régime despotique, un tourisme en perte de vitesse, font que les touristes chrétiens reçoivent dans ses célèbres mosquées un accueil moins chaleureux qu'il n'y a un ou deux ans. Des barrières nous tiennent désormais séparés des

Fidèles, toutes sortes d'affiches nous interdisent ceci ou cela sur un ton qui nous fait comprendre que nous sommes simplement tolérés. Cela me paraît légitime : là où existent de profondes divisions, il convient de les rendre visibles. La violation on ne peut plus crasse d'un lieu sacré par l'ignorant ne fait qu'accroître l'animosité des simples croyants. Affiches et barrières ont le mérite de les en empêcher tout en rappelant au visiteur qu'il est de peu de poids dans un temple.

Tout touriste devrait cultiver, me semble-t-il, l'attitude qui consiste, tout en se prêtant au jeu, à ouvrir les yeux et à exercer l'organe de la crédulité. Devant les joyaux du musée du Topkapi, essayez au moins de ne pas pouffer de rire lorsqu'on vous dit combien pèsent les "émeraudes" et autres breloques. Vous n'êtes pas obligé de prendre au pied de la lettre ce qu'on vous dit sur les "joyaux", mais ne manquez pas ce que le message vous dit sur la Turquie : moquez-vous du message littéral et le message codé vous échappera. Regardez les "joyaux" et souvenez-vous que le Bagdad d'Haroun Al-Rachid et des *Mille et Une Nuits* se trouvait dans l'ancien Empire turc. Passez ensuite dans la pièce au Manteau du Prophète et admirez la gigantesque empreinte de son pied. Oui, elle est très grande, mais ici aussi il vous faut vous garder de toute réaction hâtive qui pourrait vous empêcher de voir ce qui est autrement plus intéressant que l'affront subi (ou du moins qui devrait l'être pour quiconque s'est donné la peine de venir jusque-là), à savoir qu'en vous montrant les objets qu'ils vénèrent les hommes vous ouvrent une fenêtre sur leur propre cœur. Regardez par la fenêtre : si vous vous moquez, vous embuez la vitre. Lorsque vous vous êtes suffisamment prêté au jeu, lorsque vous avez regardé sans préjugés les objets dans lesquels ceux qui vivaient là tenaient à croire (ou étaient tenus de croire), vous êtes dans l'état d'esprit qui convient pour vous promener avec profit dans le musée du Topkapi Sarayi.

Pour moi, c'est le plus oppressant des palais. A vrai dire, je n'avais nullement l'intention d'en refaire la visite lors de ce voyage. Je n'y étais entré que parce que j'avais trouvé le musée des Antiquités fermé. Je hais ses couloirs tordus et ses cours lugubres. Même les platanes, plutôt sympathiques dans le parc de Gulhane tout proche, y perdent leur âme pour n'être plus que de sombres pyramides de murmures au sommet de troncs qu'on dirait fendus et lacérés par la torture. De quels pas furtifs et désespérés les habitants de ce labyrinthe ont-ils dû, selon le caprice de rois malheureux, aller de l'un à l'autre de ces kiosques à treillis, monter et descendre ces escaliers de marbre, avec pour seules joies dans leur vie celles, incertaines, de vers luisants et sur leur tête la menace de châtiments terribles ! Avant de critiquer la façon dont la vie s'y organisait, il faut toutefois se souvenir que les Ottomans inventèrent un système de gouvernement et une vie de cour leur appartenant en propre, non pas une tyrannie imposée à une race soumise mais un régime original issu des aléas de leur propre histoire. (L'histoire récente est là pour nous rappeler que d'autres formes de gouvernement importées de l'étranger, la démocratie parlementaire par exemple, n'ont pas l'autorité nécessaire pour canaliser les instincts contraires de la vie politique turque.) Les critiques des étrangers, leurs frissons devant un régime qu'ils jugent tyrannique, sont aussi superfétatoires que les réserves d'un Africain sur l'architecture esquimaude.

Nombreux sont les visiteurs qui, de tout temps, se sont efforcés (comme moi) de s'imprégner de l'étrangeté de la Turquie et non de sa familiarité. C'est pour éprouver l'irréductible étrangeté de l'étranger que je pars de chez moi, pour mesurer toute l'étendue de ce qui le rend autre et pour apprendre à m'en accommoder. Aussi j'aime que des barrières séparent mon territoire de celui de l'étranger. Emeraudes et empreintes gigantesques, le soupçon de la tyrannie, les palais redoutables du sultan, tout cela sert l'objectif que je me suis donné, creuse un fossé aussi large et aussi profond que le tourbillon qui se forme dans le Danube entre Semlin et Belgrade. J'en viens à aimer de plus en plus Istanbul à mesure que s'évapore de la vitre la trace laissée par mon premier souffle amer et perplexe et qu'il m'est possible de voir distinctement la ville que j'ai sous les yeux.

Le soir de ce premier jour dans la ville, je retournai à la gare de Sirkeçi, ayant entre-temps décidé de renoncer à Sofia, qui de toute façon ne m'emballait guère, et de faire un crochet par Andrinople d'où il me serait toujours possible de prendre le train direct de Bucarest. La gare, parfaitement déserte le matin, grouillait à présent de monde. Je me frayai un chemin jusqu'aux guichets pris d'assaut par la foule pour m'entendre dire par une employée qui n'en avait cure qu'il n'y aurait pas de place avant plusieurs semaines dans l'autocar qui assurait la correspondance. C'était manifestement tenter le diable que d'essayer de voir Andrinople (Edirne), car l'unique train au départ de cette ville pour Sofia part à deux heures du matin. Mon plan initial, qui avait été de rejoindre la côte roumaine en bateau d'Istanbul était, si j'ose dire, tombé à l'eau pour la bonne et simple raison qu'aucun bateau ne fait la traversée. Que faire ?

Je tournai en rond dans la gare. La fenêtre de l'indécision malencontreusement entrouverte laissa entrer les soucis comme des mouches. Dans ces moments-là, je me sais parfaitement capable de sacrifier mes projets de visite d'une ville que je rêve de visiter depuis des lustres à la paix et à la tranquillité que procure un billet de train. Même le retour express à Londres n'est pas exclu. Je sortis de la gare, fis quelques pas le long du quai d'où partent les ferries du Bosphore et m'achetai une de ces espèces de sandwiches au poisson qu'ils vous vendent sur les coquilles de noix qui tanguent contre la digue et dans lesquelles ils carbonisent le poisson dans des poêles calcinées sur un feu de kérosène qui brûle à même le plancher. La lumière du soir sur cette eau de légende, les ferries fumants fendant les vagues dorées par le couchant, moi-même au milieu de tout cela, mon sandwich au poisson dans la main : il ne m'en fallut pas plus pour retrouver tout mon goût du voyage.

3

En rentrant au Péra Palas ce soir-là, je remarquai une fois de plus le panneau qui indique le Tünel, le funiculaire souterrain qui vous transporte depuis le front de mer jusqu'aux hauteurs de Péra. Je ne l'avais jamais pris. Même le bus, je ne l'avais pris qu'une fois à Istanbul et cela avait été un désastre car, voulant nous rendre au Topkapi Sarayi, nous étions tout naturellement montés dans un bus qui affichait "Topkapi" comme destination, moyennant quoi nous fûmes transbahutés à l'autre bout de la ville, porte de Topkapi…

Autant marcher remplit une fonction essentielle, une fonction de prospection, si l'on veut, autant on ne peut prétendre connaître une ville tant qu'on n'en a pas maîtrisé les transports publics. Je le sais bien, comme je sais mon peu de goût pour tout ce qui est bus et métro dans des villes étrangères, dû à l'origine au fait que je n'apprécie pas particulièrement d'avoir l'air perdu et d'être obligé de demander à des inconnus de m'expliquer ce qui pour eux va de soi, à savoir le système des coupons et autres modes de paiement par avance. Je préfère encore aller à pied. Mais comme je me hissais à grand-peine jusqu'au Péra Palas tout en haut de la colline, de cette colline que j'aurais pu monter comme dans un charme si seulement j'avais bravé le Tünel, je me dis qu'il me faudrait coûte que coûte m'accommoder du réseau de transports publics d'Istanbul au cours des jours suivants. Lorsque j'étais plus jeune, je ne me déplaçais qu'en taxi et en première classe si le train paraissait un tant soit peu bondé (ainsi, je n'ai pas pris une seule fois le bus ni le métro pendant les quatre ou cinq années où j'ai vécu en Italie), mais je dois dire qu'une telle coquetterie me semble aujourd'hui aussi archaïque que, disons, de refuser de porter autre chose que des chaussures faites main.

Le lendemain matin, donc, je descendis par le Tünel (c'est fort simple, vous achetez un jeton qui vous ouvre la barrière) et me rendis jusqu'à la gare pour réserver une couchette de seconde classe dans le train de Sofia. Comme toutes les prodigalités du monde ne pouvaient me procurer ce que je voulais, à savoir un wagon-lit de première classe dans l'Orient-Express, je fis avec ce qu'il y avait. Ainsi guidé par le sens des réalités, je poussai allégrement en bus jusqu'à l'église du Saint-Sauveur-de-Khora, à deux pas de la lointaine porte d'Andrinople. A l'étranger, tout nouveau mode de locomotion – un vélo, un bateau ou une voiture que vous louez, par exemple – élargit votre champ d'action de sorte qu'en descendant du bus à Edirnekapi je me sentis quelque peu réconcilié avec le gigantisme d'Istanbul.

Il y a deux sortes de liberté lorsqu'on se trouve à l'étranger. La première est la "liberté du semblable", la liberté de l'anonymat que vous donne la maîtrise du code dont usent les autochtones (coutumes, transports publics, langue, tenue vestimentaire) et qui vous permet de vous fondre dans la masse et de goûter aux mêmes libertés qu'elle. On pourrait appeler l'autre sorte la "liberté du dissemblable". Ici, le voyageur est cet inconnu qui ne fait que passer, détaché, distant, clés de voiture en poche à sa descente d'avion, avant de s'embarquer à bord d'un yacht privé pour quelque paradis lointain qu'aucun ferry ne dessert. Il évite les foules et les horaires comme l'oiseau de mer le goudron qui ne peut que maculer ses ailes et entraver son vol. Je suppose que la plupart des gens, s'ils avaient le choix, opteraient pour cette seconde formule ; dans un autocar, ne nous jetons-nous pas tous à la première occasion sur le siège que nous occuperons à nous tout seuls, dans le train, sur le compartiment vide, si cela nous donne l'illusion de voyager comme des princes ?

"On vous donne votre propre cheval, un domestique avec une paire de sacoches et un lit de fortune vous accompagne sur un robuste cheval de somme et vous voilà paré pour affronter l'immensité de l'Orient, de Constantinople à la Grande Muraille de Chine." C'était cela la véritable indépendance, le mode de transport recommandé aux aventuriers. Si le pays à traverser était par trop dangereux ou instable, on pouvait recourir au déguisement ou se joindre à une caravane de marchands, l'équivalent de nos transports en commun, ou encore, à condition d'avoir l'agrément du sultan pour louer des chevaux de poste, traverser l'Empire turc en un clin d'œil grâce aux *postillons* tatares et à leur escorte de *surijis* hurleurs qui maintenaient un train d'enfer des jours durant. C'est ce que fit le colonel Townley lors d'une chevauchée restée célèbre de Belgrade à Constantinople, soit une distance de treize cents kilomètres qu'il couvrit en cinq jours et dix heures.

C'est ici même, à cette porte où je me trouvais à présent, que s'acheva le même voyage depuis Belgrade que fit Layard en compagnie des mêmes Tatares et en un temps (selon lui) inférieur à celui qu'avait mis Townley : "J'atteignis Constantinople avant l'aube, écrit-il, et comme il me fallait attendre l'ouverture de la porte d'Andrinople, les portes de Stamboul étant à cette époque tenues fermées entre le coucher et le lever du soleil, je descendis de ma monture et m'étendis sur le sol où je dormis jusqu'à ce qu'il me fût possible d'entrer dans la ville." Je montai sur les murs délabrés et dans les tours ouvertes aux quatre vents aux abords de la porte pour contempler l'endroit où il a dû dormir. Ce qui m'étonne, ce n'est pas tant l'étendue de l'Istanbul moderne hors les murs que celle de la vieille ville intra-muros. Quand on songe à la taille d'une ville comme Londres au début du siècle dernier, on se dit que Constantinople devait à l'époque faire l'effet d'une mégalopole.

En face de cette porte, sous cinq dalles de marbre, furent enterrées les têtes de cinq rebelles albanais. N. P. Willis, un Américain, examinait ces marbres lorsque

quatre hommes visiblement ivres passèrent la porte au pas de course et en lançant des ohé : ils portaient un cercueil sur leurs épaules. Arrivés dans le cimetière, ils allèrent en titubant d'une tombe à l'autre, en secouant si fort le cadavre qu'on vit plus d'une fois dépasser de la bière improvisée des bouts de bras et de jambes, cependant que le fossoyeur, le seul de la bande qui fût à peu près sobre, exception faite du mort, suivait du mieux qu'il pouvait avec sa pelle et sa pioche.

Après quoi Willis retraversa la ville, laquelle, dit-il, "pour une ville à si forte densité de population, offre peu de distractions au promeneur. Nous vîmes peut-être une personne dans l'une des rues, sans compter que le silence le plus complet et cet air renfrogné des maisons turques lui donnaient des allures de ville envahie par la peste. La population de Constantinople ne se voit que dans les bazars ou dans les rues proches de la Corne d'Or".

Continuant sur sa lancée, il entreprit une visite approfondie de la ville. En tête de ses priorités figurait l'asile : "Des asiles d'aliénés, dit-il, non sans une certaine autosatisfaction, j'en ai visité, en France, en Italie, en Sicile et en Allemagne mais dans aucun, malgré la négligence coupable qui les caractérise pour la plupart, je n'ai vu quoi

que ce soit de comparable en horreur. Nous péné-
trâmes dans une vaste pièce rectangulaire sur
laquelle donnaient les fenêtres grillagées des cel-
lules. Un forcené était enchaîné à chaque fenêtre.
«Ne leur enlève-t-on jamais leurs chaînes ?»
demanda l'un de nous. «Jamais !» Pourtant c'est à
peine s'ils avaient assez de chaîne entre l'anneau
fixé au sol et leur collier de fer pour se tenir
debout. Pas le moindre récipient à côté d'eux,
pas même un pichet d'eau…" Je m'arrête là car
après cela sa description devient trop affligeante.

Tous visitaient l'asile, et tous visitaient le marché aux esclaves, prêts à payer au prix fort le
droit de lorgner les femmes blanches, Circassiennes ou Géorgiennes, que le giaour n'était
censé ni voir ni à plus forte raison acheter. L'évocation de la traite des blanches, dans le contexte
de la littérature et de la peinture victoriennes, me
semble positivement salace, que le ton adopté
soit celui du romantisme ou celui du coup de
coude rigolard dans les côtes, comme d'ailleurs
tous les récits où il est question de harems ou de
femmes orientales en général. Partout l'on sent
poindre l'intrigue sous le tchador et sous le voile ;
les exemples abondent d'appréciations enthousiastes de "formes" et de "silhouettes" devinées
sous le corsage, le pantalon bouffant ou la chemise et de témoignages comme celui-ci, dû à un
pêcheur qui tomba par hasard sur "un bel essaim
de pucelles kurdes vêtues, ou peu s'en fallait, de
la tenue d'Eve, notre mère à tous". Une ou deux
plongèrent dans l'eau, d'autres essayaient d'enfiler leur cache fri-fri tout en promenant leur
regard sur l'intrus. C'est le "cache fri-fri" qui transforme les pucelles en jeunes filles victoriennes et
le lecteur en voyeur (qui risque d'encourir ce que
le sémillant révérend T. R. Jolliffe appelle "le châtiment thessalien du chasseur" surprenant Diane
dans son bain).

Les Anglais à l'étranger étaient pourtant les
premiers à déplorer le relâchement des mœurs

quand ils arrivaient à mettre le doigt dessus. Pridham, du *Times*, rapporte qu'il a vu à bord d'un vapeur sur le Danube "toute une part de la compagnie féminine donner des signes irréfutables de faiblesse", et même le capitaine Barnaby secoue la tête devant les "faiblesses du sexe" à Angora. Murray, dans son guide sur le nord de la Palestine, croit bon de vitupérer une "Anglaise infortunée dont le triste sort remplit les livres de voyages" sous prétexte qu'elle a connu un Arabe à Damas* ; lady Sale, qui échappa au massacre de l'armée anglaise par les Afghans en 1842, ne peut quant à elle pardonner à "un personnage aussi inconvenant que cette Mrs. Wade" d'avoir succombé aux attentions de ces mêmes Afghans lors de sa captivité. Il suffit d'un spectacle de marionnettes – "un spectacle bestial qui nous fit aussitôt fuir, dégoûtés" – pour choquer profondément le colonel Stuart à Bursa, le même colonel qui était resté de marbre devant le marché aux esclaves et l'asile de Stamboul. Pire encore que le théâtre de marionnettes, aux yeux du colonel, fut la vue, en Perse, "d'un jeune homme au visage glabre et aux cheveux longs, habillé en femme, qui se mit à danser devant nous. Nous eûmes vite fait de chasser la brute". (Mitford trouve au contraire ces danseurs de *luti* et de *nautch* tout à fait décents en regard de l'indécence grossière d'une salle de bal anglaise où, dans les bras des hommes, des femmes surexcitées dansent des valses et des polkas à moitié nues jusqu'à la taille".) Bien entendu, les références, même voilées, à l'homosexualité restent rares, le seul à aborder franchement l'ampleur du phénomène en Orient étant Palgrave, qui, dans *Arabia*, impute "le vice innommable" et "cette

---

* Il s'agit de Jane Digby qui, après avoir goûté à trois maris et aux faveurs de trois rois, épousa le cheikh d'une tribu arabe qui assurait la protection des voyageurs se rendant à Palmyre par le désert. *(N.d.A.)*

infamie inconnue chez les babouins" à l'instauration par Mahomet d'une société dans laquelle les femmes, trop aviliers pour être respectées, sont aussi sans doute trop méprisées pour être aimées.

N'ayant pas eu l'occasion de lire de journaux intimes s'étendant sur le sujet, je serais bien en peine de dire dans quelles conditions il était possible pour un voyageur d'avoir une liaison avec une Orientale, mais "cueillir la rose entre les épines" devait être une entreprise pour le moins périlleuse, bien plus périlleuse que les relations homosexuelles, et il semble qu'en 1829 l'ambassadeur de Russie et toute sa suite aient été massacrés par la populace de Téhéran persuadée que des Persanes avaient été entraînées contre leur gré dans l'ambassade*. D'un autre côté, Layard raconte comment un ami et lui furent entraînés à leur corps défendant dans un palais de Stamboul par une femme mystérieuse qui s'avéra être la sœur du sultan, mais il faut reconnaître que leur aventure, avec ses belles leur faisant signe de leur caïque, ses intermédiaires filant dans la nuit, ressemble trop à un conte des *Mille et Une Nuits* pour être vraie. Une chose, en tout cas, est certaine : elle ne passerait pas dans un roman.

Mais j'étais venu jusqu'à la porte d'Edirne pour voir l'église Saint-Sauveur-de-Khora, aussi je laissai les murs derrière moi pour descendre par les rues escarpées et pavées qui y mènent. Je n'avais pas encore vu les fameuses mosaïques. Difficile d'imaginer matériau plus rebelle que celui-ci ; pourtant, entre les mains des hommes qui ont décoré cette église, il s'est révélé d'une fascinante

---

* Griboïedov, qui était ambassadeur mais aussi un intellectuel et un écrivain, donna l'asile politique à l'eunuque du roi ainsi qu'à deux odalisques arméniennes et refusa catégoriquement de les rendre. Pouchkine, qui rencontra quelque part la caravane qui ramenait son corps à Tiflis, écrivit à son propos : "Je ne connais rien de plus heureux ni de plus enviable que les derniers jours de sa vie mouvementée." *(N.d.A.)*

souplesse. L'éventail des expressions qui se lisent sur les visages et leur délicatesse valent à mon sens tout ce qui a pu se faire dans le domaine de la fresque, sans oublier que la mosaïque, beaucoup mieux que la peinture, parvient à créer l'illusion de la profondeur.

Très impressionné par la beauté et la gravité de ces visages chrétiens, je me mis à songer à l'éventail des expressions que l'on trouve dans la représentation des saints. Il y a la sagesse de saint Jean, la combativité véhémente de saint Paul, la force d'âme et la résignation qui se lisent dans la fixité du regard de nombreux martyrs ; et puis il y a aussi l'humilité, la tristesse et la douceur des saintes. Beaucoup d'émotions s'expriment dans ces visages mais il en est une qui frappe par son absence, surtout si, comme cela avait été mon cas d'abord à Athènes et en Carie puis ici à Istanbul au musée des Antiquités, l'on a passé beaucoup de temps à observer les visages de statues antiques. Dans un visage du Moyen Age chrétien on ne voit jamais en effet cet air d'ironie amusée qui caractérise le portrait antique et qui est à son apogée dans l'expression de Marc Aurèle. L'ironie amusée : oui, c'est là peut-être la marque la plus raffinée de la civilisation antique (et celle qui, plus que toute autre, séduisit les hommes du XIXᵉ siècle et donna le ton à leurs aspirations) ; mais ce détachement serein ne devait jamais devenir une vertu chrétienne : d'un chrétien, on attend avant tout de la ferveur.

Je me rendis à plusieurs reprises au musée des Antiquités lors de mon séjour à Istanbul, mais la fois suivante, maintenant que j'avais vu les mosaïques de Kahriye, je résolus de chercher dans les visages antiques des traces de la présence de cette vertu chrétienne de l'humilité. Elle en est absente. L'humilité est une vertu inconnue du monde antique. Seuls ont l'air humble dans l'art préchrétien ceux qui y sont contraints par la force des armes. On voit souvent sur les stèles funéraires cette merveilleuse acceptation sereine de la mort, une noble tristesse, mais jamais la contrition ni l'humilité, encore moins l'abjecte autohumiliation si répandue dans l'art chrétien.

L'idée m'intéressait pour la lumière qu'elle jetait sur l'humilité et la soumission extrêmes des chrétiens des empires de l'Orient au siècle dernier, humilité qui, comme je l'ai dit, provoquait le dégoût de ces gentlemen chrétiens lorsqu'ils devaient se rendre à l'évidence que leur religion les associait dans ces pays à une race inférieure. Il n'y a guère que le docteur Wolff, juif allemand converti en missionnaire chrétien, qui brille à chaque page de son récit insensé en tant que voyageur d'une humilité à toute épreuve pour qui tous les hommes qu'il rencontre sur sa route se valent. Mais à l'exception du docteur Wolff, le voyageur se sentait plus proche du puissant que de l'opprimé, que ce puissant fût le sultan de Stamboul ou César Auguste à Rome. La veille de la Crucifixion, il n'aurait pas dîné là-haut mais avec Ponce Pilate*. Le détachement amusé, ironique du gouverneur romain et de la Rome d'Auguste était le style qu'il admirait et dont il se faisait l'émule dans ses propres récits. Au vrai, la classe dirigeante a toujours dû placer les vertus antiques – bravoure, tempérance, sagesse, justice – au-dessus des vertus spécifiquement chrétiennes d'endurance dans la souffrance, de charité, de foi, d'espérance et d'humilité, qui sont les vertus de l'opprimé. On touche ici à la difficulté absolument centrale, difficulté qui torturait tant Gladstone et maint autre érudit chrétien de l'époque victorienne, qu'il y a à réconcilier Homère et la Bible. J'allai scruter le visage de Marc Aurèle tel qu'il apparaît sur les quelques bustes de lui qui

---

* D'après Laurence Oliphant, lord Elgin aurait déclaré (en 1857) : "Il m'est rarement arrivé depuis que je suis en Orient d'entendre une phrase qui corrobore l'hypothèse selon laquelle le monde a jamais connu le christianisme." *(N.d.A.)*

traînent dans les recoins du musée : il a en effet tout d'un modèle pour le gentleman victorien. Cet air ironique et spéculatif illumine son visage intelligent comme il illumine ses *Pensées*. Est-il le seul de tous les empereurs romains, me demandai-je, dont la tête est trop grosse pour le corps ? Chez la plupart, le contraire est vrai : tête d'épingle sur torse de centaure, comme chez les joueurs de football américain.

Si, comme cela m'arrive souvent, vous vous plaignez de trouver les musées d'aujourd'hui trop bien éclairés, trop propres et trop bondés, ne manquez surtout pas le musée des Antiquités d'Istanbul. C'est un cas à part. Miteux, glacial, humide, marbres sales et poussiéreux, statues moins "exposées" que mises à l'abri des intempéries dans la pénombre, guides penchés sur de faibles radiateurs tels des soldats en faction autour de feux de camp dans une forêt pétrifiée, voûtes ne renvoyant que l'écho de vos propres pas : depuis les années cinquante, cette atmosphère jadis traditionnelle dans les sous-sols renfermant des "marbres" a disparu de tous les musées européens. On s'est désormais habitué à voir en Europe comme en Amérique du Nord des objets de seconde zone brillamment présentés, l'art de la mise en scène l'emportant sur la valeur. Dans le cas des antiquités, l'influence exercée sur les conservateurs par cette mode de la mise en scène a coïncidé avec l'effritement de leurs fonds après que les spécialistes de l'histoire de l'art eurent révélé l'existence de nombreux faux, notamment aux Etats-Unis où nombre d'acquisitions de "statues grecques" se firent à une époque où le marché du faux était particulièrement florissant. Toujours est-il que l'on déploie aujourd'hui des prodiges d'ingéniosité pour éclairer une vitrine contenant quelques misérables fragments grecs et des prodiges encore plus grands pour montrer les défauts de copies de statues romaines qui devraient à bon droit être couvertes de lichen et fermer discrètement une perspective sous les chênes verts de quelque jardin italien.

A Istanbul, on a affaire à la tendance inverse. Ici se trouvent des œuvres incomparables que l'on devine à peine dans le noir. La poussière a terni la blancheur du marbre. Des silhouettes se dressent les unes derrière les autres en une foule désordonnée. Je ne pense pas qu'on ait touché à quoi que ce soit depuis la construction de l'édifice dans les années 1890, époque à laquelle le Turc prit le train en marche quand il s'avisa de la valeur des vestiges antiques enfouis dans son sol (leur valeur aux yeux des étrangers, s'entend, car ce n'est qu'après avoir constaté que les pièces qu'il avait données au premier venu remplissaient les musées de Londres, de Paris et de Berlin qu'il se mit à les collectionner pour son propre compte). La même indifférence envers l'Antiquité qui explique qu'il ait tant attendu jadis avant de se décider à construire un musée, le pousse sans doute aujourd'hui à en différer la modernisation. Après tout, à la différence des Européens, la race d'Osman ne descend des Grecs ni par le sang ni par la culture ; il n'est donc pas si étonnant que les Turcs ne vouent pas aux vestiges antiques le culte instinctif que nous leur vouons. Tous les étages supérieurs du musée étaient fermés au public, comme lors de ma dernière visite trois ans plus tôt. Il semble que le bâtiment soit en train de s'écrouler.

Cependant il regorge d'œuvres magnifiques. Je passai plusieurs heures d'affilée à marcher dans l'obscurité, fouillant dans les différentes pièces et me demandant ce qui me pousse à scruter ainsi des fragments de l'Antiquité. Ce que je cherche ? La fenêtre ouverte, la vision soudaine et éblouissante qui exalte l'esprit. Cette chose rare. Ici, par exemple, un seul objet m'ouvrit cette fenêtre et laissa entrer la lumière divine, un nu, du IVe siècle avant Jésus-Christ peut-être, dont la pierre vibrait de tout ce qui, bon ou mauvais, fait la force vitale du principe féminin. Le reste est simplement intéressant, ou beau, mais s'il n'y avait que cela et rien d'autre, rien de plus, je ne suis pas sûr que je me donnerais la peine d'entrer dans les musées. Prenez les grands sarcophages de ce musée, celui du Satrape et ceux de Sidon : quelle adresse dans l'exécution ! Quels prodiges de sculpture ! Pourtant, je n'éprouve devant eux que l'admiration qu'on éprouve pour le miniaturiste, le faiseur de maisons de poupée, de tout objet ravissant et irréprochable. Je l'observe sous tous les angles, j'explore un côté après l'autre, tel un oiseau dans une pièce dont il est prisonnier, qui se cogne sans cesse à la vitre qui s'interpose entre lui et la liberté, mais la fenêtre reste désespérément fermée. Ces objets, je les regarde (j'ai même fini par m'y attacher et par en savoir un peu plus sur eux), non pas parce qu'ils sont les objets de ma quête, mais parce que je passe devant eux dans ma quête d'autre chose, de mieux, comme les deux pèlerins rencontrés en Carie qui espéraient que le site antique serait "génial" et qui durent pousser encore plus loin quand ils se rendirent compte que tel n'était pas le cas.

Parmi les œuvres de l'homme, les mosaïques chrétiennes et les marbres païens atteignent des sommets de réussite artistique, mais Sainte-Sophie en comparaison frappe le visiteur comme un phénomène de la nature qui transcende l'architecture humaine. Les marbres et les mosaïques dépendent dans une certaine mesure du savoir qu'y projette celui qui les regarde : s'ils ouvrent une fenêtre, cette fenêtre est celle d'une bibliothèque. Un endroit comme Sainte-Sophie, au contraire, happe le simple savoir comme un tremblement de terre emportant tout sur son passage, librairie, livres, lecteurs, fenêtres et tout le reste, de sorte que ce que l'on sait semble absolument dérisoire en regard de ce que l'on ressent. En cela Sainte-Sophie possède ce pouvoir essentiel à toutes les Merveilles du monde faites par la main de l'homme qu'il m'a été donné de voir, à savoir le pouvoir de balayer d'un coup toutes les images mentales qu'on avait pu s'en faire et de vous clouer sur place avec une force inaltérée qui vous laisse béat d'admiration. Le Grand Canal de Venise vous fait cet effet-là, et aussi le Taj Mahal, les gratte-ciel de Manhattan vus de Central Park... et Sainte-Sophie. On ne fait tout d'abord que deviner, entre les colonnes massives, les fabuleuses proportions du volume intérieur, et puis on les sent s'élargir toujours plus devant soi à mesure que l'on avance sous les ombres des demi-coupoles pareilles à des nuages et sous des dorures pareilles à un soleil sans éclat, et puis on perd pied, on se retrouve brusquement au beau milieu de la chose, incapable d'offrir la moindre résistance au coup de massue qui est alors asséné. Les foules à leur manière rendent hommage de leur voix aux mille échos à la majesté du bâtiment et les prières jointes du musulman et du chrétien montent vers les coupoles troubles, emplies de murmures, comme un encens dans le crâne d'un dieu indifférent. Tant de majesté et de solennité me firent oublier toute considération d'ordre historique ou esthétique. A partir de cet instant, le simple fait de voir le monument perché tout là-haut, dominant l'horizon de la ville – tout en sachant ce que cachent ces dômes chaque fois que je lève les yeux et qu'ils sont là, devant moi – m'a donné à penser que j'ai reconnu le génie de la ville, comme on sent à sa présence menaçante au-dessus de la ville que le Vésuve est le *genius loci* de Naples.

Les jours passaient. Au début, le Péra Palas m'apporta mon petit déjeuner au lit et me lava un peu de linge, mais un beau matin il n'y eut plus de petit déjeuner. Mes supplications, puis mes algarades, au téléphone, n'y firent rien et quand je descendis m'expliquer de vive voix, on me montra des affiches bricolées dans la nuit et collées de travers sur les colonnes soutenant la coupole au-dessus du hall d'entrée. Quelque chose comme une jacquerie prête à tout pour profaner les piliers de l'Eglise et de l'Etat. La Réalité du Péra Palas commençait à se craqueler : le temps était peut-être venu de partir.

Aussi bien mon approche d'Istanbul (par l'est) que la durée de mon séjour (solitaire) m'avaient donné une idée plus juste de la ville et, au moment de la quitter, j'étais plus triste que je ne l'aurais cru. Après avoir déposé mes sacs à la gare et réglé ma note d'hôtel, je me rendis une dernière fois à la vieille tour de Galata et pris l'ascenseur jusqu'à la galerie supérieure. Là, dans le vent, je contemplai la ville, quartier par quartier. A tort mais non sans tendresse, je me dis, comme le garçon de courses se dit l'ami de la grande dame dont il a reçu un pourboire, que je la connaissais bien. Jamais auparavant je ne m'étais posé la question en quittant un endroit de savoir si je le reverrais un jour, mais cette fois je me demandai, non sans un pincement au cœur, combien de temps allait s'écouler avant que je revoie cet extraordinaire paysage stambouliote et même si j'allais jamais le revoir. La lumière commençait à baisser. Là-bas, de l'autre côté du Bosphore, l'Asie s'estompait dans le crépuscule et là, à mes pieds, la ville dans toute sa complexité, débordante d'activité, s'étendait de part et d'autre de la Corne d'Or. Je descendis de la tour puis par les rues escarpées pour traverser une dernière fois le pont de Galata.

En quittant la Turquie et le "monde libre" pour les pays de l'Europe de l'Est, j'avais l'impression de passer du familier à l'étrange, de la lumière aux ténèbres. Mes craintes venaient de ce que je ne savais pas à quoi je m'exposais en voyageant seul dans cette zone obscure de la carte jusqu'à la sortie du tunnel à Vienne. J'étais allé en Tchécoslovaquie, mais pas seul ni par mes propres moyens ; mais à part cela, craignant que l'Ours n'eût la mémoire longue, je m'étais toujours tenu à distance respectable de la Russie et de ses satellites. Tous mes soucis sauf un avaient à voir avec l'autre côté du rideau de fer. Cet unique souci à propos de la partie turque du voyage concernait l'intaille que j'avais achetée en Carie au profanateur de sépultures. Devais-je la déclarer ? Serait-elle saisie à la douane ? Au moment de quitter ma chambre, en vérifiant mes visas pour l'Europe de l'Est, je l'avais sortie de la doublure de ma veste, toujours emballée dans son chiffon. Je ne l'avais pas regardée depuis que M. Mestan me l'avait déposée dans la main à la lueur des lampes. Cette fois, devant la fenêtre, je pus l'observer à la lumière du jour. C'était un faux. La chose n'était pas en cristal mais en verre et le profil taillé à l'intérieur était celui d'une jeune fille d'aujourd'hui.

Nous avons tous le souvenir d'avoir un jour marché au ras des brisants sur une plage envahie d'écume et de lumière aqueuse et d'avoir ramassé dans le sable un galet brillant qui nous semblait contenir à lui seul toute la beauté éphémère de cet instant, la luminosité de l'air et le mouvement de la marée, le bruit des vagues et le cri des mouettes. On garde le galet dans sa poche parce qu'on voudrait garder la scène tout entière intacte dans sa mémoire. Le soir, on trouve un galet devenu sec et terne parmi sa menue monnaie, on le garde ou on le jette, triste ou amusé, selon son tempérament : on conserve quelque chose de la plage en tête, mais aucun galet ne peut la contenir tout entière. C'est ainsi que, traversant le pont de Galata pour prendre le train pour l'Europe de l'Est, je jetai la fausse intaille dans la Corne d'Or. Une foule dense se pressait dans les deux sens au-dessus des eaux ennuitées, les bacs fendaient le clapotis des vagues, enfumant le ciel du soir. Les chiens, après avoir dormi tout le jour, commençaient à se faire entendre dans les cours et les allées et, sur les crêtes des murs et des toits, les chats, qu'on voit traîner partout pendant le jour, devaient déjà se faire plus rares.

A la gare de Sirkeçi, l'express de Sofia était prêt au départ. Le long train courbe rougeoyait dans la lueur des lampes qui éclairaient le quai. Je montai à bord. Impossible de savoir à l'avance si l'on va faire un bon ou un mauvais voyage : j'étais persuadé que cette étape de quatorze heures allait se faire dans un wagon bourré d'ouvriers turcs en route pour l'Allemagne, au lieu de quoi je me retrouvai seul parmi des draps d'un blanc immaculé dans un compartiment à six couchettes. Je fis les cent pas sur le quai, le temps de boire la dernière des bouteilles de *maden sodasi* qui par centaines m'ont soutenu tout au long de mon périple turc – une eau délicieuse qui chatouille la langue et chasse la poussière et la chaleur de l'esprit comme d'un simple coup d'éponge – et de manger un sandwich. Des corneilles exécutèrent quelques pirouettes dans la bande de ciel de plus en plus sombre visible au-dessus du train. A sept heures, après une annonce en turc et en anglais, l'express de Sofia s'ébranla. Le dernier bruit que j'entendis d'Istanbul avant de baisser la vitre fut celui, noyé d'eau, des sirènes des bacs du Bosphore.

VII

1

Quelques jours plus tard, je voyais le soleil se coucher sur les arbres et les allées tranquilles du parc Cismigiu de Bucarest où, sur un banc, je faisais le point de mes premières impressions plutôt surprenantes de l'Europe de l'Est. Quelque part au milieu des gloires rococo de l'hôtel Bulevard, je disposais d'une chambre tout en meubles blanc et or, avec des portes-fenêtres ouvrant sur des balcons qui donnaient eux-mêmes sur la rue, tout à fait le genre de décor où l'on faisait évoluer Doris Day dans les comédies hollywoodiennes ; toute la journée, j'avais déambulé dans des rues ensoleillées jonchées de feuilles de châtaigniers et ornées de maisons et de villas à la mode frivole des années quatre-vingts et quatre-vingt-dix du siècle dernier ; aux abords du parc, j'étais passé devant une église illuminée qui déversait ses cantiques dans le crépuscule, et maintenant c'était à peine si, de mon banc au bord de l'eau, j'entendais la rumeur de la ville. Me sentant parfaitement en sécurité en dépit du noir presque complet, je ne pus m'empêcher d'établir le parallèle entre, d'une part, ce parc vaste et aéré et les coquettes rues alentour et, d'autre part, les soldats armés et la menace du danger, omniprésents en Turquie. Comme je l'ai dit, je m'étais préparé à passer de la lumière aux ténèbres au terme des deux heures pendant lesquelles il nous faudrait tambouriner et hurler pour faire céder le rideau de fer, mais ce n'est pas l'effet que me fit ce parc on ne peut plus paisible. Non, à première vue, Bucarest n'avait rien des "ténèbres".

A mon réveil dans le train à l'arrêt en gare de Sofia, je m'étais empressé de remonter le store afin d'avoir sans attendre ma première vision de la misère innommable des satellites de la Russie. Quelle terrible scène de tyrannie collectiviste mon œil encore habitué à la liberté de la Turquie allait-il surprendre ? Sous un ciel gris, dans un paysage sombre, sans relief, je vis un vieil homme au crâne chauve et blanc se mettre debout dans sa charrette, en bleu de travail, avant de partir avec son âne à travers champs. Je vis en lui l'Européen : *mon semblable, mon frère*. Après l'Asie, j'étais ici chez moi. Les champs de chaume de maïs, interminablement plats et ouverts, succédaient aux villages, avec leurs enclos et leurs rues pavées, et dans ce paysage, bien qu'il fût tout le contraire d'un paysage anglais, je me sentis chez moi, comme un Anglais se sent, et ne se sent pas, chez lui où qu'il aille en Europe. Je fus surpris d'éprouver de l'affection pour lui, pour ses beaux marronniers solitaires, entre autres, qu'on aurait dits plantés et portés à maturation par une main habile le long de la voie ou ici et là au milieu des champs. Envers les Turcs et la Turquie, j'avais éprouvé de l'intérêt, un vif intérêt, ininterrompu des semaines durant, jamais de l'affection. Ni l'Otan, ni la CEE, ni l'européanisation autoproclamée d'Atatürk ne feront du Turc *mon semblable, mon frère*. Ce n'est d'ailleurs pas ce que je souhaite. De la Turquie et des Turcs, j'attends autre chose, peut-être l'antithèse de cette impression d'être "chez moi" que me donne l'Europe.

A l'époque où il fallait compter avec la force turque en Europe, c'est-à-dire jusqu'en 1914, tous les Européens étaient obligés de se situer par rapport à elle et de se dire pro- ou antiturcs. L'attitude officielle variait selon les opportunités du moment (la Turquie étant à la fois un précieux garde-fou contre la Russie et une présence encombrante en

Egypte), mais pour le commun des Anglais, la question était une affaire de cœur. Le Turc, on en était amouraché ou on le haïssait. L'affaire des atrocités de Bulgarie divisa l'Angleterre. Au mois de mai 1876, sur une colline à quelque trente kilomètres à l'ouest de l'endroit où passait mon train, cinq mille hommes, femmes et enfants furent massacrés ou brûlés vifs par des soldats irréguliers de l'armée turque qui entendaient étouffer dans l'œuf les soulèvements slaves qui menaçaient à Batak. Deux camps se formèrent en Angleterre : d'un côté les atrocitistes, derrière Gladstone, et de l'autre les antiatrocitistes, derrière Disraeli (lequel prétendait que toute l'affaire avait été montée en épingle, qu'une poignée de paysans tout au plus avaient peut-être été malmenés par nos alliés turcs et que l'incident de Batak était une invention des Russes qui cherchaient un prétexte pour envahir les provinces du Danube sous tutelle turque afin de "libérer" les populations chrétiennes). Ce partage en deux camps ne fut pas le produit du hasard. La ferveur de Gladstone jouait sur les intérêts des commerçants, des petits propriétaires terriens, de ces classes pratiquantes qui s'étaient construit leur proverbiale maison d'Anglais, autant dire leur château. Or la seule idée que la Turquie pût exister menaçait ce château (celui de la bourgeoisie) dans son existence même aussi sûrement que la marée menace le château de sable. On ne connaissait pas une seule province de l'Empire ottoman qui eût une véritable bourgeoisie, une bourgeoisie respectable et, aux yeux du bourgeois de l'Angleterre victorienne, le Turc brandissait toutes les armes de Gengis Khan. "La Turquie, écrit miss Skene dans ses *Esquisses de voyage*, est un pays despotique et corrompu où le gouvernement et une vile religion travaillent main dans la main à contrôler une population que ses propensions naturelles rendent particulièrement réceptive aux forces du mal." Lorsque deux pasteurs quelque peu nerveux voyageant à bord d'un vapeur sur le Danube signalèrent à la presse d'épouvantables atrocités tant à bâbord qu'à tribord, une forêt entière de chrétiens bulgares empalés sur des pieux, et ce à perte de vue, la fureur contre le Turc battit son plein jusqu'au jour où l'on s'avisa que les "chrétiens" en question étaient probablement des bottes de foin maintenues par des fourches hors de portée des animaux, selon une coutume ancestrale des Balkans. L'aristocratie anglaise, en revanche, ne fit pas grand cas de ces atrocités et tout laisse à penser qu'elle ne se sentait aucunement menacée par les mœurs turques.

Quelque part entre bourgeoisie et aristocratie se trouve le voyageur qui m'intéresse. J'inventerais volontiers un homme ayant ses racines dans la bourgeoisie, mais conscient de ses limites et aspirant à embrasser les idéaux aristocratiques de liberté et d'indépendance. Paré de la sorte, il aurait dans le sang une terreur innée du Turc qu'il s'ingénierait à masquer au moyen d'une insouciance de bon aloi envers les mœurs et même les massacres turcs dans son désir de se faire accepter à toute force par les classes dirigeantes orientales.

Au bord du Danube, non loin de l'endroit où je me trouvais ce matin-là, dans ce train qui lambinait à travers la Bulgarie, eut lieu au milieu du siècle dernier, dans le palais d'un pacha, une soirée qui met particulièrement bien en lumière le voyageur anglais de l'époque. Le voyageur, en l'occurrence, était un certain Skene, fils d'un consul à Malte et parent de miss Skene, citée plus haut. Il dînait avec le pacha lorsque survint une tempête : les tuiles se mirent à pleuvoir sur la tête des convives, le fleuve se déchaîna, des cigognes vinrent à grand bruit chercher refuge dans le palais. Le pacha fit asseoir tout près de lui, d'un côté, Skene en personne et de l'autre, un dignitaire déchu tellement terrorisé par cette proximité du tyran que sa main tremblotante ne parvint pas à porter la moindre nourriture à sa bouche. La fureur de la tempête fit d'abord perdre la tête aux esclaves, qui déguerpirent en meutes hurlant à la mort ; ensuite ce fut au tour des convives d'hésiter, la mort dans l'âme, entre la peur des éléments et leur crainte du pacha pour finalement se décider les uns après les autres à se réfugier dans les recoins du vieux bâtiment branlant où les éclairs jetaient une lumière blafarde sur des rideaux en charpie et où le vent s'engouffrait dans des halls déserts et des couloirs sans fin. "Au milieu de toutes ces majestueuses convulsions de la nature, et de ces pauvres trépidations du cœur humain, écrit Skene, le pacha fumait calmement sa pipe, les traits à peine éclairés par un léger sourire. Il me lança un regard complice où se lisait son mépris pour les autres et le gré qu'il me savait de ne pas avoir montré ma peur." Tel était le portrait de lui-même que le voyageur voulait donner au public. Atrocitiste, Skene ? Sûrement pas, si l'on entend par là une critique de la manière dont son ami le pacha décida de faire régner l'ordre parmi les rayas chrétiens de Souabe ; ne dit-il pas de leurs villages qu'ils ne sont faits que de "cabanes plus basses que toutes les habitations humaines connues si l'on excepte les masures du Connaught" ? Le même Skene évoque sans ambages sa déconvenue devant la tour de crânes de Niš : "Je fus fort déçu par cette relique… à peine cinq mètres de haut pour à peine trois mètres carrés de surface… elle n'est pas faite de crânes mais de pierres et de chaux, quelques crânes ayant simplement été ajoutés après coup."

Reste que la tour fait partie du paysage turc et qu'elle effraie le lecteur à défaut d'effrayer le narrateur. Des scènes de terreur et de tyrannie au milieu desquelles le voyageur se promène un sourire amusé au coin des lèvres : le lecteur anglais ne demandait pas autre chose de l'Empire ottoman. A ce jour, l'office turc du Tourisme a encore toutes les peines du monde à extirper du paysage l'ombre de la tour de crânes et, pour les mêmes raisons, j'avais du mal à me persuader qu'en passant de la Turquie à la Bulgarie, je quittais le monde libre pour entrer dans une dictature.

Sofia, comme Bucarest, n'était qu'un petit village crasseux à l'époque qui m'intéresse. Contraint d'y passer la journée dans l'attente du départ du train de Bucarest à dix heures du soir, je me retrouvai devant la gare sans idée précise quant à l'identité de la ville ou aux destinations possibles. "Une capitale des Balkans" : les mots évoquaient un cadre vaguement fin de siècle, mais rien d'assez précis pour demander à un taxi de m'y conduire. Les tramways se faufilaient entre les terre-pleins de béton, emportant les passagers vers les hautes tours blafardes du centre. Leurs destinations, comme toutes les autres inscriptions en langue bulgare, se dérobaient pour moi sous les arcanes de l'alphabet cyrillique. Enfin, j'avais mis mes sacs à la consigne, changé un peu d'argent en *leva*, il ne me restait plus qu'à trouver le bureau des chemins de fer en ville pour obtenir une réservation – entendez un permis de quitter le territoire – sans laquelle le billet pour Bucarest ne me serait pas délivré. Je pris un tram au petit bonheur la chance.

Ce n'est que dans l'après-midi, après avoir essuyé tous les revers auxquels la bureaucratie m'avait habitué, que j'entrai à la faveur d'une voûte dans le cadre même évoqué par les mots "capitale des Balkans". Une large avenue pavée d'ocre décrivait une courbe qui se perdait dans le lointain. Sous leurs toits pointus et mansardés, de charmantes petites résidences, des chancelleries et des ambassades tout en sucre glace et frangipane bordaient l'avenue, nichées au milieu de leurs frondaisons. Des grilles en filigrane renfermaient des jardins, un parc, et sous le ciel bleu, le décor tout entier scintillait, aussi gai qu'un décor de théâtre. C'était Strelsau, capitale de la

Ruritanie* ! Si je la connaissais ! Sur un vert monticule miroitait le palais du roi, une sucrerie en ocre et blanc comme le reste des bâtiments et là, devant ses fenêtres, se dressaient les bouleaux dans lesquels Rudolph Rasendyll entendit gémir le vent alors qu'il déclarait sa flamme à la princesse Flavia, avant d'être interrompu par l'indiscret colonel Sapt. J'y entrai. Il était plus triste qu'il ne l'avait été, évidemment, un tantinet trop sombre, un rien miteux, ses parquets craquaient sous les pas, ses trumeaux ternis avaient fort à faire pour contenir les fantômes de comtesses férues de valses, point de Rudolph V de Ruritanie (ou celui qui se faisait passer pour lui) pour vous dévisager derrière son monocle du haut du grand escalier, point de valet de pied poudré pour vous offrir un verre de champagne. Au lieu de tout cela (le palais abrite aujourd'hui une galerie d'art), une exposition sur Lénine et sur les murs, sa face de charlatan en cent versions différentes. Les chandeliers, qui dans les années 1880 avaient frémi à l'approche des pas pesants de l'Ours, s'en étaient allés éclairer l'Ours en personne.

De retour dans la lumière hivernale, j'aperçus, au-dessus des toits pentus des résidences qui flanquaient le palais, le vert et les bulbes dorés d'une église russe. Pour m'y rendre, je dus passer sous une gigantesque statue équestre du tsar. A peine le petit royaume doré eut-il vu le jour, à la suite de la guerre russo-turque de 1876, que l'ombre de l'Ours s'abattit sur lui. En 1946, Staline ne fit que parachever l'œuvre du tsar en transformant la Bulgarie en république populaire et en mettant sous cloche le cœur de sucre glace de la capitale ruritanienne.

Les maisons et les rues que j'avais pu admirer à Bucarest et que, sur mon banc du parc Cismigiu,

---

* Royaume imaginaire d'Europe centrale qui sert de cadre aux romans d'Anthony Hope et notamment au plus célèbre d'entre eux, *Le Prisonnier de Zenda*, 1894. (N.d.T.)

je mettais en parallèle avec l'état de délabrement de la Turquie, datent du même interlude ruritanien dans l'histoire politique des Balkans qui vit l'entrée en scène de la Russie sous le prétexte de délivrer les provinces du Danube de l'emprise de l'Empire ottoman. A Bucarest comme à Sofia, on installa sur le trône des principicules qu'on fit venir d'Allemagne, on bâtit une petite capitale de fantaisie en lieu et place du village turc et il ne resta plus aux nobles et à leur roi qu'à jouer les puissances balkaniques. C'est l'instabilité de ces provinces, entre leur domination par la Turquie et leur annexion par la Russie, qui déclencha la Première Guerre mondiale. Les Balkans n'eussent-ils jamais été libérés de toute emprise étrangère, l'Europe n'aurait peut-être pas connu la guerre. On a du reste tout lieu de s'inquiéter des signes actuels de déstabilisation dans la région.

Y a-t-il jamais eu, me demandai-je, toujours assis sur mon banc, un seul moment dans l'histoire de la Roumanie où le pays ait connu une stabilité politique et une paix comparables à celles qu'il connaît depuis son annexion par la Russie il y a de cela quarante ans ? En tout cas, pas dans ce siècle ni au siècle dernier : convoitée tour à tour par la Turquie, l'Autriche, la Russie et l'Allemagne, elle a souffert comme peu de pays ont souffert. Or à présent, les rues coquettes sous leurs marronniers, la musique qui montait de l'église, la tranquillité du parc dans le crépuscule, tout donnait à penser (après la rudesse et les dangers de la Turquie) que la vie dans cette ville pouvait être agréable, plus agréable qu'en Turquie. Et, continuant sur ma lancée, je me demandai s'il existait une chose dont la Turquie jouisse aujourd'hui qu'elle risquerait de perdre si la Russie venait à l'annexer. Il y a le fossé idéologique, c'est entendu ; je sais aussi ce que l'Otan y perdrait, mais je songeais à l'homme du peuple : aurait-il quelque chose à perdre qu'il n'ait pas déjà perdu ? Jouit-il d'une liberté quelconque, dans la vie de tous les jours, dont le Roumain soit privé ? Comme je l'ai dit, rien, en toute honnêteté, ne me permettait de dire que j'avais quitté la "lumière" des libertés occidentales pour les "ténèbres" du totalitarisme russe. Après tout, une personne munie des visas adéquats peut aujourd'hui traverser la Russie et les pays satellites dans des conditions de sécurité que tous les visas du monde ne pourraient lui garantir en Amérique centrale, en Afrique ou dans d'autres régions du monde dit "libre".

A l'époque qui m'intéresse, le plongeon dans les ténèbres, pour le voyageur européen voyageant dans ces provinces, intervenait au moment où il quittait la Transylvanie (sous tutelle autrichienne) pour pénétrer dans la principauté turque de Valachie qui avait pour capitale Bucarest. Une fois franchi le col de Tamesche, il lui fallait traverser les Carpates jusqu'à Kronstadt (aujourd'hui Brasov) et de là gagner Bucarest à travers toute la plaine du Danube, trente heures dans une diligence cahotante tirée par "sept petits chevaux crasseux". Le récit que fait James Creagh de cette traversée des montagnes séparant la chrétienté de l'Islam – le plongeon dans les ténèbres – n'est pas sans rappeler le franchissement de l'obstacle symbolique qui dans un roman annonce les épreuves à venir. La route tantôt se réduisait à une saillie à flanc de précipice, tantôt enjambait des torrents au moyen de frêles passerelles de bois. Sur l'une de ces dernières, la diligence de Creagh se mit soudain à reculer, entraînant les sept chevaux vers l'abîme. Tous les occupants sautèrent hors de la diligence sauf Creagh, qui s'était accaparé le coupé et qui se trouvait à présent coincé dans la fenêtre. "En vain, dit-il, j'essayai de sortir par la fenêtre : autant demander à un chameau de passer par le chas d'une aiguille... Je ressentais ce que doit ressentir une femme turque enfermée dans un sac et sur le point d'être jetée dans le Bosphore." Tout s'arrangea pour le mieux

– "un ange sous les traits d'un paysan valaque hirsute ouvrit la porte de l'extérieur" – mais les métaphores utilisées à ce stade de l'aventure en disent long sur l'état d'esprit dans lequel se trouvait le voyageur au seuil de l'Islam et de l'Orient. Quitter la chrétienté, c'est effectuer le grand passage, franchir le col périlleux – le chas de l'aiguille ; au-delà s'étend l'Orient redoutable et redouté, avec ses relents de licence et de cruauté, l'Orient où des femmes enfermées dans des sacs sont jetées dans le Bosphore.

Derrière lui, à Brasov, il laissait une respectable et diligente communauté de "Saxons", dont les maisons proprettes, les temples luthériens et les manières bourgeoises symbolisaient la bourgeoisie anglaise à laquelle il renonçait en s'aventurant en Orient. Très impressionné par ces belles demeures à Brasov (il y en a des rues entières dans la ville), j'eus l'occasion quelques jours plus tard à Sibiu de visiter l'intérieur de l'une d'elles, celle qui abrite le musée Brukenthal. Des jolies fenêtres aux vitres de verre ancien à l'étage, les occupants pouvaient admirer la courbe formée par les maisons voisines, leurs façades richement ornées, leurs toits percés de lucarnes semblables à des yeux endormis sous leurs paupières d'ardoise, et même entrevoir la verte campagne qui commençait au bout de la rue. Craquements des parquets, drapés de soie aux couleurs passées, odeur de poussière : ces pièces étaient de celles où il faisait bon s'arrêter pour savourer une dernière fois dans le confort d'un voltaire, ses gants dans son chapeau posé à ses pieds, la compagnie de cette bonne vieille bourgeoisie européenne qui n'existait pas au-delà du col de Tamesche. Ici, l'image de mon voyageur se précisa. De deux choses l'une : ou bien il jouissait au pays d'une situation stable et confortable (étant le fils d'une riche famille en vue), auquel cas il éprouvait un certain malaise en prenant congé de la bonne société de Brasov ; ou bien il se sentait aventurier dans l'âme, ou incompris en Angleterre, refréné dans ses élans par une bourgeoisie installée à demeure sur les échelons qu'il aurait aimé gravir, et dans ce cas ces intérieurs poussiéreux, sentant le renfermé, les politesses dont il lui fallait gratifier leurs occupants représentaient tout ce qu'il voulait jeter par-dessus les moulins au moment d'aller tenter sa chance en Orient, ce vaste champ des possibles. J'imaginais, assis l'un à côté de l'autre dans la pièce, les deux amis aux tempéraments antinomiques à qui je ferais volontiers faire le voyage en Orient. L'un paraît tout à son aise alors qu'il bavarde en allemand, ses gants dans son chapeau, avec les demoiselles de la maison, conscient de battre ces gens à leur propre jeu par une fortune et des perspectives de carrière supérieures à tout ce qu'ils peuvent espérer ; à ses côtés, l'autre ronge son frein : mal à l'aise dans les salons, il s'impatiente de franchir la frontière de la chrétienté et des mondanités pour un monde où il est persuadé que ce sont ses qualités, et non celles de son camarade, qui prendront le dessus. "Dans le Caucase, déclare le père Shekarry, ce chasseur sanguinaire, la valeur d'un homme ne se mesure pas à la profondeur de sa poche, mais aux faveurs dont la nature l'a doté… L'homme à l'esprit téméraire, gardant la tête froide au moment du danger, bon tireur, bon cavalier, sachant se défendre en cas de besoin, est un homme riche en Circassie." Une fois franchi le seuil de cette maison de Saxons prospères, ultime avant-poste de la société policée, les nouvelles règles du jeu décrites par Shekarry s'instauraient et Gauvain reprenait le dessus sur Galaad.

Je fis le voyage en sens inverse et arrivai à Brasov de Bucarest où j'avais loué une voiture, histoire de faire une petite virée en Transylvanie. Du coup, je fus frappé par l'atmosphère germanique qui régnait dans la ville, cette impression d'être de retour dans le Nord qu'on éprouve, disons, dans la cathédrale de Milan après des mois passés dans le sud de l'Italie. C'était un jour morne, sombre, et dans les monotones paysages hivernaux au nord de Bucarest, les peupliers ployaient sous le vent d'est. Louer une voiture à l'étranger, c'est un peu retrouver la sensation de liberté illimitée qu'on ressent au volant de sa toute première voiture. Finies les contraintes des horaires, on devient maître de sa destinée. Cependant, une liberté si grande, si soudaine, est lourde à porter, comme celle que l'on ressent lorsque le vent gonfle brusquement la voile et que devant soi la mer se fait encore plus noire. Partagé entre ces sentiments, je m'étais enfoncé dans les Carpates pour faire une première halte à Sinaia où, me faufilant entre les arbres, je montai à pied jusqu'au monastère. Les murs blancs et détrempés s'arc-boutaient contre les pins embrumés et les mornes pics boisés entre lesquels serpentaient des écharpes de brume : là, tout juste derrière ces forêts et ces précipices, commençait la Transylvanie. A cause de la magie du nom, et aussi parce que j'en avais atteint la frontière au terme d'un voyage à travers des terres et des mers chargées pour moi de poésie, j'étais persuadé en voyant la porte du monastère d'être absolument seul au milieu de toute cette brume et de cette rocaille. Dans un crissement d'aérofreins, deux chars à bancs s'arrêtèrent derrière moi. Un torrent de touristes anglais en sortit, pas les gens bien élevés que j'avais vus défiler sagement derrière leur sérénissime professeur dans les ruines d'Asie Mineure, ni les jeunes pèlerins d'Enid Blyton, non, ceux-ci, avec leurs airs innocents et leurs épaisses silhouettes, n'avaient rien d'une bande d'aventuriers : c'est presque à contrecœur qu'ils quittèrent la chaleur des autocars, remontant la fermeture éclair de leurs anoraks et nouant leurs capuchons en plastique sous le menton. "Pas de photos aujourd'hui", dit l'un d'eux en humant la brume d'un air dubitatif.

Le regard que porte l'Anglais sur ses compatriotes à l'étranger constitue un autre thème intéressant des livres de voyages. A la suite du développement du tourisme (et du déclin concomitant de notre confiance en nous-mêmes en tant que nation), il est aujourd'hui de bon ton de se moquer de ses compatriotes à l'étranger, comme si le mépris faisait de celui qui s'en targue un cygne dans la mare aux canards. Il en allait tout autrement au siècle dernier quand il suffisait aux auteurs de livres de voyages s'adressant à des lecteurs anglais de faire le portrait d'un des leurs, à la verrue près, pour que ceux-ci se tapent les cuisses dans leur fauteuil. A Rustchuk, au bord du Danube, James Creagh prend la plume : "Je me trouvais devant le palais du pacha lorsque je vis deux hommes dans le lointain dont l'un appartenait à cette catégorie d'hommes que d'aucuns admirent et considèrent comme le chef-d'œuvre de la création et qui inspirent au contraire à d'autres la plus grande aversion car ils ne voient en lui qu'orgueil, ignorance, bêtise et grossièreté. L'appartenance à la catégorie en question ne souffrait pas le moindre doute ; quant à l'homme qui, les mains enfoncées dans les poches, pataugeait tête baissée dans la boue de la cour du palais, bousculant tout le monde sur son passage et s'en fichant pas mal d'envoyer valser le pacha de Rustchuk et sa queue-de-pie dans le ruisseau, il appartenait bel et bien à cette catégorie d'hommes que les gens ont à l'esprit lorsqu'ils vous disent : «C'est un vrai Anglais.» Je saluai mon compatriote et le traitai de rustaud."

A l'époque, le plus difficile était précisément d'avancer une quelconque critique des Anglais sans s'aliéner ses lecteurs. Rusé, Arthur Conolly a recours à un artifice : il insère une anecdote "comique" dans laquelle un voyageur persan décrit les Anglais tels qu'il les a vus à Ludhiana ; le Persan : "Les Anglais ne sont point d'un commerce agréable, car ils n'ont jamais d'avis sur rien et, pour des mécréants, ont plus que leur part d'orgueil. Je vis un petit homme important qui se montra fort civil mais aussi sec qu'un manche à balai… Il m'offrit le thé, qu'ils font fort délicieux, et me posa quelques questions ; «épatant», dis-je ; «ha !» fut tout ce qu'il trouva à me répondre. Il entra dans la pièce un capitaine, bientôt suivi d'un autre ; ils me gratifièrent d'un regard puis se regardèrent l'un l'autre en laissant échapper une syllabe de temps à autre, tandis qu'un peu plus loin un autre allait et venait tel un possédé. Les Anglais étaient jadis une petite tribu de marchands à la solde des rois d'Hindoustan, mais à présent ils n'en font plus qu'à leur tête. Dès que deux hommes se disputent un pays, ils s'interposent pour régler le différend et chassent l'un et l'autre… car les Anglais ne sont point des soldats."

Ce traitement satirique de questions aussi graves que l'Empire ou le tempérament national est l'exception dans les livres que j'ai pu lire. Ce sont les autres nations européennes, plus encore que les Orientaux, qui sont ravalées à la moindre occasion. "On a dit ici et là, écrit Palgrave, que les Persans étaient les Français de l'Orient ; cela a peut-être été dit un peu vite, du moins je l'espère, car comparer des Européens à des Persans n'est pas faire honneur aux premiers. Si tant est toutefois que de telles assimilations aient quelque sens, j'affirmerais sans hésiter que les Arabes sont les Anglais du monde oriental." Après quoi il énumère les qualités qu'il attribue aux Arabes, donnant par la même occasion une image idéalisée de la race anglaise telle qu'il veut qu'elle apparaisse aux yeux du monde : "Un amour immodéré de la liberté, tant personnelle que nationale, la haine de l'ingérence tatillonne et des règles d'exception, un grand respect pour l'autorité pourvu qu'elle s'exerce dans le respect d'autrui joint à une absence remarquable de tout ce qui ressemble à des préjugés de caste dans les familles régnantes ou les dynasties ; beaucoup de bon sens pratique, un grand intérêt pour les entreprises commerciales, une forte disposition à s'expatrier volontairement et à entreprendre de longs voyages par terre comme par mer à la recherche de la fortune ou du pouvoir, l'endurance, la persévérance dans l'usage de moyens que la fin justifie, le courage au combat, la vigueur en temps de paix et, enfin, l'ascendant manifeste d'une race supérieure sur tous ses voisins quels qu'ils soient, supériorité d'ailleurs admise par ces derniers comme légitime et allant de soi."

Il se peut que les lecteurs arabes, s'il en avait, aient été surpris par ce catalogue de leurs vertus. Pas les lecteurs anglais. Et dire que Palgrave passa le plus clair de sa vie loin de cette race de seigneurs ! Le voyageur est un mélange étonnant d'amour et de haine de la patrie.

Une heure de route et j'arrivai à Brasov. Je garai la voiture sur une vaste place médiévale noire de monde. Il tombait une pluie fine et glacée qui faisait paraître les bâtiments plus sombres qu'ils ne l'étaient. Cependant, malgré la pluie et l'obscurité, la distinction de la ville sautait aux yeux. Vénérables toits de lauzes dressés dans la brume contre la verticalité de la montagne et des pins, clocher bulbeux d'un temple luthérien suspendu au-dessus des toits, pavés mouillés : l'endroit, je le compris, n'avait rien de banal.

Le temps de dénicher une chambre d'hôtel (bizarrement équipée de deux lits mis bout à bout et d'un perroquet dans la salle de bains mais sans rideaux aux fenêtres donnant sur la rue), j'allai mettre mes premières impressions à l'épreuve d'une visite plus approfondie de la ville. Moi qui m'étais habitué en Turquie à aller chercher ce que je voulais voir sous le ciment et les gravats, je découvrais ici à chaque coin de rue plus de perspectives réjouissantes que dans aucune autre ville. Ce sont des rues et des rues de jolies maisons bourgeoises qui se font face de part et d'autre des rues pavées, avec une richesse de détails architecturaux tous plus plaisants les uns que les autres. Certaines façades sont vert citron, d'autres eau-du-Nil, d'autres encore ont la couleur de glaces à la pistache. Celle-ci est ornée de moulures baroques, celle-là d'une rangée de pilastres, telle autre arbore des fenêtres aux linteaux extraordinairement compliqués, profusion d'ornements qui permet tout au long des rues incurvées de subtils jeux d'ombre et de lumière, le tout sur fond de toits de lauzes pentus et de montagnes boisées. C'est donc ici, protégées du Turc par les Carpates, que vivaient la bourgeoisie et la petite aristocratie dont parle Mrs. Gerard (dans *Le Pays de derrière la forêt*). Ici à Brasov étaient réunis tous les avantages de la stabilité et de l'ordre européens, comme du reste leurs inconvénients.

Je sortis de la ville par l'une des portes et longeai la face extérieure de ses murs grisâtres. Un ruisseau en crue et tout de suite les escarpements boisés, leurs cimes perdues dans la brume. Mur et flanc de montagne sont si proches que les contreforts de l'un prennent appui sur les surplombs de l'autre, l'ensemble formant une voûte au-dessus du ruisseau encaissé dans une gorge. L'écoulement de l'eau, la voûte moussue, les gorges profondes et sombres : je fus conscient de vivre l'un de ces moments rares où des sensations fortes vous tombent dessus comme une pluie d'étincelles. Le peintre fixe la scène dans une esquisse, le poète dans un vers, mais que peut faire le commun des mortels pour saisir le moment où l'eau amorce sa chute au bord du précipice ? Je cherchai des yeux un objet auquel fixer mon souvenir. Au bord du ruisseau une viorne faisait rougeoyer dans la brume l'écarlate lustrée de ses baies, le fragile rouge fraise de ses feuilles. Aguerri, après la fausse intaille, je ne cueillis ni baie ni feuille. C'est l'arbuste tout entier que je confiai à ma mémoire. Il y fleurit encore.

La nuit approchant, je décidai de rentrer. Je traversai des rues et des places détrempées où des coulées de lumière luisaient dans les flaques d'eau, illuminaient le badigeon des façades, faisaient scintiller le verre déformé des vieilles fenêtres. J'arrivai ainsi jusqu'à l'église Noire. Laissant derrière moi la statue d'Hontérus, les saints efflanqués sur leurs arcs-boutants efflanqués, je pénétrai à l'intérieur par un porche trapu qui semblait soutenir à lui seul tout le poids de l'édifice. La pierre et le bois de chêne, les sculptures de saints à l'air sérieux conféraient à l'atmosphère une austérité nordique bien connue des protestants, propice à l'exercice du culte. Une nef sombre menait le regard vers l'autel, où une lumière flambloyait, paisible comme la flamme d'une bougie qu'aucun vent ne trouble. Dans cette lueur, le crucifix, suspendu dans les ténèbres, ne semblait pas un objet d'art mais la vérité toute simple. La vérité toute simple ! *Et la lumière brille dans les ténèbres, et les ténèbres ne l'ont point comprise.* Heureuse petite lumière qui, avec le rougeoiement de la viorne au bord de l'eau, aura illuminé mon âme, y laissant de Brasov une image qui ne s'éteindra pas de sitôt.

2

La prédominance de cette culture "saxonne" en Transylvanie, prédominance qui se fait sentir dans l'architecture et l'atmosphère générale des villes, est, comme je pus m'en rendre compte le lendemain en roulant au nord-ouest de Brasov, l'une des composantes du difficile brassage de populations qui a valu à la région de connaître tout au long de son histoire les tragédies que l'on sait. A Fagaras, sur la route de Sibiu, où je m'arrêtai, le château semble bouder la ville à l'abri de sa douve. Dans un pays comme l'Italie où la noblesse et la paysannerie sont de la même race, on remarquera que les murs du château englobent également la ville et assurent les habitants de leur protection. Ici, au contraire, le château derrière sa douve semble posé là pour menacer ou défier la ville. Toute l'histoire de la Transylvanie est là.

Des propriétaires terriens magyars ou une bourgeoisie allemande ("saxonne") d'une part, une paysannerie valaque de l'autre, constituaient les ingrédients de cette société bipolaire. La province tout entière est tombée tour à tour aux mains de la Hongrie, de l'Autriche, de la Roumanie et chaque fois l'ethnie montante s'est crue autorisée à se comporter vis-à-vis des autres avec la dernière sauvagerie. Les soi-disant "Saxons", à qui l'on fit appel au XIIe siècle pour mettre de l'ordre dans le pays, ne survécurent aux guerres du XVIe siècle qu'en s'alliant à l'envahisseur turc et à la révolution de 1848 qu'en invitant les Russes à venir mater les Hongrois à l'intérieur de leurs frontières, si bien qu'on n'est guère surpris de les voir accueillir les nazis à bras ouverts dans les années trente. Soixante-treize mille de ces "Saxons" préférèrent les SS à l'armée roumaine. "Rien qu'à Sibiu, écrit le professeur Wolff, trois cents jeunes filles se vantèrent d'avoir eu des enfants illégitimes de soldats allemands." Après la guerre, tous les Allemands mâles âgés de dix-huit à trente-cinq ans furent déportés par les Russes vers des destinations inconnues. Ce fut la fin des "Saxons" de Transylvanie.

Mais ce fut aussi la fin de la prospérité qu'on devine en voyant ces petites villes, ces clochers luthériens. En lieu et place de ces fermiers aisés, les créatures les plus frustes, les plus dégénérées, les plus misérables qui soient vivent à présent sur cette terre. On voit des chars à bœufs dans les champs. Je vis même une vache attelée à une charrette. Les rares carrioles tirées par des chevaux qu'on rencontre ici et là, avec leurs paniers d'osier et leurs roues de caoutchouc, paient si peu de mine qu'on dirait le fourbi d'une bande de gitans. De toute ma vie, je n'ai jamais vu autant de figures viles et abruties, de jambes naines surmontées de troncs porcins, de têtes pareilles à des citrouilles écrabouillées dans lesquelles on aurait fait des trous pour les yeux et la bouche à la manière des masques de Halloween, que j'en vis dans ces carrioles ou au bord de la route. Ce sont les Valaques. Je frémis d'horreur à la pensée que c'est aux mains de ces gens-là que tombèrent les nobles Magyars, mais aussi leurs femmes et leurs enfants, lors de la révolution de 1848.

Les murs du château de Fagaras défient sans distinction les Allemands de la ville et les Valaques de la campagne alentour. L'attitude du château vis-à-vis de tout ce qui l'entoure me rappela le rapport qu'entretient à Bucarest le bâtiment qui sert de quartier général au parti avec les rues

avoisinantes et leurs habitants. Comme je me promenais à Bucarest au milieu de la foule bruyante
du dimanche soir – chants avinés qui montaient
des cafés pleins de jeunes niais, flots de musique
rock déversés par des radios portées sur l'épaule
ou dégoulinant des fenêtres au-dessus de ma
tête – mes pas me portèrent soudain dans un
coin isolé et silencieux à l'écart de la cohue de la
Calea Victoria. Gigantesque, blafard, le bâtiment
du parti se dressait dans une mare de silence. Il
était tapi là, tel un crocodile dans son marigot.
Une sentinelle me prit à partie et je dus renoncer
au raccourci que je comptais prendre à l'ombre
de ces murs de silence. Plutôt la foule que cette
vacuité.

Château magyar, palais royal allemand, quartier général du parti : je doute qu'aucune foule
roumaine ait jamais tenu à s'approcher des murs
de ses dirigeants. Malgré toutes les révolutions
idéologiques, malgré l'extermination en masse et
la déportation, malgré la suppression de toute
une classe dirigeante, malgré tout ce qui dans ce
pays a été fait si violemment et si radicalement, le
nombre de paysans qui y vivent des vies quasi-
ment identiques à celles de leurs arrière-grands-
parents est infiniment plus élevé qu'en Angleterre.
En Angleterre, personne, qu'il soit duc ou tâche-
ron, ne mène une existence qui ressemble de
près ou de loin à celle qu'a connue son grand-
père. En Angleterre, il serait difficile de persuader
un victorien de retour sur terre que le pays n'a
pas connu une révolution ; dans le bloc de l'Est, il
pourrait être plus difficile encore de persuader
son homologue du contraire.

Je devrais être plus au fait que je ne le suis
des réalités quotidiennes en Roumanie, au moins
dans les villes, car j'avais été invité à un anniversaire qu'on allait fêter dans un appartement
ouvrier de la banlieue de Bucarest par un jeune
couple qui, sous prétexte de me demander
l'heure, me mit le grappin dessus alors que je me

promenais sur le Bulevard 1848. Je passai plusieurs heures avec eux à discuter franchement autour d'une bouteille de vin blanc dans une cave, un infâme boui-boui. Lui était soudeur de métier, et bien que marié depuis seize mois, vivait loin de là dans l'appartement de sa mère restée veuve. Direct, amer, il maniait bien l'italien, comme nombre de Roumains. Le fait qu'il parlait une langue étrangère, qu'il détonnait par rapport à ce à quoi on s'attendait chez un soudeur, la façon dont il m'avait accosté dans la rue, moi l'étranger, sans précaution aucune… je crus tout d'abord à un piège et quand sa femme revint en courant avec une énorme bouteille de sirop pour soulager la quinte de toux que j'avais gagnée à trop tirer sur ma voix dans l'atmosphère enfumée, je ne pus m'empêcher d'éclater de rire à l'idée que mes agents provocateurs craignaient que leur victime ne perdît la voix et avec elle la diction claire qui seule lui permettrait de s'auto-incriminer sur les magnétophones dissimulés dans leurs sacs. Mais ils ne me tendaient pas de piège, à moins de considérer l'invitation à fêter avec eux son anniversaire à elle comme un piège. Non, au contraire, Nello parla sur le ton de la dérision des *pezzo grossi*, des riches corrompus, à qui il imputait tous les maux dont lui-même et son pays souffraient. Griefs entendus ailleurs. A l'instar de M. Mestan affirmant son indépendance au fin fond de l'Anatolie, Nello était un mécontent qui aurait rué dans les brancards sous n'importe quel gouvernement. De fait, les mécontents de tous pays ayant plutôt tendance à s'ouvrir de leurs malheurs aux étrangers, les touristes peuvent être tentés de croire qu'il y a dans les pays étrangers plus de gens malheureux qu'il n'y en a en réalité. A part lui, tout le monde dans le café avait l'air parfaitement heureux et… parfaitement soûl. Devais-je aller à la petite fête dans l'appartement de sa mère et apporter (comme ils m'en firent la demande) un présent acheté dans un magasin réservé aux touristes afin d'impressionner les autres invités par mon statut d'authentique étranger ?

Le moment venu, je me dis que je n'avais pas besoin d'y aller pour me représenter l'immeuble en béton, l'appartement étriqué, le balcon rouillé, les arbres morts, les gosses qui braillent, les toilettes bouchées, l'obligation débilitante de parler par gestes pour tenter de se faire comprendre par la mère et les autres invités. Sous les dorures et les fioritures de façade qui m'avaient tant impressionné le premier jour au parc Cismigiu, je voyais déjà poindre les lacunes de la Roumanie.

En vérité, poussant jusqu'à Cluj-Napoca *via* Sibiu et Alba Julia à travers les paysages étonnamment fades de la Transylvanie, je me mis à trouver le pays franchement déprimant. Au lieu des montagnes que j'avais imaginées, je trouvai de molles ondulations ; au lieu des forêts, de simples bosquets de hêtres et de chênes aux feuilles roussies, et au lieu des torrents, de paresseux ruisseaux. Rien à voir avec le paysage auquel je m'attendais.

J'avais quitté Brasov un après-midi avec la ferme intention de visiter le château de Bran en hommage à mon vieil ami Dracula. M'étant trompé de route (je roulais en fait dans la direction de Poiana-Brasov), je me perdis bientôt dans une contrée montagneuse et sauvage, tout à fait ce que j'attendais de la Transylvanie : un pays de rocaille, de brume, de forêts impénétrables, idéales pour la chasse au loup. Pour les voyageurs d'antan, c'est-à-dire d'avant les carrés de conifères que les Eaux et Forêts ont plantés un peu partout en Grande-Bretagne, c'est dans ces immenses forêts de pins, repaire des vampires et des loups servant de cadre aux contes allemands, que battait le cœur des ténèbres gothiques. La forêt enserrait Poiana-Brasov, une station de ski créée de toutes pièces. Sur les immenses parkings désespérément vides perdus au milieu d'hôtels inachevés, des Allemands de l'Est au nez rouge s'apprêtaient à partir pour des randonnées de masse, tandis que les pins alentour, énormes cierges sombres, brûlaient en silence d'une inextinguible hostilité. Si j'avais loué une voiture, c'était dans l'espoir que toute la Transylvanie serait dans ce ton-là. Mais je dus déchanter.

Je m'aperçus en outre que la voiture m'encourageait à une certaine indolence envers le paysage. La liberté d'aller où bon me semblait, que j'avais ressentie en prenant possession de la voiture à Bucarest, se transforma rapidement en liberté de filer tout droit sur Cluj-Napoca sans m'embarrasser d'aucun détour. Quand on doit meubler le temps entre deux bus ou entre un train et un bateau, on est bien obligé de s'intéresser à l'endroit où l'on a échoué et de faire contre mauvaise fortune bon cœur. Les horaires imposent une discipline. Aucune discipline en voiture, on se fait plaisir, avec cette conséquence qu'on finit vite par trouver que rien de ce qu'on voit ne vaut vraiment la peine qu'on mette pied à terre. L'intimité du cocon de la voiture agit comme la chaleur des couvertures par un froid matin d'hiver et c'est dans la douce somnolence de ce cocon que je me laissai porter de ville en ville à travers la Transylvanie, jetant un coup d'œil par-ci, par-là, et sentant la déception monter au fil des heures.

Bien que je n'accorde guère d'importance à ce que je mange en voyage, je dois dire que l'exécrable cuisine roumaine commençait à me taper sur les nerfs. Sans compter qu'ils ne vous laissent pas le choix. Un serveur roumain n'est jamais si heureux que lorsqu'il se penche sur votre épaule pour biffer d'un coup de crayon dans le menu le plat que vous venez de commander. A midi à Sibiu, je consultai la carte de deux grands hôtels sans y trouver quoi que ce soit de mangeable et finis par avaler une infâme ragougnasse dans un troquet. Le matin à Brasov, dans l'obscure salle de restaurant de mon hôtel, j'avais eu tout le loisir d'observer pendant vingt bonnes minutes une vieille femme en train de rouler un tapis, tâche herculéenne à laquelle elle s'attaqua son chapeau sur la tête et un pardessus sur le dos, tandis que les autres clients, en manteau de similicuir et petit chapeau rond, attendaient leur petit déjeuner, les traits figés dans une expression de morosité inébranlable. A Bucarest même, la nourriture était infecte. Maintenant que j'y songeais, je n'avais pas mangé de repas digne de ce nom depuis le dîner que j'avais pris il y avait de cela belle lurette à l'hôtel Bulgar de Sofia où, à côté d'une tablée d'intellectuels qui avaient l'air de discuter furieusement en fumant la pipe, j'avais lu dans le *Sofia News* un article vantant les mérites de Gladstone au détriment de l'ignoble juif D'Israeli *(sic)*. Tout à coup, les menus et les manières de restaurants d'autres pays se mirent à me hanter, les restaurants italiens surtout, et les manières des serveurs italiens. Oui, si j'avais pu pousser une porte et sortir de Roumanie, c'est en Italie que j'aurais le plus aimé me retrouver.

C'est sans doute parce que j'étais sur le chemin du retour que je supportais si mal la cuisine et la grossièreté des Roumains. A l'aller, on est plus disposé à "supporter ce qui déplaît sans gémir", n'étant pas sûr qu'on ne trouvera pas plus loin pire qu'une nourriture médiocre et des gens désagréables. Comme on se calme au premier contact de la roulette du dentiste annonciatrice de la vraie douleur à venir, voyageant dans l'autre sens et découvrant qu'il était impossible de déjeuner décemment à Sibiu, je me serais simplement dit que ce n'était que le début, que Kars était encore loin. Au lieu de quoi, cette déconvenue ne fit qu'ajouter à ma rage contre la Roumanie et contre moi-même. Je ne doute pas que le vieux Sibiu ne soit aussi remarquable que le vieux Brasov. Selon Mrs. Gerard, on se souvenait encore d'y avoir vu le docteur Faust et il est vrai qu'on sent dans ces villes allemandes une continuité avec le Moyen Age, comme si, loin d'être révolue, cette époque magique continuait de manière souterraine, à l'instar d'une rivière qui disparaît sous terre et qu'on n'entend plus que dans quelques grottes ici ou là. Pourtant je ne fus pas séduit par Sibiu comme je l'avais été par Brasov. Au contraire, je n'en remarquai que les aspects négatifs.

Ainsi ces Roumaines condamnées à vivre sur le trottoir dans des cages à lapin faites de bois et de verre. Pour vendre des tickets de toute sorte (de loterie, mais aussi de bus et de tramway), elles passent leur vie dans leur alcôve miniature, livrées à tous les regards telles des souris dans leur nid qu'on lorgnerait à travers une vitre. A Bucarest, j'avais pu observer les effets aussi désastreux que repoussants de cette existence sur la personne d'une vieille femme que j'avais vue sortir de son kiosque en clopinant sur des jambes enflées, rembourrées de papier kraft et de bouts de scotch, pareilles à des paquets malmenés par la poste. Et voilà qu'à Sibiu, je voyais une jeune femme se lancer dans cette même existence misérable, s'installer avec ses sandwiches et un calendrier, essayer une vitre après l'autre en changeant son tabouret de place. Je la revis une première fois dehors en train de nettoyer la vitre ; un peu plus tard, elle tricotait, dispensant toujours un sourire à chaque ticket qu'elle vendait. Pourtant, la vie qui l'attend est proprement épouvantable, ou en tout cas me semblait telle, et le cœur, que dis-je ? l'enthousiasme qu'elle y mettait condamnait le régime plus sûrement que toutes les railleries de Nello le mécontent. Il est toujours plus triste de voir un homme offrir ses poings aux menottes que de le voir résister aux policiers qui l'arrêtent.

En règle générale, cependant, les femmes que la bureaucratie des pays de l'Est met en première ligne n'inspirent guère de sympathie au touriste. Où que vous alliez, vous devez en passer par elles, sinistres gardiennes de musées, gardes-chiourme investies du pouvoir de vous délivrer ou de ne pas vous délivrer le billet dont vous avez besoin pour la suite du voyage, ou pis encore, comme celles que je dus supporter dans le train de Sofia. Parti à dix heures et demie du soir, j'avais d'abord fait ce voyage mémorable debout dans un compartiment non chauffé et plongé dans l'obscurité que je partageais avec une Polonaise et son fils, mais j'avais quand même fini par me trouver un siège, si bien que jusqu'à Pleven où nous arrivâmes à quatre heures et quelques du matin (et parce que j'avais eu l'idée de génie de me nouer un sac en plastique autour des pieds pour me tenir chaud) j'avais pu dormir d'un sommeil plutôt réparateur. Las ! A Pleven, une horde de ces harpies envahit le train et pendant six longues heures, jusqu'à ce que Bucarest mette un terme à mes tortures, elles ne cessèrent pas un seul instant de brailler. L'odeur de leur petit déjeuner à base de viande se répandit dans tout le train, train qui resta à l'arrêt pendant une heure et demie à Ruse, la ville frontalière sur la rive bulgare du Danube (à ma grande déception, lorsque le train, avec une précaution infinie, s'engagea enfin à grand bruit sur les longerons métalliques du long, du très long pont qui mène en Roumanie, la brume ne me laissa voir que quelques rides à la surface des eaux sombres). Il s'agissait à l'évidence d'un groupe en sortie car une cheftaine encore plus terrifiante que les autres s'amena avec un sac de brioches qu'elle distribua à la ronde, assise sur les genoux d'une copine, dans un crescendo de gloussements et de chatouilles. Elle secoua le sac sous mon nez, son visage tout près du mien. Je me serais laissé tenter si elle ne m'avait pas exhibé l'intérieur de sa bouche à la faveur d'un rictus : dans ses gencives était plantée une batterie de dents en métal, et du plus vil, aussi encrassées que des couverts de café, qui me firent rétracter la main d'horreur. Il me fut difficile après cela d'affronter ses semblables sans réveiller l'effroi que cette pleine bouche d'artillerie avait suscité en moi.

Le drame dans ces pays, c'est qu'on a affaire à elles à tout bout de champ. Pour sortir de Roumanie, je dus passer une matinée entière à Cluj-Napoca à arracher à des femmes qui avaient très probablement des dents en métal mon billet pour Budapest. Dans la lutte qui les opposait aux Amazones (comme dans leurs combats contre les Centaures et les Géants), les Grecs se voyaient comme les dépositaires de la seule vraie vie possible confrontés à une race de monstres aberrants, un peu comme aujourd'hui la science-fiction nous montre l'espèce humaine en butte à des envahisseurs bizarroïdes ; eh bien, en ce sens, les femmes qui infestent la bureaucratie de l'Europe de l'Est me semblent être de la tribu des Amazones, d'autant que ces monstrueuses créatures étaient réputées habiter ces régions proches de la mer Noire. Je les imagine très bien en train de se faire mettre des dents en métal dans le même esprit que les Amazones se brûlaient un sein pour mieux manier leurs instruments de mort. Avoir à se battre contre elles, dans les innombrables bureaux où l'on doit se présenter pour se faire délivrer laissez-passer et autres sauf-conduits, est l'affaire de tous les jours ; mais avoir eu un aperçu de leurs loisirs, et ce six heures durant, ajoutait (à l'instar de l'aperçu que j'avais eu de cette bouche blindée) une dimension d'horreur à la chose, comme si un sosie s'était caché derrière chacune d'elles.

Ma désaffection croissante pour la Roumanie se solda à Cluj-Napoca par quelques belles prises de bec. Arrivé à la tombée de la nuit, à une heure de grande affluence, je m'étais complètement perdu. Plusieurs heures plus tard, je prenais une chambre dans le seul hôtel en vue dans toute la ville, un monstre de béton et de verre qui brillait de tous ses feux sur une hauteur et qui s'avéra le plus épouvantable de tous les hôtels que j'aie jamais fréquentés. Le matin déjà je m'accrochais avec le réceptionniste au sujet de la restitution de la voiture de location. Rien de ce qui me rappelle mes goûts dispendieux ne me fait particulièrement plaisir, or à chaque rubrique qui venait allonger ma note, essence, kilométrage, assurance, je me rendais un peu mieux compte que louer une voiture avait été une bêtise onéreuse, ce qui ne faisait qu'ajouter à ma fureur. Le réceptionniste était en outre enrhumé, de sorte qu'il me reniflait et m'éternuait dessus tout en faisant ses totaux, engoncé dans sa veste de similicuir. Lorsqu'il me présenta sa note faramineuse, je refusai de payer en devises étrangères et alignai la prodigieuse quantité de *lei* que j'avais fini par accumuler. Plus il piaffait, plus ma fureur se résorbait pour laisser place à une profonde satisfaction. Il décrocha le téléphone pour appeler la police. Je le laissai faire et allai d'un pas allègre prendre mon petit déjeuner dans la salle de restaurant, certain que la perspective d'une confrontation avec la police lui remettrait en tête quelques peccadilles qu'il avait lui-même à se reprocher. Je fis durer le jeu jusqu'à ce que j'eusse recouvré mon calme, après quoi je réglai la note, descendis un nombre incalculable de marches sous des châtaigniers virant aux divers tons rouille de l'automne, traversai la pauvre rivière au pied de la colline et filai tout droit dans la ville ensoleillée acheter mon billet pour Budapest.

Ballotté de bureau en bureau, d'Amazone en Amazone, je me souvins de Lawrence Oliphant achetant un billet de train à Saint-Pétersbourg en 1852 ; arrivés avec une heure d'avance comme le gouvernement l'exigeait,

nous nous empressâmes de montrer nos passeports pour Moscou, passeports que nous avions dû nous procurer la veille dans trois bureaux différents. Cette fois, le descriptif détaillé de nos personnes et des motifs de notre voyage fut dûment recopié dans un registre, après quoi on nous dirigea vers un autre comptoir pour nous le faire tamponner, puis enfin vers le guichet où, après un certain nombre de formalités supplémentaires, nous finîmes par nous faire délivrer un billet pour compléter la collection dont nos poches étaient déjà bien garnies. Il ne viendrait à l'idée d'aucune dame en Russie de porter ses billets dans son gant.

Exemple parfait, comme l'état d'avilissement inchangé de la paysannerie valaque, de survivance de méthodes de gouvernement et de mentalités par-delà les révolutions censées les abolir : Oliphant m'aurait-il accompagné ce matin-là à Cluj, j'aurais été bien en peine de le persuader que le tsar ne régnait plus sur l'empire de Russie.

L'ambiance à la gare le lendemain, froide, sombre, populeuse, me semble *a posteriori* typique du voyage en chemin de fer dans les pays de l'Est. Il était cinq heures et demie du matin, heure de départ apparemment bien plus courante à l'Est qu'à l'Ouest. Il arrivait sans cesse des bus dans la cour qui lâchaient toujours plus de gens dans la gare mal éclairée, glaciale et déjà noire de monde. Sur le quai où je me trouvais, les épaules se touchaient littéralement. Des hommes avec des valises, des enfants, des femmes perdues au milieu de bagages miteux attendaient dans le noir, attendaient avec l'obstination de gens habitués à ce qu'on les envoie paître. A six heures enfin, une locomotive géante se fraya lentement un chemin dans le noir et la foule, traînant derrière elle un train immensément long. Je me mets à chercher le wagon soixante-dix-huit (où j'ai une place réservée), persuadé, pour avoir fait l'expérience de son efficacité lors de précédents voyages, que le numérotage me permettra de le trouver sans difficulté. Je cherche un peu mieux, je presse le pas et m'aperçois que les wagons ne sont pas numérotés dans l'ordre. Je cours, j'arrive en bout de train : pas de wagon soixante-dix-huit.

Je me mets alors à courir dans l'autre sens, me cogne avec mes bagages à la foule frénétique. Le train, infiniment long, plein à craquer de gens accrochés aux vitres et aux portières, va partir d'un instant à l'autre… Au terme d'une lutte acharnée, je parvins malgré tout à me hisser à bord mais dus continuer à me battre dans le couloir saturé de passagers en train de s'enguirlander et de jouer des coudes, les nouveaux arrivants faisant valoir leur droit à des sièges déjà occupés. Forcé de pousser devant par ceux qui poussaient derrière, je nous taillai, à moi et à mes bagages, wagon après wagon, un chemin jusqu'à la première classe vide de monde, où je m'effondrai dans un siège. J'étais exténué. L'hôtel Belvedere ne m'avait ni réveillé, ni apporté de petit déjeuner, ni commandé de taxi. Réveillé tout à fait par hasard, j'avais pris congé de mes hôtes sans laisser planer le moindre doute quant à l'opinion que j'avais de leur hôtel, appelé un taxi moi-même et exigé qu'on m'apporte du pain et de l'eau le temps qu'il arrive, l'italien me donnant au moins l'illusion que je me faisais parfaitement comprendre. A présent, voyant la lumière du matin s'affermir sur les maigres collines boisées de la Transylvanie occidentale, je priai pour que la Hongrie ait mieux à offrir.

Ce paysage me fit songer à la maison. Un petit bois de hêtres à flanc de coteau, une rivière de montagne qui coulait vive et limpide sur son lit de galets, des saules et des aulnes envahis d'herbe aux gueux, la combinaison de la roche nue et des hêtres dépourvus de feuilles reflétés dans les eaux noires de la rivière au moment où celle-ci plongea dans une gorge, tout me rappela des tableaux familiers mieux qu'aucun paysage traversé jusque-là. Est-ce que sur le chemin du retour notre esprit, sentant l'écurie, court devant nous en quête de comparaisons alors que l'excitation du départ nous fait à toute force désirer du nouveau ? Quoi qu'il en soit, le soleil se leva bientôt, les montagnes disparurent et laissèrent la place à une plaine immense dont la monotonie et l'étendue même chassèrent de mon esprit toute comparaison avec l'Angleterre.

Passer, comme je l'avais fait, d'un satellite de la Russie à l'autre – de la Bulgarie à la Roumanie puis à présent de cette dernière à la Hongrie – ne vous fait pas éprouver, me semble-t-il, l'excitation qui va de pair avec le franchissement symbolique de la frontière entre deux nations indépendantes. Pourtant, la longue file de policiers tirés à quatre épingles qui nous attendaient sur le quai, *clipboards* sous le bras, prêts à jeter leur cigarette au moment où le train s'immobiliserait à la frontière, était là pour nous rappeler à quel point l'Etat roumain se croit distinct du satellite voisin. Au cours des deux heures qui suivirent, mes bagages et mes papiers furent passés au peigne fin au moins huit fois d'un côté comme de l'autre de la frontière. J'ignore si un tel déploiement de moyens est une preuve d'efficacité ou d'incompétence. L'un des policiers, un anglophile désinvolte, me donna une tape dans le dos pour me remercier d'être anglais (et donc, par le sang, en partie responsable de l'invention du football), m'offrit de changer la quantité phénoménale de *lei* pour laquelle il apparaissait que je n'avais pas de pièces justificatives, mais se garda bien de revenir. Je lus, promenai les yeux sur les baraquements, écrivis quelques lignes, promenai à nouveau les yeux sur les baraquements. Le train s'ébranla enfin et entama sa lente traversée des immensités plates de la grande plaine hongroise. Morne platitude en partie rachetée par le beau soleil, les ombres des nuages qui couraient sur les vastes étendues d'herbe et de chaume de maïs, les quelques plantations de peupliers et de chênes ici et là, le vent qui couvrait de rides la surface des eaux et faisait ployer les roseaux, la silhouette décharnée d'une pompe solitaire. J'imaginais sans peine la terreur des voyageurs affrontant par vent d'est les marais non drainés de la

Puszta, ses brigands et ses abominables *csárdás* où l'aubergiste en costume national faisait sonner ses éperons et renvoyait à leur marécage à coups de pied au derrière ceux dont la tête ne lui revenait pas. Trimbalé jour après jour à travers ces immensités de marais et de boue dans une patache tirée par des poneys fournis par la paysannerie locale (on appelait cela "l'express paysan"), l'Anglais fraîchement débarqué d'Angleterre, arrivé par le train puis par vapeur à Budapest, avait ici au milieu du siècle dernier un avant-goût des épreuves qui l'attendaient. Il aurait certes pu profiter du confort moderne des bacs du Danube et des vapeurs de la mer Noire pour se rendre à Constantinople mais, s'il était tel que j'imagine l'un de mes deux voyageurs, le confort moderne l'indisposait comme l'indisposait la société bourgeoise et ici, après avoir subi le brio de son compagnon dans les salons de Vienne et de Pest, il pouvait pour la première fois faire la preuve de sa farouche détermination et de son indépendance dont la supériorité était restée jusque-là purement théorique.

A peine arrivé en gare Keleti à Budapest, je filai tout droit à l'office du tourisme Ibusz et demandai à la fille de m'aider à trouver une chambre d'hôtel (mon guide touristique m'avait mis en garde contre une pénurie chronique de ce côté-là). "Désolée, dit-elle, nous avons un autre bureau à l'autre bout de la ville qui s'occupe des réservations de chambres d'hôtel." Les bras m'en tombèrent : c'était à se demander si j'avais quitté la Roumanie. Ne pouvait-elle pas appeler l'hôtel Gellért pour moi, insistai-je, étant donné que je me voyais mal aller de porte en porte avec les bagages que j'avais ? Nos regards se croisèrent. Rien, sinon la politique officielle, ne l'empêchait de m'aider. En Roumanie la politique officielle l'aurait emporté, mais non, elle souleva le combiné et je compris avec soulagement que la Hongrie n'était pas la Roumanie.

3

Dans les domaines qui importent au touriste, il ne fait pas de doute que Budapest se distingue des villes roumaines. Il suffit de descendre l'élégante Vaci Utca, comme je le fis dès le soir de mon arrivée, pour ressentir joie et soulagement à la vue de la foule qui se presse autour des vitrines éclairées. La foule ici est un assortiment d'individus allant, chacun à son rythme, dans des directions différentes et non cette horde de lemmings hagards que l'on croise sur les trottoirs et dans les passages souterrains de Bucarest. De la gaieté, la ville en a à revendre. Les vitrines sont conçues pour attirer des personnes individuelles, et non des queues. Les librairies disposent de titres étrangers que l'on peut feuilleter et même échanger ; les librairies roumaines, elles, sont divisées en travées où l'on n'entre qu'accompagné d'une surveillante en chef et les seuls ouvrages en langue étrangère qu'on y trouve sont des traductions des œuvres complètes du dérisoire M. Ceaucescu dont la face effrontée rayonne sur les couvertures avec une suffisance, une vanité que même les princes de la Renaissance se donnaient quelque peine à dissimuler.

D'un extérieur gai, Budapest fait aussi l'effet d'une ville libre, ceci expliquant sans doute cela. Je fus conduit jusqu'à l'hôtel Gellért depuis la gare par un chauffeur de taxi jovial qui débordait d'affection pour l'Angleterre. *"You know Brentwood ? Chequers – White Horse – very good pub !"*

me corna-t-il aux oreilles, s'affalant presque sur mes genoux tandis que j'essayais de saisir au vol ce qu'il me laissait voir de la ville de lumières que nous traversions à toute allure. *"Very fine pub ! Drink ! Girls ! Yes, Brentwood is tops !"* On l'avait exilé en Angleterre après le soulèvement de 1956 mais à l'entendre évoquer les pubs de Brentwood on oubliait la face noire de cet épisode de sa vie, de même qu'on oublie dans la phosphorescence de l'air qui miroite sur les hauteurs, les toits et le fleuve, les innombrables massacres perpétrés tout au long de l'histoire de Budapest tantôt par le Turc, tantôt par l'Autrichien, tantôt par l'Allemand. Parce que la ville semble d'emblée familière à des yeux occidentaux – les magasins, les restaurants, la circulation, les bâtiments sont ceux d'une ville occidentale, ou si l'on veut d'une ville comme Vienne – il est tentant de supposer, de manière probablement erronée, que cette familiarité ne s'arrêtera pas là. On croit tout savoir sur ce qui paraît familier, en particulier quand on revient de régions où tout, au contraire, semblait pour le moins insolite. Les gens qui dînaient à la brasserie Gellért, qui buvaient le café au Vörösmarty n'avaient pas pour moi l'opacité de ceux dont j'avais pu partager la table tout au long de ces semaines dans les Balkans ou dans l'Orient turc, de sorte que je leur imaginai des personnalités qui ne faisaient sans doute pas une part assez grande au fait qu'ils restaient malgré tout étrangers. A l'une des tables, un jeune homme dînait avec son père. Celui-ci trouvait le silence entre eux si oppressant qu'il ouvrit le boîtier de sa montre et en répandit le contenu sur la nappe pour avoir un sujet de conversation. Je comprenais sa façon de penser, ou croyais la comprendre, comme je croyais comprendre le sportif sur le retour qui un peu plus loin dînait avec une jeune fille et qui avait bu assez de vieux tokay pour se persuader d'avoir retrouvé ses vingt ans et se pencher en avant, oublieux de ses lunettes et de sa calvitie, pour prendre sa main dans un cliquetis de fourchettes. J'avais l'impression de retourner dans un pays dont je comprenais sinon la langue, du moins l'alphabet. Devant la gare de Sofia, les destinations des tramways étaient codées en caractères cyrilliques ; à Budapest, je pris bientôt tramways, trolleys et même le métro avec l'assurance de quelqu'un qui croit connaître la ville comme sa poche.

Comme je m'imaginais ma paire de voyageurs anglais mal assortis faisant halte ici à Budapest avant de reprendre la route de l'Orient, je me dis qu'un Anglais du milieu du siècle dernier déjà s'y serait senti tout à son aise. Une décennie plus tôt, la quasi-totalité de Pest avait été reconstruite dans le style de l'Europe de l'Ouest de sorte qu'une succession de façades néo-classiques de pierre blanche le long des quais du Danube accueillait à présent le voyageur à son entrée dans la ville. Clarke, l'architecte anglais à qui l'on doit le pont Hammersmith, venait d'y achever, avec l'aide d'ouvriers britanniques, la construction du pont suspendu. Le comte Szechenyi avait couvert le Danube de Vienne à la mer Noire de vapeurs anglais dont les commandants comme les équipages étaient britanniques ; il avait en outre ouvert un casino directement inspiré des clubs londoniens, où le voyageur pouvait descendre de l'hôtel de la Reine-d'Angleterre tout proche et, pourquoi pas ? acheter en route l'un des nombreux journaux anglais vendus sur les quais. Au théâtre, il avait toutes les chances de pouvoir assister à une représentation du *Magasin d'antiquités*. Même si la ville demeurait quelque peu fruste – "aujourd'hui encore, écrit le correspondant du *Times*, il n'est pas rare d'entendre, lorsque tombe le soir, coasser les grenouilles de la Joseph Platz." – la bonne société de Budapest était racée, férue de cheval et anglophile (malgré une infidélité momentanée lorsqu'elle prit le parti des Irlandais à la suite de la révolte de 1848, les

Magyars reprochant aux Anglais de ne pas les avoir aidés à secouer le joug autrichien). Un jeune Anglais disposant d'un certain entregent ne pouvait manquer de trouver la ville fort à sa convenance et l'on peut imaginer le mal que devait se donner son compagnon d'une tout autre trempe pour l'en déloger et le convaincre de monter dans une diligence misérable en partance pour la *Puszta* et les affres de la Transylvanie.

Comme j'avais l'intention de planter ici une ou deux scènes de mon roman, je voulais acquérir une connaissance de la topographie de base de la ville, suffisante pour me permettre de me déplacer d'un point à un autre par écrit aussi sûrement que sur mes propres jambes. Je savais que Buda et Pest étaient séparés par le Danube, mais il fallait que je voie le fleuve couler de mes propres yeux et comment le Blocksberg se situe par rapport à la colline du Château pour oser me servir de la topographie comme arrière-plan de mon roman. Peut-on citer, pour prendre cet exemple, un seul auteur qui ait compris le rapport entre la Corne d'Or et le Bosphore, entre Péra et Stamboul, sans s'être rendu lui-même sur les lieux ? S'appuyer exclusivement sur des cartes et des photos, c'est se condamner à la prudence d'un aveugle qui avance à tâtons dans la ville. En revanche, lorsque l'on a la topographie en tête, on peut la déployer en toute confiance sur la page, que l'année choisie soit 1980 ou 1850, et espérer communiquer une partie de cette confiance au lecteur.

Cela dit, en me familiarisant avec Budapest, je me familiarisais avec une illusion. En 1980, comme en 1850, sa façade occidentalisée masque une autre réalité. Il suffit pour s'en rendre compte de faire un tour au Musée national, ce que je fis dès le premier soir. On y trouve des salles remplies de fragments de l'histoire fragmentaire de la Hongrie. Or, des différentes strates qui composent cette histoire, très peu, pour ne pas dire aucune, ont trait à l'Europe de l'Ouest. Dans une salle, des vestiges de la civilisation magyare ; dans la suivante, une partie de la bibliothèque de Mathias Ier Corvin ; dans une troisième, la tente d'un Turc en campagne dans laquelle on pouvait admirer, à la lueur d'une lanterne suspendue à la toile élimée, un amas d'armes orientales, un divan, les tapis aux couleurs resplendissantes qui ornaient le sol et les parois. Ce n'est qu'en fin de parcours que j'arrivai aux années 1840, au comte Szechenyi, à ces pièces rapportées que sont les belles façades de pierre qui bordent les quais de Pest. Les rues et les places qui semblaient si familières et si rassurantes à l'Anglais de passage venaient à peine d'être construites que la guerre civile de 1848 en détruisit la moitié et réduisit le château palatin de Buda à un champ de ruines. Le jour de son inauguration, le pont suspendu de Clarke vit fuir l'armée hongroise tout entière (six mille hommes, deux cent soixante-dix pièces d'artillerie) devant un détachement autrichien et il est certain qu'ils l'auraient fait sauter s'ils avaient disposé d'artificiers assez habiles pour saper le travail de l'ingénieur anglais. Alors comme maintenant, en 1850 comme en 1980, on avait probablement tort de supposer que le visage le plus plaisant de Budapest était aussi celui qui livrait le plus de secrets sur la ville.

Parcourant le musée ce soir-là, je me disais que la couronne hongroise, ou du moins l'attitude des Hongrois envers cette chose circulaire et plutôt nébuleuse, est encore le guide le plus sûr pour l'étranger qui tente de comprendre. La salle la plus vaste, la plus grandiose, la plus vénérable du Musée national est entièrement dévolue à l'étalage le plus ostentatoire de la chose. Dans une imposante alcôve aussi sombre qu'une chapelle, de puissants rais de lumière font scintiller les brillantissimes joyaux de la couronne, et ce sous la garde de soldats communistes. Sur les murs, de gigantesques agrandissements de médailles et de documents divers nous montrent la couronne jouant son rôle dans l'histoire du pays. On pourra toutefois regretter sa disparition à certains moments cruciaux (une première fois après la révolte de 1848, où elle fut enfouie et longtemps perdue dans le sol turc, puis une seconde fois pendant la Deuxième Guerre mondiale lorsqu'elle trouva refuge aux Etats-Unis après la défaite de la Hongrie) mais qu'importe, la couronne de saint Etienne soude et réunifie les fragments épars de la Hongrie aux fragments épars de son histoire, au point qu'aujourd'hui des soldats communistes forment une garde d'honneur autour de cette relique de la monarchie. "Ils attachent un prix insensé à la «couronne dorée du bienheureux Etienne», mais au détriment de tout le reste", écrivait J. G. Khol avec une insensibilité toute germanique au milieu du siècle dernier.

Je quittai le musée et rentrai à l'hôtel Gellért en longeant l'autre rive du Danube. Au milieu du pont, je dus m'arrêter. Un vent cinglant soufflait sous le ciel étoilé. Le long des quais, les voitures faisaient crisser leurs pneus sur les pavés et l'on entendait grincer et gronder les tramways aux mille lumières, mais ici, au-dessus du puissant Danube, les bruits de la circulation comme ceux des autres activités humaines semblaient comme étouffés. Le pont était aussi glacial et aussi solitaire qu'un radeau perdu en pleine mer. Les étoiles luisaient dans les rides du courant, le vent chantait dans la charpente, le fleuve fluait et refluait et chatoyait à mes pieds. Impossible de plonger les yeux dans le Jamna ou le Tibre, la Tamise ou le Danube sans éprouver le sentiment qu'il nous a été donné de saisir un instant la relation mystique entre ce qui passe et ce qui demeure. Le Danube, bien plus que la couronne dorée de saint Etienne ou la colline du Château si souvent ravagée, oui, si j'étais hongrois, le Danube coulerait tel un sang bleu dans mes veines.

4

Ceci étant, et même si c'est peut-être une erreur de croire que connaissant Budapest on connaît autre chose que l'aspect superficiel d'un masque, on peut y passer de fort agréables moments. Budapest est ce qui se rapprochait le plus des "vacances", telles que l'entendent les curieux qui à mon retour croient toujours que je suis allé à l'étranger pour ça. Le Gellért est un hôtel splendide dans la meilleure tradition européenne, confortable, discret, où le personnel sait se donner cet air un rien dédaigneux qui fait le grand serviteur et qui, sans interdire aucunement la courtoisie, la raidit, en quelque sorte, de cette touche d'amidon qui solennise le plastron du maître d'hôtel et dispense le client de s'excuser pour le dérangement. Toutes les nations de la terre se bousculaient dans le hall d'entrée, des Italiens de Turin, grisonnants, dragueurs, des fripouilles, mais qu'on finissait par trouver sympathiques tellement ils prenaient du bon temps ; des Américains dans leurs sémillantes vestes de tweed flambant neuves, leurs porte-fusils en épaule de mouton perchés sur leurs montagnes de bagages ; de vieux Européens raffinés dont on devinait les silhouettes rendues plus fluettes encore par la robe de chambre dans les couloirs qu'ils devaient traverser pour se rendre aux thermes compris dans l'enceinte de l'établissement ; un groupe de syndicalistes anglais dont l'un ou l'autre était toujours en train de se plaindre à la réception. Après les ombres qui peuplaient les hôtels de Sofia et de Bucarest, j'avais l'impression d'être retourné parmi les vivants, parmi des gens que je comprenais. Le matin, dans ma chambre qui donnait sur les arbres flamboyant de toutes les couleurs de l'automne du Blocksberg, je me fis servir le plus copieux des petits déjeuners que l'hôtel pouvait proposer.

Extraordinaire, la forme que j'avais gardée tout au long du voyage. Levé le plus souvent entre quatre et cinq heures du matin, voyageant parfois toute la nuit, mangeant peu et sautant même des repas, je m'étais toujours réveillé plein d'élan et d'appétit pour la journée devant moi. Quelle aubaine pour quelqu'un dont on pourrait décrire le moral (mais pas la santé, il est vrai) comme plutôt moyen lorsqu'il est chez lui ! Prenez le rhume que j'avais attrapé sur la mer Noire, eh bien, je m'en étais débarrassé en quatre ou cinq jours comme lorsque j'étais enfant, alors que depuis dix ans, chaque fois que j'ai le malheur d'attraper un rhume, c'est pour souffrir le martyre pendant un mois au moins. Le voyage pourrait-il ainsi avoir raison longtemps de la lassitude et de la torpeur ? Je me le demande. Pour la bourgeoisie repue de l'ère victorienne, le réveil matinal, un régime frugal et l'exercice en plein air des heures durant expliquaient la santé et la vigueur dont jouissaient les voyageurs en Orient. En vérité, le voyage tuait plus qu'il ne guérissait. Ce qui est certain en revanche, c'est que l'errance elle-même – le décalage par rapport à la norme, l'obligation de compter sur soi-même plutôt que sur le système ou la position sociale – libérait des énergies insoupçonnées chez des individus au tempérament ordinairement morose. Pour que le remède fasse son effet, il faut qu'il y ait rupture avec la norme. Le régime et l'exercice à la maison ne suffisent pas. Rassuré sur ce point, je m'installai devant la fenêtre de ma chambre pour prendre un petit déjeuner fait de jus d'orange, de yaourt, d'œufs au bacon, de croissants, d'*apfelstrudel* et de café, parmi les plus succulents de ma vie.

Il ne fait pas de doute que de bons repas dans d'agréables restaurants n'ajoutent au plaisir du voyage en solitaire. Si une cuisine et un service indigents vous encouragent à meubler le silence en ressassant vos malheurs, une atmosphère détendue et des mets décents laissent au contraire l'esprit voguer librement, à peine poussé par un courant d'air chaud, vers les sphères supérieures des idées, ce qui vous repose des petits tracas et des courtes vues qui sont le lot quotidien du voyageur. Tous les repas que je pris à Budapest me semblèrent des festins et chacun d'eux me faisait aimer la ville un peu plus. Un jour, j'allai, à quelques minutes de train électrique du centre, déjeuner à Szentendre au bord du Danube dans un joli petit chalet en bois de pin réchauffé par les rayons du soleil et un poêle en faïence, où deux jeunes filles m'apportèrent très exactement ce que le temps froid et sec me donnait envie de manger : une soupe bien épaisse et bien épicée, du bon vin, du bon pain et du bon café. Avant le repas, je me demandais ce que j'étais venu faire à Szentendre. Le village se réduisait en définitive à bien peu de chose, mais quand, après le déjeuner, je ressortis dans le froid vif et lumineux, c'était comme s'il avait été retouché d'un coup de baguette magique spécialement pour me charmer. Au fil des rues étroites, au milieu de jardins et de chaumières, de vieilles échoppes et de vieilles demeures, j'arrivai à une place pavée qui surplombait les toits, où, parmi les arbres dénudés, se dressait une église peinte en jaune et d'où l'on avait vue, à l'est, sur le vaste et impétueux Danube et, à l'ouest, sur le soleil bas qui embrasait les collines de Buda.

De même que la bonne chère compte plus que le voyageur sérieux ne veut bien souvent l'admettre, de même pour les rencontres que, voyageant seul, l'on fait bon gré mal gré au hasard de la route. Les deux jeunes filles du restaurant, l'employé à qui j'avais acheté mon billet pour Vienne, la fille dans la grande poste centrale grâce à qui j'avais pu appeler un ami à Zurich, tous les gens que j'avais trouvés sur mon chemin à Budapest m'avaient présenté un visage humain, capable d'établir ne fût-ce qu'un début de relation, ce qui, je le sais à présent (pour être passé par la Roumanie), m'importe plus que je ne le crois lorsque je me targue d'éviter en voyage tout contact avec les indigènes.

Ni la topographie ni les transports publics de la ville n'eurent bientôt de secret pour moi, du moins avais-je la faiblesse de le croire. Pourtant, si j'osais maintenant m'aventurer à l'autre bout de la ville en quête de musées ou d'autres curiosités à visiter, je ne pouvais passer devant le café Vörösmarty, sur la place du même nom, sans m'asseoir sur l'une de ses chaises dorées et m'offrir un café et une pâtisserie viennoise. Ni lugubre, ni enfumé, ni assourdissant de musique tzigane – l'autre grand type de café en Europe de l'Est –, le Vörösmarty brille de tout l'éclat des dorures et du verre. Les hommes, en long manteau bleu marine, y ont les cheveux argentés ; les femmes, en chapeau, y font salon autour d'une tasse de thé de Chine. Je sentis passer sur moi le souffle rafraîchissant de ce qui manquait le plus aux pays que j'avais traversés : le style. Voilà la société qu'on devrait voir dans les brasseries rococo de Bucarest, mais qu'on n'y voit jamais. Le style du Vörösmarty – de Budapest en général – efface tout ce qui, en Roumanie, froisse l'âme du voyageur et j'en consommais, chaque fois que l'occasion se présentait, comme on consomme un médicament.

Peut-être ai-je un peu forcé sur la dose. Le danger existe, lorsqu'on voyage seul (comme lorsqu'on vit seul), de se construire une tour d'ivoire à partir d'opinions fondées sur des prémisses dont un compagnon contesterait le bien-fondé. On finit par prendre ses avis pour des faits avérés parce que personne n'est là pour les contester, quand en réalité le cerveau ne fait que développer des clichés aussi partiaux qu'aléatoires. Ainsi mon petit laboratoire photographique intérieur avait tiré de cette vision "sur le vif" des stations du métro de Budapest équipées de sièges individuels au lieu des bancs habituels la conclusion que les autorités avaient cessé de ménager les sensibilités, par exemple celle des femmes célibataires qui préfèrent un siège à elles seules plutôt que d'être comprimées entre de parfaits inconnus. Vautré dans la chaleur et le brillant du Vörösmarty, j'étais absolument sous le charme, sous le charme de la serveuse qui poussa la gentillesse jusqu'à m'accompagner dehors afin de m'indiquer l'endroit le plus proche sur la place où je pourrais me procurer un journal étranger, et absolument décidé, précisément parce que j'étais sous le charme, à dire avec force que les Hongrois jouissent d'une liberté certaine sous un régime plutôt libéral. Mais j'avais entre les mains le *Daily News*, le journal de langue anglaise publié par les autorités, et il me suffit de le parcourir pour sentir chuter la température autour de moi, et ce malgré toute l'élégance du café.

La langue utilisée par le *Daily News* pour rendre compte des événements dans le bloc de l'Est n'est autre que celle du double langage, de l'abolition du langage, de l'étouffement du verbe, inévitables lorsque le langage ne sert qu'à véhiculer des idées doctrinaires. Le style et le lexique de tous ceux qui ont été endoctrinés par l'étude de la théorie communiste en sont contaminés et souffrent de la sclérose propre à la langue de bois. Mais écoutons plutôt ce que nous dit, sous le titre "LE POLITBURO APPROUVE LE PROCESSUS DE NORMALISATION", cette phrase prise parmi d'autres dans l'édition de ce jour-là : "Ces initiatives, qui se manifestent par l'apparition de cadres démocratiques nécessaires au solutionnement du problème des collectifs ouvriers, sont particulièrement importantes." Vlan ! La herse du *Château* de Kafka retombe derrière vous. Les mots courent d'un comité à l'autre le long des sombres corridors. A cause de la pénurie de clarté, il fait trop sombre pour déchiffrer sur les panneaux les directions qu'on change sans cesse. Il fait très froid, soudain. N'est-ce pas cela, plutôt que le Vörösmarty ou le Gellért, la vérité sur la Hongrie ?

Il y a un tableau de Rembrandt au musée de la place des Héros. On y voit l'ange réveiller Joseph du bout du doigt avant de lui dire qu'il doit fuir en Egypte s'il tient à la vie, tandis que Marie continue à dormir avec Jésus dans les bras. Il la regarde. Elle ne sent pas encore l'exécrable froideur de la nuit qui le glace ; enveloppée dans son manteau, elle est réchauffée par son amour pour Jésus. Joseph ne peut pas partager cette chaleur, c'est lui dont l'ange est venu troubler le sommeil, lui qui se frotte piteusement les mains. Pourtant, il doit briser la complétude du sommeil de la mère et de son enfant et les entraîner tout éveillés dans le froid, la peur et la fuite. Au musée du Château, un autre objet, une statuette du XVe siècle, exprime toute la solitude et l'abattement de Jésus aux mains de Ponce Pilate. Le désespoir qui se lit dans le port du cou, la maigreur de la cage thoracique, des clavicules, sont tels que son corps paraît sans défense devant ses tortionnaires. La barbe et le nez ont déjà la rigidité d'un masque mortuaire. Dans ses yeux, outre la lassitude et l'endurance de la souffrance infligée par les épines qui lui déchirent le front, on perçoit l'attente de souffrances à venir. Il savait que ce n'était pas fini.

Ce n'est qu'une fois dans le train de Vienne que je compris pourquoi ces deux images m'avaient tant frappé. Le train sort de la gare Keleti, s'enfonce dans la banlieue, prend de la vitesse, oblique et plonge à nouveau à toute allure vers le Danube pour le franchir au pied du Blocksberg, ce qui vous vaut, avant le tomber de rideau final des collines de Buda, un sympathique rappel des acteurs de ce spectacle grandiose que sont le fleuve, les collines, les monuments et les dômes. Ce qui me vint à l'esprit, ce ne fut ni le Vörösmarty, ni le Gellért, ni les bons plats, ni les visages souriants, mais l'amertume de ces deux images de la cruauté, de la menace de la mort et de l'exil. Oublie donc le petit train électrique tout guilleret qui te conduisit sous un soleil radieux jusqu'à Szentendre, les gens qui jouaient au tennis dans le parc de l'île Marguerite, la foule et les vitrines illuminées de la Vaci Utca, le marché four-millant de monde de Batthyani Tér, oublie ces images qui te reviennent à l'esprit au moment où le train, franchissant le Danube, te permet de revoir une dernière fois cette ville où tu t'es tant régalé parce que tu avais besoin de te régaler et souviens-toi plutôt de ceci : rares sont les murs de Budapest, les murs de plus de vingt ans, s'entend, qui, lorsqu'on y regarde de plus près, ne s'avèrent pas criblés d'impacts de balles.

Et, de toute façon, souviens-toi aussi des balles, me disais-je tandis que Budapest disparaissait dans le lointain et que le train filait à toute allure vers la frontière de l'Ouest. J'avais quitté Istanbul pour l'Europe de l'Est persuadé de passer de la lumière aux ténèbres. Là-dessus étaient venus Bucarest et le parc Cismigiu, qui n'avaient rien des ténèbres pour quelqu'un qui avait connu les caprices de la lumière turque ; à présent, les images de Budapest, mi-lumière, mi-ténèbres, se bousculaient dans mon esprit, y cherchaient leur place, et, dans mon siège près de la fenêtre, je sentais l'Occident approcher à toute vitesse.

On dira que les fouilles nocturnes des autocars par des soldats armés de l'est de la Turquie m'avaient montré à quel point l'Occident peut parfois ressembler au bloc de l'Est. Mais en Tur-quie, malgré le danger, le délabrement et les bar-rages de police, le principe de liberté survit sous la dictature militaire, liberté d'aller et de venir, que le gouvernement n'a ni contestée ni abolie, mais simplement suspendue, tandis qu'en Europe de l'Est, c'est le principe inverse qui prévaut, le principe de coercition, auquel il peut être fait exception de temps à autre. Les intentions des gouvernants diffèrent. L'attente des gouvernés aussi, il faut bien le dire. Quand on se donne la peine de lire les discours des dirigeants de l'Est, on s'aperçoit qu'ils utilisent, pour décrire leurs objectifs en tant que gouvernants, les mots "paix" et "sécurité" à peu près aussi souvent que les politiciens des démocraties occidentales utilisent le mot "liberté". Ce partage ne date d'ailleurs pas d'hier : à l'Europe centrale et orientale, la "paix" et la "sécurité" ardemment souhaitées par les populations et promises par le pouvoir ; à l'Europe de l'Ouest, la "liberté" que ses dirigeants prétendent apporter et dont les citoyens croient jouir. "Paix et sécurité" : peut-être la majorité des Européens de l'Est ont-ils une connaissance trop intime et trop douloureuse de leurs contraires, la guerre et le chaos, pour risquer d'y retourner en aspirant à la "liberté". Pourvu qu'on leur donne la paix et la sécurité, la plupart ne désirent peut-être pas ce que l'Ouest appelle "liberté". Mépriser ce qu'un autre groupe, une autre race, une autre nation considère comme normal relève d'un colonialisme intellectuel dont le sectarisme n'a rien à envier à celui qui au siècle dernier imposa des religions, des langues, des systèmes politiques et des canons vestimentaires parfaitement inadaptés aux trois quarts de la planète. Le Turc n'est peut-être pas vraiment libre, le Roumain vraiment en sécurité, mais soyez sûrs que ni l'un ni l'autre ne gagneraient au change.

Pendant ce temps, le train filait toujours. Devant moi, Vienne, puis Bâle, d'où je pouvais gagner les côtes anglaises en moins de quarante-huit heures si je le voulais. Devais-je m'arrêter à Vienne ? N'était-ce pas prolonger inutilement un voyage qui était fini maintenant qu'aucun pays étranger, qu'aucune ville étrangère ne me séparait de chez moi ? "Lorsque votre voyage touche à sa fin, recommande Galton dans son *Art du voyage*, sachez résister à la bougeotte."

Je ne décidai rien du tout. Toujours appuyé à la fenêtre, je me contentai de regarder la lumière s'estomper sur la Hongrie, sur les vastes champs rongés par les ténèbres, les ombres chinoises de la forêt contre le couchant, jusqu'au moment où, dans un éclair, surgirent dans le paysage les eaux larges et froides du Danube là où il marque la frontière de la Tchécoslovaquie. Non, je n'allais pas passer cette frontière. Ni les peupliers qui se profilaient sur l'autre rive, ni le pays au-delà ne me donnèrent ce cafard qui s'était emparé de moi le tout premier soir à l'approche de Belgrade. Manquaient l'appréhension, les pointes d'excitation fébrile à l'idée de ce qui est devant moi (même si ce que j'avais devant moi n'était autre que le rideau de fer). Le voyage était fini, je le savais. Autant rentrer chez moi.

L'achat, à Budapest, du billet pour passer de l'autre côté du rideau de fer n'avait pas été la corvée qu'avait représentée l'achat de billets pour passer de l'un à l'autre des satellites de la Russie, à Sofia puis à Cluj-Napoca. Me revinrent à l'esprit la gare de Cluj, associée désormais aux frontières les plus sinistres telles que cette frontière tchécoslovaque constituée par le Danube, les mains de l'employée que j'observais à travers l'hygiaphone – un coup de crayon par-ci, un coup de dateur par-là, un nouveau coup de crayon – tandis qu'elle vérifiait mes papiers. Tic-tac d'une pendule accrochée au mur. Bribes de roumain marmonnées dans la queue derrière moi. Je regardais ses mains ouvrir le placard aux billets en me demandant quels seraient les sentiments qui m'habiteraient si ces mains-là devaient me construire un pont vers la liberté, pierre à pierre, chaque pierre un empan de plus gagné sur le vide, mon cœur battant la chamade par crainte que la main n'hésite, ne s'arrête, que sa voix grinçante ne hurle en français : "Mais monsieur, pourquoi n'avez-vous pas le permis..." et qu'au lieu des mains je ne voie apparaître derrière l'hygiaphone la face d'Amazone bardée de dents en métal. Alors, le pont s'effondrerait dans la rivière et avec lui mes espoirs de retrouver la liberté. Elle décrocherait son téléphone, non pas comme l'employé de l'hôtel à qui j'avais refusé de payer la note pour la voiture, mais pour de bon. Je ne serais pas encore dans la rue que je sentirais la main honnie s'abattre sur mon épaule et me saisir jusqu'à la moelle un froid de glace qui me rappellerait Trébizonde. Bien que simple employée, cette femme apparaîtrait à l'agent secret comme un émissaire de l'ennemi. Ce regard – le regard de l'espion – met de la couleur, du risque, dans la vie, ce qui n'est pas rien, en particulier lorsqu'on est jeune et blasé. Dans tout voyageur solitaire il y a sans doute un espion qui sommeille. L'excitation et l'appréhension que je m'étais offertes à la gare de Cluj me revinrent à la vue du Danube sombre et froid qui me séparait des arbres et des bâtiments d'un autre pays. Là-bas s'étendait la Bohême. Les frontières font partie des "épreuves" du voyage romantique, ou devraient en faire partie. Pour arriver à établir avec elles une relation juste – pour réussir à convertir de simples lignes sur la carte en authentiques barrières qui devront être franchies – il faut peut-être les passer en fraude avec, sinon un faux nez, du moins de faux papiers.

Dans le train divers signes d'activité indiquaient que nous approchions d'une frontière idéologique. Une femme de ménage se mit à l'ouvrage, ramassa les ordures, nettoya les toilettes, disposa du papier et du savon d'une main prodigue, s'escrima à transformer ce bourricot du bloc de l'Est en coursier digne d'être envoyé en ambassadeur à l'Ouest. Cette propagande simpliste réduisait le rideau de fer à une simple haie entre les arrière-cours de deux mégères. N'ayant pas eu pour acheter mon billet pour l'Ouest à courir de bureau bondé en bureau bondé comme à Cluj et à Sofia, j'avais feuilleté des brochures touristiques de l'agence Ibusz pendant vingt bonnes minutes, le temps qu'une sympathique employée vérifie mes papiers et me délivre mon billet. D'agréables souvenirs de Budapest me revenaient. Ainsi, dans le restaurant à deux pas de l'agence que la jeune fille me recommanda d'essayer, cette femme âgée à l'air si distingué qui mangeait seule, un livre posé sur la table à côté d'elle, et qui sortit du restaurant après le café sans qu'on lui ait apporté sa note ; par son physique autant que par son style, elle me rappelait les riches douairières qu'on voyait dans le temps dîner seules au Queen's Restaurant de Sloane Square les jours de repos de la cuisinière, de sorte que dans mon imagination je voyais les belles demeures de la colline de Gellért habitées par toute une bourgeoisie aisée que je dotais, sinon de cuisinières, du moins d'une ardoise dans quelque bon restaurant. Lorsque l'on voit des maisons d'une certaine tenue dans les beaux quartiers d'une ville étrangère (comme cela avait été mon cas à Bucarest), il est difficile de ne pas la peupler du genre de personnes qui les occuperaient dans son propre pays. Des *pezzo grossi*, c'est ainsi que Nello le soudeur les avait appelés lorsque je lui avais demandé qui habitait ces maisons ; eh bien, des *pezzo grossi*, nous en avons aussi à Eaton Square. Ce que j'avais ressenti l'autre soir dans le parc Cismigiu, je n'étais pas loin de le ressentir à nouveau, le souvenir d'un Budapest prospère et tranquille éclipsant ses murs criblés de balles. Le rideau de fer tout proche marquait-il vraiment une coupure aussi nette qu'on le dit entre la lumière et les ténèbres ?

La porte de mon compartiment s'ouvrit violemment. Un homme grand et fort entra en coup de vent, seul. Avec son pull-over, son pantalon ample, ses chaussures de sport, il avait tout l'air d'un professionnel de la boxe. Il me fit signe de me lever et d'attendre dans le couloir. Il fouilla sous les deux banquettes à quatre pattes par terre, inspecta le filet, tâta le plafond, jeta un coup d'œil par la vitre. Et puis il s'en alla comme il était venu, laissant porte et fenêtre grandes ouvertes, livrant le wagon au froid et à l'obscurité, remplissant ma tête de bruit et d'idées noires. Oui, c'étaient bien les ténèbres. L'image de Joseph réveillé par l'ange me revint ; l'obscurité, le froid, la peur, la fuite. L'impression de sécurité que j'avais eue au parc Cismigiu à mon retour de Turquie ne valait guère plus que celle qu'éprouve en se posant sur une toile d'araignée la mouche qui vient de connaître les turbulences d'un ciel rempli d'oiseaux.

VIII

A Bâle le lendemain, je compris que le voyage était fini : j'avais fait enregistrer mes sacs pour Calais et mon train partait à minuit. Pour la deuxième fois de ma vie, je passai la matinée au zoo de Bâle. Je descendis jusqu'au Rhin. Profond à cet endroit, il coulait majestueux et vert entre les façades lisses d'une ville tout ce qu'il y a de plus européen. Plus loin, il tourbillonnait sous un vieux pont noirci. Le Rhin, le pont : je dénichai un restaurant donnant sur l'un et l'autre où je m'offris un gueuleton du dimanche pépère et décontracté. Le courant était moucheté de feuilles mortes et sur la berge pavée du fleuve les châtaigniers se déplumaient à vue d'œil.

Comme il fait bon arriver en Suisse après avoir parcouru des contrées qui ne se distinguent pas par leur propreté ! Habitué aux gares crépusculaires et aux foules pressées de l'Europe de l'Est, j'aurais pu trouver la gare de Vienne, où je pris ma correspondance pour Bâle, froide et trop bien éclairée. Elle me sembla au contraire l'incarnation même de l'ordre et de la raison, avec ses panneaux où étaient affichés très précisément les renseignements dont j'avais besoin et ses boutiques illuminées qui vendaient très précisément ce que je cherchais. Pourtant, à mon réveil en Suisse le lendemain, je gardais de Vienne le souvenir d'une ville complètement orientale, complètement étrangère. Où, par exemple, était passé mon compagnon de voyage ? Dans ma couchette à Vienne, j'avais senti au-dessus de ma tête une présence d'une infinie mélancolie marmotter dans une langue inconnue, un vieil étudiant barbu en veste à pois et casquette à visière style Lénine qui, de temps à autre, descendait boire une bière devant la fenêtre avec force soupirs. Qu'était-il devenu ? Au petit matin, il était introuvable dans le train filant à toute allure à travers l'étincelant paysage helvétique. Quelque chose me disait qu'il avait rejoint ce monde souterrain dont la lecture de *Sous les yeux d'Occident* m'avait fait soupçonner la présence en Suisse à une époque où j'eus l'occasion de séjourner plusieurs fois à Genève. J'avais, il est vrai, dormi d'un sommeil si profond qu'à six heures il avait fallu un policier suisse pour me réveiller. Mon étudiant conradesque avait peut-être été évincé plus tôt sans que je m'en aperçoive. Quoi qu'il en soit, à sa place, je trouvai un serveur diligent, un petit déjeuner excellent, des gens comme moi, ordinaires et occidentaux, pour le manger, avec en prime dans la fenêtre un paysage qui défilait comme un documentaire touristique. Nous longeâmes des lacs immenses et gris au pied d'imposantes montagnes, le train prenant bien soin de rester au premier plan, au milieu des prairies et des vergers et de ne pas s'aventurer dans le "décor" sauvage et pittoresque auquel nous eûmes droit avec les croissants et la confiture de cerises. Le paysage suisse a l'art de faire toujours apparaître un lac au moment où vous commencez à vous lasser de la vue de simples montagnes, un îlot quand l'eau commence à vous ennuyer, un salon de thé quand l'envie vous prend de vous arrêter : d'une manière expéditive (où le voyageur trouve son compte) la Suisse vous aide à vous rendre d'un point à un autre avant de vous pousser gentiment hors de ses frontières vers l'un des pays moins paisibles qui l'entourent. En gare de Bâle, je pus acheter sans attendre mon billet pour le train de nuit de Calais et trimbaler mes bagages

d'un pays à l'autre grâce à un ingénieux petit chariot puisque aussi bien la France et la Suisse se
partagent la gare, chose inimaginable en Orient.

Pour la première fois depuis mon passage de la
frontière yougoslave à l'aller, j'étais dans un pays
qui n'a jamais connu la domination turque. Du
jour où les armées barbares du sultan se mirent à
pousser vers le nord jusqu'aux murs de Vienne
puis à déborder peu à peu sur la Hongrie, la Roumanie, puis la Bulgarie, ne laissant derrière elles
que gravats, gouvernements corrompus et peuples
opprimés, le Turc fut, et ce pendant des siècles
et des siècles – en fait, à partir de la chute de
Constantinople – le cauchemar de l'Europe. Tout
ce qui comptait aux yeux de l'Européen cultivé
– tout ce sur quoi reposait sa civilisation, tout ce
qu'elle avait produit – laissait indifférent le Turc
imperturbable qui ne s'émouvait nullement de le
voir tomber en ruine. La langue turque n'a pas de
mot pour dire "préserver". Tout ce qui tombait
entre leurs mains devenait "marais pestilentiel,
rivière ensablée, place de marché envahie de
mauvaises herbes, champ en friche, forteresse
croulante, arche effondrée. La stagnation, la stagnation de la mort même, a de tout temps carac-
térisé le pouvoir de la race d'Osman". Ces mots
indignés figurent dans la préface d'un livre de
voyages qu'Edmund Spencer fit paraître dans les
années 1850. Ironie de l'histoire, les édifices et
les ornements érigés par Périclès à Athènes au
Vᵉ siècle avant Jésus-Christ pour célébrer l'endi-
guement par l'Europe du raz de marée perse à
Platées avaient croulé sous la poussée d'une
autre invasion venue d'Orient, due cette fois aux
Ottomans. Au nom de l'Europe, tel Enée volant
au secours d'Anchise dans Troie en feu et mettant
du même coup en route (si l'on en croit *La Légende
d'Arthur*) le processus qui allait aboutir à la
fondation d'Albion "par-delà les flots de France
[par] les puissantes nefs sans nombre de Brutus",
lord Elgin alla sauver de la ruine la frise du

Parthénon comme il aurait sauvé son propre ancêtre livré à la proie des flammes.

Sous les réprimandes et le dédain affiché par les Européens à l'égard du Turc, demeurait malgré tout, me semble-t-il, un petit frisson de peur dont ils n'arrivaient pas vraiment à se débarrasser. Ce qui les offusquait, ce n'était pas tant de voir les paysans turcs engloutir les œuvres de Praxitèle dans leurs fours à chaux, les tribus guerrières abattre les colonnes de Palmyre pour en extraire les claveaux qui leur servaient de munitions, ni encore les bachi-bouzouks loger leurs chevaux dans les bibliothèques des rois chrétiens, non, il y avait autre chose dans les rodomontades de l'Anglais contre le Turc, quelque chose qui ressemblait à la peur : peur des ténèbres, de la déraison, des forces du mal.

On se souviendra peut-être qu'avant même de fouler le sol turc, longeant la côte en bateau et plus tard voyant de l'acropole de Lindos se dresser à l'horizon les remparts menaçants de l'Orient, je sentis la peur me gagner au point de redouter ce qui m'attendait. C'est, je crois, une peur ancienne, ancrée au plus profond de nous. De l'Asie, *via* la Turquie, sont venus non seulement les Perses repoussés par les Grecs, mais aussi Attila et Timur le Boiteux et Gengis Khan qui ont tous porté la menace des ténèbres et du chaos au cœur de la stabilité européenne. Le voyageur victorien situait le ferment de ces forces maléfiques du côté des khanats dissimulés au-delà du Kizil Kum, de Boukhara, de l'Oxus et de Kashgar, dans d'affreux déserts de sable et de poussière où des convulsions de la croûte terrestre toujours fumante montait "le ténébreux monarque du royaume des chagrins", le prince du Tartare, un monde que l'on pouvait confondre avec la Tatarie car de même que l'enlèvement de Perséphone avait fait s'abattre sur la terre le fléau d'un hiver perpétuel, de même la Tatarie russe envoyait ses hordes de princes des ténèbres saccager l'Occident. La Turquie était l'avant-poste occidental de cet adversaire et en y mettant le pied, le voyageur anglais faisait fi de la destruction de tout ce qui comptait pour lui en ce bas monde et dans l'autre. Pour honorer son rendez-vous galant avec l'adversaire, il franchissait le Danube et, tel Gauvain quittant le séjour de Camelot, laissait Belgrade derrière lui pour des pays peuplés d'enchanteurs, où la sorcellerie régnait en maître absolu. Reprocher aux Turcs, comme les Européens l'ont toujours fait, de laisser leurs maisons tomber en ruine, c'est s'arrêter à l'aspect superficiel d'une peur viscérale, un peu comme d'en vouloir à la mer de détruire les châteaux de sable.

Les Turcs eux-mêmes préféreraient sans doute que leurs maisons tiennent debout. Les paysages suisses qui défilaient derrière la vitre me remirent en mémoire les images accrochées aux murs de la gargote à Kars, les paysages dont l'aspect joli et propret, la "suissité", contrastait tant avec la Turquie miteuse et délabrée qui commençait à la porte. Si l'envahisseur turc était parvenu jusqu'en Suisse, peut-être aurait-il, comme le pèlerin atteignant le paradis dont il porte l'image dans son cœur, changé du tout au tout ; peut-être aurait-il renoncé à ses mœurs nomades, rafistolé sa maison, réparé son horloge et pris racine. Mais le sort a voulu que les Turcs ne règnent que sur des pays où la terre menace toujours de trembler ; à la frontière suisse, où l'ordre et la propreté commencent, la menace turque et les risques de séisme cessent de concert, comme si en un sens le pouvoir de la race d'Osman avait effectivement partie liée avec les puissances de l'enfer.

Après mon déjeuner du dimanche au bord du Rhin, je ressortis dans la lumière froide et crue de l'hiver et me rendis à pied jusqu'au Kunstmuseum. N'en déplaise à Galton, le fait que le voyage touchait à sa fin m'avait donné la bougeotte. Je parcourus le musée, insensible aux messages que m'adressaient ses cimaises. Un dessin, pourtant, eut raison de mon amour-propre, de cette peur proche de la panique à l'idée que le voyage allait finir sans que rien ait été tiré au clair : un portrait d'Erasme par Holbein. Les nombreux portraits du peintre que comprend la collection montrent (à l'instar des mosaïques de Saint-Sauveur-de-Khora à Istanbul) une bonne partie de la gamme des représentations médiévales du visage et des caractères humains. Avec ce portrait d'Erasme, cependant, c'est le Moyen Age qui prend fin. Dans son expression, perdue de vue depuis Marc Aurèle, brille à nouveau l'ironie amusée, intérieure, qui avait illuminé les meilleures œuvres de l'Antiquité. Ce sentiment, dédaigneux, patricien, mêlé d'une certaine sagesse désenchantée, le christianisme l'avait étouffé, en tant que vertu, sous les éteignoirs de la culpabilité et de l'humilité héritées de son ascendance judaïque. La Réforme marquait le retour en force de la contribution de l'hellénisme à notre civilisation. L'âge des ténèbres était bel et bien fini, voilà ce que je vis dans le visage d'Erasme. Depuis la Réforme, c'est ce couple mal assorti du judaïsme et de l'hellénisme qui bon an, mal an – et même s'il rue dans les brancards – tire la charrette au grand dam de nombre de ses occupants. "*Pourquoi*, s'écrie le cardinal Newman,

> *Pourquoi, ô mon cœur, de Notre Seigneur l'époux,*
> *Soupirer encore et encore*
> *Après ces lieux païens d'antique renommée ?"*

Homère ou la Bible ? Le dilemme tiraillait les esprits les mieux trempés, obsédait Gladstone. Qu'un Anglais les attelât ensemble, comme la Réforme le lui permettait, et inévitablement ils le conduisaient au Moyen-Orient, où ils étaient sûrs l'un et l'autre de trouver à boire et à manger. Que le Turc redoutable et redouté eût régné dans un passé encore récent sur Athènes comme sur Jérusalem ne faisait qu'assaisonner l'aventure du piment des mystères et des périls présents tout au long de la quête à travers des pays voués corps et âme au Malin.

Il faisait noir lorsqu'on me chassa du musée, et très froid. Je marchai longtemps à l'aveuglette par les rues de plus en plus sombres, apercevant ici et là des bouts de fleuve au pied de pentes escarpées, de vieilles cours allemandes, des coins de rue dans la lueur des lampadaires. De l'église anglicane montaient des cantiques pleins de ferveur tandis que, sur la porte, un panonceau en interdisait l'entrée. Tout ici signifiait, mais quoi ? Le voyage était fini ; c'était ma dernière promenade solitaire au crépuscule dans une ville étrangère : si le voyage avait une raison d'être, le moment était venu pour celle-ci de sortir de l'ombre, de se montrer à moi afin que je la jauge. Je continuai à marcher, sans relâche, prenant de plus en plus froid. Toutes sortes de scènes se bousculaient dans mon esprit, mais sans suite. Là-bas, à Kars, l'hiver avait sans doute déjà gelé pour longtemps la boue qui recouvre les rues. Je songeai au bois de chauffage acheminé par camions entiers des montagnes et vendu sur les trottoirs, aux pastèques grosses comme des lunes entassées sur les toits d'Anatolie. Le courant qui baigne les murs de Brasov avait-il emporté la toute dernière feuille rouge fraise de la viorne ? Partout, l'hiver était sans doute arrivé, sur la mer Noire, sur le Bosphore, dans le parc sombre et vert de Bucarest, entre les colonnes de l'église Noire de Brasov, sur le Danube, l'hiver qui me suivait comme autant de rideaux retombant les uns à la suite des autres sur les scènes que je laissais derrière moi, comme on voit parfois en montagne avancer à pas de géant les colonnes de pluie d'une averse en marche, masquant les cimes les unes après les autres : bientôt le rideau tombe sur le versant que vous venez tout juste d'escalader, vous coupant de tout sauf du flanc escarpé qui se dresse devant vous.

Aucune fin véritable, aucun sens bien arrêté ne se manifesta alors que je marchais dans Bâle.

Dans une rue suisse la nuit, avec toutes ces bijou-teries étincelantes, ces pâtisseries, on a envie de ne rien se refuser. Ne voyant pas d'autre endroit où aller, je laissai mes pas me porter jusqu'à la gare. Là, je pris une table au restaurant. Il y ré-gnait tout juste cette atmosphère de la onzième heure, de départ imminent, dont j'avais besoin pour rassembler mes idées. Je m'étais payé du bon temps, voilà la vérité, mais le plus dur restait à faire. Après avoir tant vu, tant éprouvé de sen-sations, l'heure était venue de réfléchir. Le roman que j'espérais tirer de cette excursion n'allait pas s'écrire d'un trait du seul fait que j'étais de retour. J'espère chaque fois être tombé chemin faisant sur la recette miraculeuse qui me permettra de fabriquer mon bouquin sans les souffrances que les livres précédents m'ont coûtées et bien entendu, je dois chaque fois déchanter. Ce que j'aurais voulu voir sortir de l'ombre, c'est le facteur avec dans sa besace les épreuves du roman que ma balade avait écrit d'elle-même. Au lieu de quoi je voyais le rideau tomber derrière moi sur toutes ces scènes agréables et se dresser devant moi un sentier encore plus raide, encore plus rocailleux.

Je choisis mon menu et commandai une bou-teille de bordeaux. Avant et pendant le repas et tout en dégustant le bordeaux, j'entrepris de mettre sur le papier, à la lumière de tout ce que j'avais vu tout au long de mon périple, la réponse à la question que j'avais formulée à mon départ : quelle force poussait donc ces bourgeois de l'ère victorienne à quitter le pays qu'ils aimaient de la manière la plus chauvine et la compagnie de la race qu'ils considéraient comme le dernier mot du Créateur en matière de savoir-vivre, pour voyager, dans l'inconfort, le danger, la maladie et la crasse, parmi des Orientaux pour les mœurs desquels ils n'éprouvaient que mépris et dans des contrées qui, au mieux, leur rappelaient l'Ecosse ?

Un serveur déboucha la bouteille. Le voyage (ainsi commençai-je) fournissait à l'homme cultivé du milieu du siècle dernier les occasions que l'Angleterre lui refusait de déployer le magnifique arsenal de vertus dont il était paré. Sa connaissance de l'histoire ancienne et des classiques, l'intérêt qu'il portait à la politique et aux questions militaires, son esprit entreprenant et plein de ressources, sa sensibilité à l'art antique, tout cela – à condition qu'il sût faire preuve de courage et de sang-froid devant le danger –, le voyage lui permettait d'en tirer parti.

Le potage fut servi et tout en le dégustant je poursuivis : Le voyageur jetait son dévolu sur des pays qu'il connaissait par la Bible ou les classiques, des pays où il pût utilement recopier des inscriptions, exécuter d'habiles croquis des temples en ruine, des tombes des prophètes ou simplement du paysage, mais aussi se livrer à des repérages, établir des cartes, le tout au péril de sa vie parmi des gens qu'il affublait du nom de *wallees* ou de *wuzzeers* mais qui n'étaient pas sans savoir que l'Hindoustan était tombé aux mains d'une poignée d'Anglais en tout point semblables à ceux qui rôdaient à présent sur les terres du sultan.

La particularité de l'époque tenait à ceci (continuai-je en attendant l'entrecôte) que toutes ces vertus que le voyage mettait en jeu étaient inculquées dès l'école, mieux, étaient l'objet même de l'éducation, à ceci près qu'à sa sortie de l'école le jeune homme qui avait acquis toutes ces aptitudes s'apercevait qu'elles ne lui étaient d'aucune utilité dans la société. Parfaitement équipé pour vivre dans une certaine époque, il se retrouvait projeté au beau milieu d'une autre. Alors qu'il faisait son apprentissage dans les affaires, le commerce ou la justice, à quoi pouvaient lui servir son idéal de bravoure, ses lectures de Xénophon et tout le saint-frusquin ? Il avait revêtu l'armure du preux chevalier, mais pour jouer au croquet.

Le bordeaux, visiblement, faisait son effet sur ma prose. J'attaquai l'entrecôte avant de reprendre : Pis encore, le jeune homme découvrait que dans les faits, le monde qu'on voulait lui faire embrasser n'observait que du bout des lèvres les vertus qu'il faisait professer dans ses écoles. Ce fatras d'idées démodées était bien assez bon pour les écoliers mais il n'avait plus sa place dans le monde moderne que le XIXᵉ siècle était en train de créer de toutes pièces. Elles appartenaient désormais au passé. L'homme nouveau du XIXᵉ siècle, commerçant ou industriel prospère, faisait seulement mine d'admirer les idéaux de l'aristocratie du siècle précédent et la tradition classique : bien sûr, il voulait pour son fils ce qui avait été jadis l'éducation des aristocrates, mais seulement pour lui donner accès à leurs chasses gardées et non pour que sa progéniture se mette en tête d'épouser les idéaux de l'aristocratie. Le hic, c'est que l'école remplissait sa mission audelà des espérances parentales et jetait dans le monde des jeunes gens qui ne pouvaient que le trouver décevant. Les aptitudes qu'on leur avait demandé d'admirer – et d'acquérir pour réussir dans leurs études – n'étaient en réalité ni admirées ni récompensées. Ils devaient chercher ailleurs le rang et les honneurs qu'ils considéraient comme leur dû. Or, au Moyen-Orient, dans la stagnation des empires turc et perse, un monde plus ancien continuait d'exister, le monde du passé auquel l'école avait préparé notre voyageur. Là où régnait le sultan ou le schah, l'Europe médiévale perdurait, cette Europe pittoresque dont *Strawberry Hill*, Tennyson et Walter Scott avaient fixé l'image dans les esprits. Il avait lu la réédition des *Mémoires particuliers de sir Kenelm Digby, écrits par lui-même* et retrouvait intacts tous les accessoires de son médiévisme échevelé dans l'Orient de l'époque. Il voulait des sorciers ? Les kiosques à treillis au bord du Bosphore abritaient plus d'un fourbe pacha ; de l'intrigue ? Les odalisques voilées y pourvoiraient ; des rois ennemis ? Les châteaux nichés dans les montagnes de Circassie regorgeaient de chefs barbares en cotte de mailles ; des moments de repos bien mérité ? Le bivouac du cheikh dans les ruines de Baalbek était là pour cela ; des défis ? Gare à l'embuscade au moment de passer la rivière et gare aussi au couteau du bourreau toujours prêt à frapper (l'imagination du voyageur tout au moins). Dans l'Empire turc, comme nulle part ailleurs, l'homme cultivé de l'Europe du Nord pouvait assouvir son appétit à la fois de classicisme et de romantisme : Homère, la Bible, et Walter Scott en prime. Vivacité, hardiesse, courage de ne compter que sur soi-même, de voir les choses en face, ces traits de caractère formés par l'école, sans oublier la trempe particulière à l'âme romantique, redevenaient vitaux dans l'arène où ces aventuriers se retrouvaient une fois qu'ils s'étaient embarqués à Semlin pour Belgrade, laissant derrière eux le livre de comptes et la partie de croquet.

A cela il faut ajouter que le voyageur à son retour trouvait en Angleterre un écho qu'il ne trouvait dans aucun autre pays. Un voyage héroïque, un récit d'aventures plaisant suffisaient à faire une réputation. "Allez de ce pas à Londres, dit à Vambéry le Hongrois, de retour d'Asie centrale, l'ambassadeur d'Autriche à Constantinople, on vous y fera bon accueil. Un conseil cependant : souvenez-vous-en lorsque vous ferez le récit de vos aventures*."

---

* A Budapest, il fallut dix jours à Vambéry pour susciter assez d'intérêt parmi ses compatriotes pour réunir les quinze livres que coûtait le voyage à Londres, Londres où il fut adulé par la société tant scientifique que mondaine. Sa dette envers les Anglais, il la leur revaut au centuple par ce compliment impayable : *Des institutions libérales du pays qui l'a vu grandir, l'Anglais garde un cœur droit et ouvert ; de son climat humide et brumeux, un caractère bien trempé et porté à la réflexion. Le combat qu'il doit sans cesse mener pour survivre lui a donné des nerfs à toute épreuve, une énergie sans pareille et cette persévérance qu'on désigne aussi sous le nom de "moiteur britannique". Il est par conséquent la véritable incarnation de l'esprit européen, le légitime civilisateur de l'Asie. (N.d.A.)*

Le temps d'écrire ces quelques lignes, le café m'avait été servi et j'avais fini la bouteille de bordeaux. Le train était peut-être déjà à quai. Je relus ma réponse. J'aurais sans doute pu l'écrire sans quitter le Dorset, sauf peut-être pour aller à la bibliothèque de Londres. Pourtant, en relisant ces remarques, je sentis danser dans ma tête des scènes qui en étaient l'illustration, les voix se mirent à vibrer à nouveau, les paysages s'animèrent de chevauchées fantastiques, des milliers d'incidents survenaient. J'avais retrouvé l'ivresse de la barque couchée dans la vase que la marée remet à flot :

Vois le port : la nef gonfle sa voile ;
Et vois, tapis dans les ténèbres, les vastes océans.

Un autre voyage m'attendait, celui de l'écriture du livre. Le vrai voyage. L'enthousiasme qu'il m'inspirait chassa toute mélancolie de "fin de voyage". Je bus mon café, demandai l'addition et partis dans la nuit rejoindre le train qui m'attendait.

ÉPILOGUE

Je ne manque jamais les derniers paragraphes d'un livre de voyages même lorsque j'en ai abandonné la lecture en cours de route. Au moment où le voyageur que nous avons suivi à l'autre bout du monde sort sa clé de sa poche et s'apprête à escalader les marches de son perron, je veux savoir ce qu'il pense de son propre pays, quel regard ses yeux, qui ont été les témoins des scènes et des aventures qu'il nous a contées, portent sur les choses telles qu'il les trouve à son retour. Est-ce que le confort douillet et miteux de l'Angleterre l'agace ou au contraire l'enchante quand il débarque à Douvres après des mois dans des pays tout sauf douillets ? Moi qui me suis blotti près de lui dans les caravansérails de l'Orient, j'aimerais à présent m'asseoir à ses côtés tandis qu'il tisonne un feu de charbon dans la salle d'attente de la gare de Douvres et l'accompagner dans le train qui l'emmènera à Londres à travers la campagne croulant sous des arbres plantureux, sur laquelle veillent des églises aux tours trapues, afin qu'il me fasse part des commentaires que lui inspirent ces tableaux familiers.

Mais il nous a faussé compagnie. Tantôt l'auteur se sépare de son lecteur sans autre forme de procès, comme d'un serviteur engagé seulement pour la durée du voyage : "Je serrai la main à mon fidèle petit Tatar qui m'avait accompagné jusqu'au dernier jour et lui fis mes adieux ; de même, pour ce qui est de mes voyages, le moment est aussi venu pour moi de prendre congé de mon lecteur." Tantôt le voyage continue sans nous : "Des affaires d'ordre personnel m'obligèrent à quitter Bakou pour la capitale russe, mais je n'inviterai pas le lecteur à me suivre, préférant le laisser à son bon feu de cheminée et au confort de sa bibliothèque tandis que je m'apprête pour ma part à affronter les périls et les épreuves de la Volga en hiver." Parfois le livre finit en eau de boudin dans des appendices qui vous donnent, tableaux à l'appui, le tonnage des marchandises transitant par le port de Bouchir, ou dans un addenda contenant "quelques suggestions aux futurs voyageurs". Dans tous les cas, je reste sur ma faim car je veux suivre mon homme non seulement en Angleterre mais jusqu'à la porte de sa maison, le voir embrasser femme et enfants, observer la façon dont il reprend place dans le cercle de famille. En effet, quand on pose enfin son sac, c'est pour endosser un tout autre fardeau. Après des mois où l'on a appris à ne compter que sur ce que l'on pouvait porter – et apprécié de n'avoir eu besoin de rien d'autre – on a peine à croire que l'on possède tant d'autres choses. Toutes les malles étiquetées A NE PAS EMPORTER avant le voyage refont surface au retour. Le voyage est (entre autres choses) l'accumulation de moments d'autonomie ; or l'autonomie n'est pas une vertu domestique. Je veux savoir comment l'homme que nous avons vu venir à bout de ses voyages vient à bout de ses retrouvailles avec sa famille. Tennyson avait-il raison d'attribuer à Ulysse rentré à Ithaque un seul et irrépressible désir, celui de repartir ? Le capitaine Abbott goûtera-t-il à présent ce que sous les étoiles de Khiva il ne croyait jamais plus revoir, "un lit rendu plus doux par la main d'une mère" ? Les arbres dont James Fraser s'enquérait dans ses lettres de l'Elbrouz auront-ils survécu aux tempêtes qui soufflent l'hiver sur Easter Moniack ? Ne souffriront-ils pas de la comparaison avec les *chenars* de la Perse ? L'homme nous a tant dit sur lui-même, ou plutôt la forme du récit à la première personne nous a révélé tellement plus que l'auteur ne voulait nous dire que je veux écouter encore à la porte de la nursery et du boudoir. Seulement voilà, il s'est dépeint sous les traits du héros et n'a nullement l'intention de nous laisser entrer pour recueillir les impressions de son valet de chambre. Il reprend ses esprits et nous envoie promener. D'ailleurs, s'il a quitté l'Angleterre en premier lieu, c'est par dédain pour les gens de notre espèce. Il a seulement fait semblant d'apprécier notre compagnie.

"Lecteur !" s'exclame Warburton à la fin de son récit (après nous avoir révélé qu'une fièvre, qu'il a contractée dans les marais du Butrinto, a mis un terme à ses pérégrinations), "tu as été mon compagnon de route dans maint pays ; tous les endroits où je me suis aventuré, tu y es allé ; tout ce que j'ai appris, tu l'as appris de même ; cependant il serait présomptueux de ma part d'espérer que tu partageras mes regrets au moment où je te dis : «Adieu !»". Mais pas du tout, Eliot (si tu me permets), pas du tout ! Car Warburton a réussi ce que Sénèque recommandait et s'est montré un délicieux compagnon de voyage. Je ne veux pas que notre intimité s'arrête en si bon chemin. Que s'est-il passé lorsqu'il s'est remis de cette fièvre ? Mais ses témoignages d'affection n'étaient qu'une ruse, il me ferme la porte au nez et il ne me reste plus qu'à faire le pied de grue dans les ports de la Manche jusqu'au jour où il réapparaîtra avec ses bagages usés jusqu'à la corde, les yeux fixés sur le lointain*.

---

* Le voyage qui suivit fut aussi, hélas, son dernier : sept ans plus tard, âgé de quarante et un ans, il fut brûlé vif dans l'incendie de l'*Amazon*, le vapeur à bord duquel il comptait se rendre jusqu'au golfe de Darién.

TABLE

TERRES D'AVENTURE
Le voyage à pied
140 chemins semés de paysages et de rencontres inoubliables

EXTRAIT DU CATALOGUE VOYAGES

Sahara algérien
La montagne des génies
Tagrera el-Ghessour
Trekking dans le Hoggar
La Tadrart
Oasis et canyons du Tassili N'Ajjers
Le grand erg occidental
Le massif de la Gourara
Kabylie : massif du Djurdjura

Yémen
Rencontre avec
des montagnards remarquables

Oman
Montagnes et déserts

Jordanie
La Voie royale

Egypte
Villages nubiens, oasis de Kharga
Trekking dans le Sinaï
Haute-Egypte

Maroc
Traversée du djebel Sarho
Randonnée dans le massif du Siroua
Traversée intégrale du Haut-Atlas

Tanzanie
Ascension du Kilimandjaro

Kenya
N'dotos mountains et lac Turkana

Zaïre
Le Ruwenzori

Ethiopie
Mystères et montagnes d'Abyssinie

Namibie
Erg du Namib et haut plateau du Damaraland

Ile de la Réunion
Du Piton des Neiges à l'île Maurice

Turquie
Montagne du Taurus et Kackar
Randonnée en Cappadoce

La Transhimalayenne
Pahalgam – Leh (Cachemire / Ladakh) – Inde
Lahoul (Himachal Pradesh) – Inde
La ronde des montagnes blanches
(Dhaulagiri) – Népal
Mani Rimdou (Solu - Khumbu) – Népal
Vallée de Sakteng (Bhoutan est)

Népal
Népal Mandala
Dolpo
Jannu et Kanchenjunga
Gorepani : entre les Annapurnas
et le Dhaulagiri
Camp de base de l'Everest

Ladakh
Traversée du Sham et pèlerinage d'Amarnath
Traversée du Sham et fêtes ladakhies
Grande traversée du Zanskar

Tibet
Kula Kangri
Mont Kailash et lac Manasarovar
Camp de base Everest face nord

Japon
Tokaï

Rajasthan
Montagnes et Maharadjas

Indonésie
Des torajas aux varans de Komodo
Sibeirut : l'île des hommes fleurs

Chine
Traversée du Taklamakan
La marche Kirghize

OUVRAGE RÉALISÉ
PAR LES ATELIERS GRAPHIQUES ACTES SUD
REPRODUIT ET ACHEVÉ D'IMPRIMER
EN NOVEMBRE 1990
PAR L'IMPRIMERIE FLOCH
A MAYENNE,
SUR PAPIER DES
PAPETERIES DE JEAND'HEURS.
POUR LE COMPTE DES ÉDITIONS
ACTES SUD
LE MÉJAN
13200 ARLES

DÉPÔT LÉGAL
1re ÉDITION : DÉCEMBRE 1990
N° impr. : 30025
(Imprimé en France)